形象史學 研究

2014

中国社会科学院历史研究所文化史研究室　编

人民出版社

图书在版编目（CIP）数据

形象史学研究(2014) / 中国社会科学院历史研究所文化史研究室 编.

—北京：人民出版社，2015.2

ISBN 978-7-01-014528-0

Ⅰ.①形⋯　Ⅱ.①中⋯　Ⅲ.①文化史－中国－文集　Ⅳ.①K203-53

中国版本图书馆 CIP 数据核字（2015）第 035716 号

形象史学研究（2014）

XINGXIANG SHIXUE YANJIU（2014）

编　　者：中国社会科学院历史研究所文化史研究室
责任编辑：陈鹏鸣　杜艳茹
封面设计：刘洪波
出版发行：人 民 大 版 社
地　　址：北京市朝阳门内大街166号
邮政编码：100706
印　　刷：北京盛源印刷有限公司
版　　次：2015年2月　第1版
印　　次：2015年2月　北京第1次印刷
开　　本：787毫米×1092毫米　1/16
印　　张：13.5
字　　数：225千字
书　　号：ISBN 978-7-01-014528-0
定　　价：58.00元
发行电话：（010）65257256　65245857　65276861
销售中心：（010）65250042　65273937　65289539

目　录

理论探讨

刘中玉：从"碎片化"到"形象化"——简论全球化视野下的文化史观/3

文物、图像与历史

苏　辉：西周早中期青铜器上的收翼龙纹研究/11

王子今：伏波将军马援的南国民间形象/19

朱　浒：传承与分立：魏晋南北朝墓室壁画中所见胡人形象/30

张先堂：敦煌石窟与龟兹石窟供养人画像比较研究——以佛教史考察为中心/47

扬之水："千春永如是日"——泸州宋墓石刻中的生活故事/60

廖　旸：经咒·尊神·象征——对白伞盖信仰多层面的解析/82

宋仁桃：三教图像所见明代三教观/106

刘明杉：从仇英《清明上河图》看明中期苏州的商业文化生活/113

考古、文字与文献

耿慧玲：琴书在正史艺文志中的发展——以《汉书·艺文志》为中心/139

王皓月：基于秘篆文的《灵宝五篇真文》合校及研究/169

王庆卫：李商隐撰书《王翊元暨妻李灵素墓志》及相关问题/192

杨宝玉：释智弁与晚唐敦煌门僧/203

理论探讨

从"碎片化"到"形象化"

——简论全球化视野下的文化史观

刘中玉

一

  学术研究不是一项潮流和时髦的事业,对于历史研究而言更是如此,但这并不意味着历史研究就曲高和寡,是脱离社会潮流而存在的,尤其是在全球化进程日益加快的今天,信息技术的不断革新所带来的生产方式的改变,亦深深影响到历史学这一古老的学科领域中,使之在很多方面也呈现出全球化的一般性特征:

  一是研究体系和管理体系的标准化[1]。无论是学科内各分支的建立,还是研究路径的设置、论文写作格式的规范,都呈现出标准化、趋同化的特征。同时,考核机制标准化的建立,使成果统计、数据分类、绩效考评等也更具同步性。事实表明,研究体系和管理体系标准化的建立,不仅有助于实现学术层面的兼容性,便于研究成果的交流和社会化转换,同时也使文化生产的价值和意义得到了彰显。

  二是数据库的建立。受工业化生产模式的影响,学术研究的内部分工也越来越细化,围绕学术研究而建设的规模、容积不等的资料数据库,不仅整集了庞大的原生资料(未加整理的资料),而且还有不少半加工产品(研究性整理资料)。可以说,"原料"的充沛为学术研究提供了直接的动力支持,使之呈现出井喷式的发展势头。

  三是文字处理系统的变革。近几十年,学术论文的写作模式已由原来的笔墨加稿纸的人工抄录系统(包括打字机)提升为以微软、苹果等为代表的计算机文字处理系统[2],加上互联网的瞬时传递特征,以及新媒体信息的快速发布和及时更新等特点,使论文写作与发表的周期越来越短。

  总体来看,信息技术的革新大大推动了学术研究的进步,但也因此埋下了深深的隐患:随着研究分工益趋细化,诸学科领域之间的交流不增反减,由是日益形成"倒锥

---

  〔1〕 标准化是全球化的一个重要特征,也是呈现全球化维度的一个重要标尺。埃里克森认为,标准化意味着兼容,能增强交流、贸易和各种形式的交换,使全球整合成为可能。而评估体制的标准化,为教育体制和学术研究创立了一个"标准竞技场"。详论可参〔挪威〕托马斯·许兰德·埃里克森(Eriksen, T. h.)《全球化的关键概念》第三章"标准化",周云水译,译林出版社,2012年版。本文在分析全球化特征对于学术研究的影响时,端赖是书启发。

  〔2〕 在埃里克森看来,90%以上的著作都是通过微软文字处理系统产生的事实表明,微软文字处理器在全球占支配地位的重要性,它已影响着我们的语言、工作和思考的方式。因此,以微软为代表的文字处理系统是标准化的媒介,也是促成全球均质化的媒介。《全球化的关键概念》,第69~71页。

体"式的研究状态。特别是资料库的电子化，虽然不再需要我们"上穷碧落下黄泉"的四处搜求，只需启动检索引擎即可轻松获得，但却使研究越来越呈现出资本扩张和垄断状态下过剩性生产模式的特征——"堆垛"写作和量化考核成为常态，从而使深入性思考成为一种奢侈行为，碎片化由是产生。

所谓"堆垛"，是物流学上的术语，在全球化的语境下，指利用新技术手段以堆积拼合资料的方式进行创作的理念。客观来说，堆垛这一理念虽然具有兼容的特点，但因其不注重内部整合而日益凸显出拼凑粗制的负面。在文化产业领域，堆垛的影响尤为突出。比如在分析全球化的"加速"特征时，埃里克森举出流行音乐的案例，他赞同北美哲学家比尔·马丁（Bil Martin）对 20 世纪 80 年代以后以计算机和录音棚为基础"制作"的舞曲属于误入简单叠合歧途的看法，认为正是由于堆垛代替了内部的发展，使音乐制作缺乏原创性，从而在信息不断扩张的背景下丧失了发展的连续性和方向性，使脆片化的威胁占据了支配性地位[1]。虽然埃里克森对于法国激进哲学家保罗·维利里奥（Paul Virilio）"当代通讯技术是社会疏离和碎片化的主要原因"的观点并不完全认同[2]，不过他也不否认碎片化与通讯技术的进步与信息的传递加速之间有着直接的关联。

可以说，碎片化是全球化所带来的众多负面效应之一，学术研究碎片化只是其在文化领域的延展而已。虽然研究领域的多样性为学术发展提供了多种可能性，不过面对日益堆垛式集合的研究资料，研究者非但没能驾驭住，反而越来越受之驱役，致使研究视野越来越局限于细节，以片面的过程性探索来观察历史演进的整体性脉络成为研究常态，从而与建构整体史观的目标渐行渐远[3]。在这种情境下，方法让位于材料，历史学被简化成了历史材料学。或可言之，重复写作取代了学术创新。

不过饶是如此，我们也无法将造成这一尴尬局面的原因简单地归咎于碎片化这一表象，毕竟在技术手段日新月异的同时，理论方法上没有取得相应的突破和创新才是导致史学研究停滞不前的关键所在。尤其是在研究视野上，未能充分意识到人类已进入一个多元文化交汇碰撞的以视觉图像为中心的时代，各种图像视像系统已构建起一个超越地域、文化、种族的视觉景观社会。在这一情境下，要克服碎片化，并进而提升史学研究的品质和人类认识历史的层次，本文认为，重视视觉性的研究模式，拓展史学研究的"形象化"路径，即建立全面与发展的文化史观不失为有效之举。

---

[1]《全球化的关键概念》，第 56～57 页。

[2] 详参埃里克森《全球化的关键概念》，第 36 页。对于保罗·维利里奥（Paul Virilio）的相关表述，可参 The Information Bomb, London: Verso, 2000.

[3] 彼得·伯格便认为，"历史学正在分裂为越来越多的分支学科，大多数学者宁愿把自己的精力投入到诸如科学、艺术、文学、教育或史学等'部门'的历史学中去，而不愿写作总体的文化。"〔英〕彼得·伯格：《文化史的统一性与多样性》，见其论集《文化史的风景》，丰华琴、刘艳译，北京大学出版社，2013 年版，第 206 页。

<h1 style="text-align:center">二</h1>

本文认为，建立全面与发展的文化史观，须要具有整体史的视野、文本平等的视野，以及想象的视野。

（一）整体的文化史观

提倡整体的文化史观并不是什么新主张，早在18世纪西方史学界便提出重视整体史研究，其后年鉴学派、新史学派以及新文化史学对之也多有发扬。比如法国哲学学派的奠基人弗朗索瓦·基佐（Francois Guizot）认为，建立整体史的前提是扩大历史研究的对象，即除了可见的物质事实外，还应包括隐性的精神事实。年鉴学派的先驱米细勒（Jules Michelet）认为作为一门综合性的学问，历史学的任务是揭示人类社会演进过程中各个方面的情况，他因此主张把史料的范围扩大到诸如民歌民谣、诗歌、剧本、说唱、绘画、碑铭、服装、工艺品、建筑物及其他各种遗物[1]。新史学派鲁滨逊（James Harvey Robinson）及其弟子、新史学的积极宣传者和力行者巴恩斯（Harry Elmer Barnes）主张从最广泛的意义上对文明历史的总体进行重建，因此历史研究的内容应把人类全部的过去活动都包囊在内，即包括"一切我们所知道的，人类曾经做过、想过、希望过或感觉过的事情"，尽可能地涵盖了物质层面、制度层面和精神层面[2]。新文化史学的旗手彼得·伯格主张应超越时间、空间和学科的界限，将文化史作为一个整体来观察，他认为"文化史家今天面临的根本问题是如何抵制碎化的同时又不至于回到那种认为某个特定社会和特定时期是同质的错误主张中去。换言之，就是在揭示潜在的统一性（或至少是潜在的联系）的同时又不否定过去的多样性"[3]。在他看来，文化的差异性是客观存在，文化的记忆方式、传播途径的多元性也同样是客观存在，只有认识到这一点，才能在抵制碎片化的同时，为历史学的重新整合做出贡献。

历史学虽然不是垄断一切的科学，但却能提供世人其他学科所不能给予的两个概念：全面的概念和必然的概念，其他学科只是探讨某一方面的知识，而历史学则着眼于从社会变迁中探讨整个文化的发展过程，给人以全面与发展的观点[4]。因此，只有具备整体的文化史观，承认历史演进中的文化差别和社会差异性，才能摆脱历史决定论的束缚和材料史学的束缚，从而超越材料本身，进入到历史的空间。南朝宋宗炳论画云：

> 且夫昆仑山之大，瞳子之小，迫目以寸，则其形莫睹，迥以数里，则可围于寸眸。诚由去之稍阔，则其见弥小。今张绢素以远暎，则昆、阆之形，可围于方寸之内。竖划三寸，当千仞之高；横墨数尺，体百里之迥。是以观画图者，徒患类之不

〔1〕 张广智、张广勇《史学：文化中的文化——西方史学文化的历程》（上海社会科学院出版社，2013年版）一书中相关章节对于基佐、米细勒的观点进行了梳理，可以参考。

〔2〕 详参〔美〕詹姆斯·哈威·鲁滨逊《新史学》附巴恩斯《论新史学》，齐思和等译，商务印书馆，1964年版。鲁滨逊、巴恩斯对于五四运动时期中国史学产生了深远影响，具体论述可参看李孝迁《美国鲁滨逊新史学派在中国的回响》（上、下），分载《东方论坛》2005年第6期、2006年第1期。

〔3〕 彼得·伯格：《文化史的统一性与多样性》，《文化史的风景》，第225页。

〔4〕 郭圣铭：《历史教育的重大意义》，《史学史研究》1985年第2期。

巧，不以制小而累其似，此自然之势。如是，则嵩、华之秀，玄牝之灵，皆可得之于一图矣。

宗炳这段话虽然是针对山水画的布局和位置的经营而谈的，却颇有见地，值得借鉴。设若研究者仅仅以个人之眼目，"迫目以寸"，视野和思维不超出所关注领域的话，那么，是很难如鲲鹏展翅般一览历史这座"昆仑山"之壮阔的。因此，历史研究也应如绘画作品的经营构图一样，有"当千仞之高"、"体百里之迥"的视界。当然，这并非是要求每位研究者都要穷尽所有材料，博通所有史实，而是强调在所研究的体系内，能充分利用他人的研究成果，超越研究对象的拘碍和专业、学科的限制，并将之置于全局的视野下加以观察，即"不以制小而累其似"，如此则方有可能上升到"嵩、华之秀，玄牝之灵，皆可得之于一图"的境界。

本文认为，在已步入视像时代的今天，历史学要获得更为重要的地位，发挥其促进学术研究进步和增长文化力的功能与作用，便须要改变传统的构造历史的观念和态度，重视其全面性与发展性的特点，以平等的姿态和视野来重新审视历史生活的诸层面。

（二）文本平等的文化史观

人类文明的历史记忆是从图像开始的，即先有图像，而后文字，这已是通识。图像在历史演进中所占据的比重比我们想象得还要多，尤其在日常生活中，它对民众的影响要超过文字。无论是从抚慰人心的角度，还是展示威权的角度，以及审视历史时代性的需要去考量，图像的影响力都不容小觑。因此，对于形象记忆的研究，不能仅仅局限于艺术的层面或技术传承的层面，而应从人类文明史演进的视野来发掘这些比文字记忆数量多千万倍的形象材料的价值和意义。缺少了这部分视觉性的形象材料，我们的历史观便不可能是通览全局的。

当然，强调史学研究的视觉性，并非是过分凸显或夸大图像的作用，而是意在提醒研究者关注一直受冷落的文化制作领域。传统史学研究注重历史史实的发掘和证据链的构筑，但往往忽略了对形象材料生产制作、传播消费等环节的挖掘。当今社会随着影像数据开发和应用的普及，文本的界限越来越模糊（有学者认为我们已经进入文本模糊的时代，甚至已到后模糊化的处境[1]），越来越提示我们要重视历史上遗留下来的有形有象的文化记忆。

从表面上看，史学研究的材料范围问题是"生产资料"层面的问题，其实本质上是"权力分配"和"生产力解放"的问题。众所周知，传统的文献书写具有身份性的特征，长期为精英阶层所垄断。虽然以文字书写的文本所承载的人类文明，一直是人类社会认可的叙事系统，但也只是文化多元记忆的形式之一，其之于历史整体构造而言，仍只是"片面之词"，并且在很大程度上属于从观念到观念的学术系谱[2]。历史最主要的构件无疑是人物和事件，这是文献记忆之所长，不过单纯研究人物和事件仅仅是抓住了历史的"动脉"，人物和事件本身无法使历史鲜活起来。围绕人物和事件所形成的一系

---

〔1〕〔美〕阿尔君·阿帕杜莱著，刘冉译：《消散的现代性——全球化的文化维度》，上海三联书店，2012 年版，第 67 页。

〔2〕张健波：《艺术图像学：艺术文化与图像形态》，新疆大学出版社，2007 年版，第 13 页。

列的社会生产、文化生产、信息传播、经济互动等领域，再进而具体到衣食住行、教化修身以及文体娱乐等层面的问题，才是串联人物和事件并使之鲜活起来的媒介，即"静脉"，而这些历史记忆大都储存在形象材料之中。虽然长期以来，精英意识一直影响着视觉的创作和价值认定，使文献材料相对于形象材料而言，具有绝对的优势，不过随着视觉时代的到来，文献的垄断性话语权正逐渐被消解。因此，只有抛却身份性的偏见，平等看待文献材料与形象材料，将历史的静脉与动脉协调起来，才能建构一个多维度、"形象化"的历史叙事模式。

（三）想象的文化史观

视觉具有唤醒想象与传递信息的功能，作为历史记忆之一的形象记忆，它更有再现历史情境的功能。贡布里希（E. H. Gombrich）在《艺术与错觉——图画再现的心理学研究》一书中，一再重申视觉图像的这一功能，意在提醒研究者注意，在过去的各种风格中，图像常常是借助于必须习得的程式创造出来的[1]。法国思想家雷吉斯·德布雷（Régis Debray）也认为，在图像的范畴里，通过对视角习惯和社会性的追本溯源，有助于我们重新考察艺术史。因为每一个时代，技术革新对社会所掌握的图像的格式、材料和数量都进行了改变[2]。换言之，图像的创作来源于历史的经验，具有时间性和空间性的特征。因此，图像的解读不仅牵涉到图像制作的程式，同时还与造就这种程式的视觉生态系统（即历史情境）密切相关，而贯通这两者之间的桥梁便是基于史实论据支撑的想象力。

历史学是观念之学，历史研究是研究者本人情感、心性、学养、识见等方面的综合体现，其客观性正在于它遵循了人类情感发展的一般规律，是感性想象与理性分析的结果。是以具有想象力、承载人文关怀的历史才是我们所需要的历史。柯林武德便主张真正的历史除了要求历史学家具有其自主性和批判精神外，还必须具备构造历史的能力，他将这种能力称为"历史的想象力"，并认为这种想象所需要的由证据支撑的着力点并不是现成的，而是需要靠批判性思维获得[3]。纽约大学人类学教授阿帕杜莱（Arjun Appadurai）认为，在全球文化进程中，想象不再仅仅是幻想，不再是简单的逃避，不再是精英的消遣，也不再是单纯的沉思，想象已成为有组织的社会实践，一种工作形式（也指文化实践），以及能动者（个人）与全球定义下的可能性区域之间的一种沟通协调方式。即想象是所有形式能动性的核心，是一种社会事实，也是新的全球秩序的关键要素[4]。在此需要指出的是，阿帕杜莱所谓"想象是一种社会实践"的前提是人类已处于不可逃避的全球化进程中，而以之审视以往的人类历史进程，这种思考的维度是否合适，似乎让人疑虑。不过，全球化并非是晚近才有的事物，正如埃里克森所批判的那样，虽然全球化作为一种意识形式，是一种新的群众现象，但世界体系早就存在，只不

〔1〕 详参〔英〕贡布里希著，杨成凯等译：《艺术与错觉——图画再现的心理学研究》，广西美术出版社，2012年版。

〔2〕〔法〕雷吉斯·德布雷著，黄迅余、黄建华译：《图像的生与死：西方观图史》，华东师范大学出版社，2014年版，第26页。

〔3〕〔英〕柯林武德著，何兆武、张文杰译：《历史的观念》之"历史的想象"，商务印书馆，2009年版。

〔4〕〔美〕阿尔君·阿帕杜莱著，刘冉译：《消散的现代性——全球化的文化维度》，第41页。

过是由原来的不自觉的意识转变为自觉的意识[1]。

因此，要建立和实践整体的文化史观，便不能轻视历史想象力的作用。而要具有这种能力，除了要求研究者具有当下的在场感和景深的历史情境分析能力外，还需具备相关学科的背景知识，只有这样，我们才能发掘被图像所"隐藏"的历史。简而言之一句话，历史学家不能将解读图像的任务推给艺术史家。

三

"多种类型的历史学共存肯定比一种研究方法取得垄断地位更好一些。"[2] 我们只有认识和承认文献材料的局限和边界，借助视觉性考察这种综合历史学、社会学、艺术学、人类学、文学等多学科知识的研究方法，才能突破文本的界限，打破专业和学科的界限，从而建立一种全面与发展的文化史观。

作者单位：中国社会科学院历史研究所

收稿日期：2014－11－20

---

〔1〕 详参其在《全球化的关键概念》导论中对全球化片面性认识的论述。

〔2〕 〔英〕彼得·伯格：《文化史的统一性与多样性》，《文化史的风景》，第222页。

文物、图像与历史

西周早中期青铜器上的收翼龙纹研究

苏辉

扶风庄白窖藏所出的析尊（图1）上装饰一种折体龙纹，在同一主人的其他两件器，如析觥（图2）、析方彝（图3）上均可见（三器器形分别见图18、19、20）。合观这几件析器上的龙纹，给人留下深刻印象的有三点：①全身鳞、甲毕现，造型华丽。②头部花冠是一俯视的直体卷尾龙纹。③肩部有普通龙纹不具备的耸突。

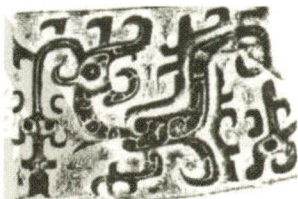

图1　析尊圈足

图2　析觥圈足

图3　析方彝盖

图4　蝉纹

关于折体龙纹肩部的耸突，笔者认为应该是表现龙背上的翼，只不过没有张开，而是收拢的形态。文献中将有翼的龙称为应龙，《广雅·释鱼》："有鳞曰蛟龙，有翼曰应龙，有角曰龙，无角曰虬龙。"铜器纹饰中，为了表现昆虫的翼和飞禽的翅收拢，均在肩或背部凸起（图4）。折体龙纹肩部的凸起也是同样的道理，如岐山贺家村 M112 所出乍宝用簋纹饰拓片（图7），表现的是这类龙纹背部双翼的俯视图，翼尖也从躯体弯折处伸出，较之他器更加形象，与张翼的龙纹，如甘肃灵台百草坡西周墓所出潶伯卣颈部的龙纹相比，差别更是明显。

析器以外，收翼龙纹还见于不少铜器，如英国学者罗森夫人提到《美集录》A420

的见尊[1]（腹部纹饰见图5，器形见图14）和《商周彝器通考》654 的见卣[2]（图17）。李学勤和艾兰两位先生发现了藏于英国伦敦埃斯肯纳齐行的鲜簋（图23）装饰有这种龙纹[3]，并在讨论鲜簋时提到，类似的还有麦方尊（图9）和辽宁省喀左县马厂沟窖藏所出的匽侯盂（图21），鲜簋的龙形花冠已经和夔头部分开，是晚出的形态，故论定在穆王三十四年[4]，析器大约是在昭穆之间[5]。随后，彭裕商先生列出了乍宝用簋[6]（图22）。最新的发现则是1999 年郑州洼刘 ZGW99M1 所出的陆卣（图15、16）和陆尊[7]（图13）。

图5　见尊腹部

图6　匽侯盂腹部

图7　乍宝用簋腹部

图8　陆尊腹部

〔1〕　中国社会科学院考古研究所：《美帝国主义劫掠我国青铜器图录》，第696 页；本文简称《美集录》。此器又著录在容庚先生《商周彝器通考》（下文简称《通考》）第537 器。

〔2〕　Jessica Rawson, *Western Zhou Ritual Bronzes from the Arthur M. Sackler Collections*（《赛克勒所藏西周青铜礼器》），Washington, D. C.: Arthur M. Sackler Foundation, 1990, pp. 462 – 463.

〔3〕　李学勤、艾兰编：《欧洲所藏中国青铜器遗珠》彩版9，文物出版社，1995 年版；下文简称《遗珠》。

〔4〕　李学勤、艾兰：《鲜簋的初步研究》，《中国文物报》1990 年2 月22 日，收入《遗珠》。

〔5〕　李学勤：《西周中期青铜器的重要标尺》，《中国历史博物馆馆刊》1979 年第1 期。

〔6〕　彭裕商：《麦四器与周初的邢国》，载《徐中舒先生百年诞辰纪念文集》，巴蜀书社，1998 年版，第147～150 页。彭文据《陕西出土商周青铜器》三·一所录，此器彩照及纹饰拓片后来发表于《周原出土青铜器》第1492～1495 页。又，彭先生认为荣子方尊的圈足也是这种收翼龙纹，似不确，如下文图24，荣子方尊圈足是顾首垂冠折体下卷尾龙纹，但冠饰并非小龙，肩部也没有收翼形成的耸突。

〔7〕　郑州博物馆编：《郑州青铜器》第34 陆卣、第38 陆尊，香港国际出版社，2001 年版，第20、24 页。书中分别称两器为"陆"铭凤纹提梁卣、"陆"铭龙纹铜尊，所谓的凤纹和龙纹均指收翼龙纹，前后矛盾。发掘简报见张松林等：《郑州市洼刘村西周早期墓葬（ZGW99M1）发掘简报》，《文物》2001 年第6 期。

《西清古鉴》8.48 伯龢尊、9.30 即月尊（图11）、10.36 夔龙尊（图12）也是在腹部和圈足饰有收翼龙纹，但都是伪器[1]。《通考》555 又有伯龢方尊（图10），容庚先生云："《铜器集》（图五）著录，云铭有王元年伯龢父等三十五字。案此器形制花纹与邢侯尊（《古鉴》八：卅三）略同，乃西周前期器，不当有西周后期伯龢父铭文。疑铭文伪刻，或此器乃仿造之精者。"[2] 此说有理，所以本文对这几件器不作讨论。

侯尊

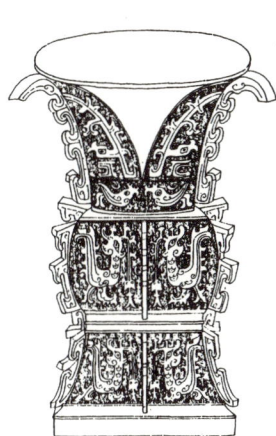

图9 麦方尊

图10 伯龢尊

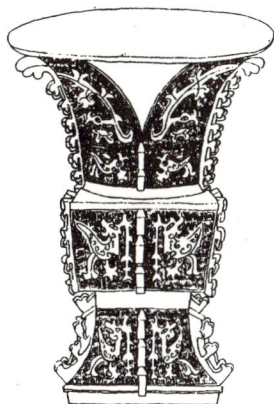

图11 即月尊

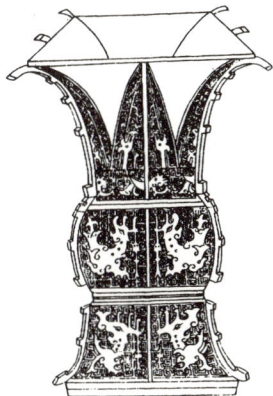

图12 夔龙尊

图13 陆尊

图14 见尊

麦尊在《西清古鉴》一书中器形及纹饰都绘得比较逼真，同人做的器物有麦鼎、麦盉及麦方彝。《西清古鉴》13.10 为麦方彝，肩部和圈足饰折体蛇纹，盖和腹为饕餮纹，风格与令方彝相近，但腹部未显鼓出[3]，时代应比令方彝略早。麦盉见于《通考》478，半环钮捉手，盖器之间有提链，腹全素微鼓，浅裆部略分，四柱足较细，器形与

〔1〕 容庚：《〈西清〉金文真伪存佚表》，《燕京学报》第5期，1929年。
〔2〕 容庚：《商周彝器通考》，上海人民出版社，2008年版，第305页。
〔3〕 不排除《西清古鉴》描绘有失真的可能。

梁山七器中的伯宪盉、洛阳马坡出的父癸臣辰先盉几近一致，时间上应相距不远。学界公认臣辰盉在昭王前后，朱凤瀚先生定伯宪盉为西周早期晚段器[1]，因此，将麦盉定在康昭时期是合适的。麦尊是方体圆口，四角都有钩状的扉棱，盖沿颈部饰双夔相对的蕉叶纹，肩部是尾部垂下两羽的小鸟纹，腹部、圈足均为小龙花冠的收翼龙纹。器形相似的可举出荣子方尊（图24）、令方尊和叔逸方尊，都是方体圆口，尤以前者的风格更近，略有差别的是肩部小鸟纹尾除了下垂的两立羽外，其上还有一横羽；圈足也是顾首折体下卷尾龙纹，只是没有耸突的翼根部和小龙花冠。王世民先生等的《西周青铜器分期断代研究》将荣子方尊列在口圆下方的Ⅰ型2式，定在西周早期偏晚，同样的型式还有令方尊、盠方尊，都是昭王以后的器物了[2]。另外，器物组合含有尊和方彝的如令器和析器都是在昭王时，且同样饰有收翼龙纹的析器已经到了昭王末年[3]，所以，麦方尊最好也定在西周早期偏晚，不会太早。鉴于学界大多将麦器的尊、盉、方彝置于康王世[4]，现从类型以及组合来综合考虑，笔者认为定在康王晚年较为妥当，当然，它们之间也有先后，不过时间差距很短。至于麦鼎，足部做出兽足形状，非常少见，康昭时期的鱼季尊、卣足部略可比拟，与麦器在时代上也能衔接。

乍宝用簋是1976年出自陕西岐山县贺家村西北的M112，墓已被盗掘，铜器只余下这件簋。其收翼龙纹的龙形花冠也已脱离脑部，并且无论器形纹饰，如扉棱、耳的兽首浮雕等，就连龙纹上唇脱落的牙形状也都和鲜簋一致，时代肯定与之相差不远，且有理由推测鲜簋也有一个和乍宝用簋一样的盖。原发掘者在简报中根据打破关系并参照《沣

图15　陆卣（一）　　　　　图16　陆卣（二）　　　　　图17　见卣

〔1〕 朱凤瀚：《房山琉璃河出土之克器与西周早期的召公家族》，载《远望集——陕西省考古研究所华诞四十周年纪念文集》，陕西人民美术出版社，1998年版。

〔2〕 王世民、陈公柔、张长寿：《西周青铜器分期断代研究》，文物出版社，1999年版。

〔3〕 李学勤：《西周中期青铜器的重要标尺》，《中国历史博物馆馆刊》1979年第1期。

〔4〕 也有学者持昭王晚期说，不过已经被认为不可信。详见张桂光：《周金文所见"井侯"考》，载《黄盛璋先生八秩华诞纪念文集》，中国教育文化出版社，2005年版；庞小霞：《西周邢国二次迁封说辨析》，《文物春秋》2008年第2期。

西发掘报告》，将 M112 正确地定在西周中期，认为是相当或稍晚于穆王[1]。《周原出土青铜器》一书将乍宝用簋定在西周早期，现在可知不足据。

洼刘 ZGW99M1 属抢救性发掘，随葬品非考古专业人员取出，又无地层上的叠压关系，只能以器物类型和组合来推断。出土的礼器有鼎 3 件，簋、甗、罍、觥、尊、盂各 1 件，卣 3 件，其中两件扁体卣纹饰全同，一大一小，另一件为圆体卣，发掘者已经指出，其中一些铜器有商的遗风[2]。这是很对的，如鼎、簋、甗、罍、盂均是商末周初的风格。陌尊和两件扁体陌卣铭文类同，属于同一组，应是墓主自做器。同出的其他礼器铭文则相对较为驳杂，与尊铭等并不相谐，可能是通过其他途径获得。下面重点讨论都饰有收翼龙纹的陌尊和两件扁体陌卣。

图 18　析尊

图 19　析方彝

图 20　析觥

图 21　匽侯盂

图 22　乍宝用簋

图 23　鲜簋

陌尊颈沿为对夔的蕉叶纹，肩部是垂首披冠直体上弯尾龙纹，龙纹的尾部斜下方附交叉的横羽和立羽饰件；腹部和圈足都是垂有小龙花冠的顾首收翼龙纹，通体有四道钩棱。陌卣盖面和器腹部饰垂有小龙花冠的顾首收翼龙纹；颈部为垂首带齿的直体上弯尾

〔1〕 陕西省周原考古队：《陕西岐山贺家村西周墓发掘报告》，《文物资料丛刊》第 8 期，文物出版社，1983 年版。

〔2〕 郑州市文物考古研究所：《郑州洼刘西周贵族墓出土青铜器》，《中原文物》2001 年第 2 期。

图24 荣子方尊
（日本白鹤美术馆藏）

龙纹，龙身遍布立羽，龙形系用粗阳线勾勒[1]；圈足饰同样的龙纹，只是龙身较细；颈部为一身双首同向的龙纹。可供对比的是《美集录》A420见尊和收在《通考》654的见卣，据陈梦家先生的注解，见尊又录于《菁华》14，铭文为"见乍宝尊彝"，"日本住友氏所藏一卣（《菁华》75、《形态学》39.2下）与此同铭，《善斋》51瓶亦见所作"[2]。最令人称奇的是，见尊、见卣分别和洼刘的尊及扁体卣一模一样，装饰风格如出一辙，连器物大小都相差无几，以尊为例，洼刘的尊高30.2厘米，口径22.2厘米；见尊高29.1厘米，口径21.6厘米。另外，器表勾棱的形状和数目也相同，两套尊卣时间上必定非常接近。一尊一卣、一尊二卣的组合属于西周早期铜器群的典型特征，因此，定在西周早期非常合适。

陟尊和见尊肩部的龙纹尾部（图25、27）带有分离的饰件，与一般龙身所附的浅浮雕棱脊有别，并不常见，流行的时间也比较短。其他可以举出的例子有琉璃河M251出的伯矩鬲颈部（图26）和宝鸡竹园沟M20：5圆盒颈部（图28），其相同之处，如均是垂首披冠带卷耳，双唇均上翻，但两件尊的龙纹身体较短，鬲、盒的夔身较长，竹园沟龙纹足部后还有横羽，故尾部所附的横羽和两件尊的一样短，不如伯矩鬲的长——总的来说大致类似。M251年代断为成康之际[3]，竹园沟M20年代断为康时期[4]，两尊的时代与此相距应不太远。

据器形来看，两套尊卣显出的是西周早期后段的特点，见卣、陟卣和庄白的商卣相似，见尊、陟尊和析尊、商尊等也非常接近。庄白的这几件器都在昭王时，析器更在昭王的末年。再从收翼龙纹的演变来看，乍宝用簋龙纹的后足已经不见，颈后的鬣毛也大大缩短，析器的龙纹颈后鬣毛还有一定的长度，但也无法和陟器、见器及匽侯盂相比。由此可以推断，析器在时间上正好排在乍宝用簋（包括鲜簋）和陟器（包括见器和匽侯

图25 陟尊肩部

图26 伯矩鬲颈部龙纹

---

〔1〕 同样的夔纹又见于《赛克勒所藏西周青铜器》70卣盖沿，即《流散欧美之殷周有铭青铜器集录》第132器（刘雨、汪涛著，上海辞书出版社，2007年版）。

〔2〕 《美集录》，第86页。

〔3〕 北京市文物研究所：《琉璃河西周燕国墓地：1973—1977》，文物出版社，1995年版，第244页。

〔4〕 卢连成、胡智生：《宝鸡强国墓地》，文物出版社，1988年版，第268页。

盂）之间，陌器的一尊二卣最好定在康昭之际。一个墓的年代必须由最晚的器物来定，因此，洼刘 ZGW99M1 的上限应是康王时期，不能早到周初成王时。

就学界通行的看法，麦方尊与匽侯盂也都是西周早期的器物，匽侯盂近于附耳簋，只是腹部较深，附耳有横梁与器相接，但圈足已不外鼓，而是向内凹折。以收翼龙纹的序列推断，也应在康昭时期，下限约在昭王前段。

综上所述，就目前的资料看，收翼龙纹在商代的铜器上还未出现，施用时间大体在康王后期到穆王这一段，即西周早中期之际，以乍宝用簋和鲜簋来看，下限应就在穆王后期，因为恭王之后已经没有乍宝用簋那样的铭文格式了[1]。彭裕商先生认为，这种纹饰起于康王之世，盛行在昭、穆时期[2]，是合理的。因此，这种纹饰可以作为西周早期后段至中期早段青铜器的一个判断标准。就收翼龙纹本身而言，在这期间的形态也是略有变化的，除了小龙垂冠的脱离之外，最明显是在上唇的牙与足部。

图27　见尊肩部　　　　　　　　　图28　竹园沟 M20:5 圆盒

如以上唇的牙形作为依据，从细部的特征来考察，收翼龙纹还可分为两组：匽侯盂龙纹的牙长度与乍宝用簋和鲜簋的龙纹牙相当[3]，个体较大，作立羽形，有倒钩，但未与唇脱落，就和作为花冠的小龙相连是对应的，也属较早的形态，两件簋的收翼龙纹应当承袭自盂的形态。这三件是一组；其他几件铜器龙纹的牙相对较短，列在另一组。再看两组的器类会发现，匽侯盂铭文"匽侯乍饙（饭）盂"，表明匽侯盂和两件簋一样，均为食器[4]，可称为食器组。另一组中析器的尊、觥、方彝，陌尊、陌卣和见尊、见卣都是成套的酒器，可称为酒器组。纹饰与器类及用途的对应关系由此可见一斑，即便是同一种纹饰，也会在细部显出差别以起到指示作用。不仅如此，笔者还讨论过两种纹饰区别食器、酒器的例子[5]，据《礼记·郊特牲》"凡饮，养阳气也。凡食，养阴气也"，

---

〔1〕　李学勤：《异形兽面纹卣论析》，载《保利藏金》，岭南美术出版社，1999 年版；收入氏著《重写学术史》，河北教育出版社，2002 年版。

〔2〕　彭裕商：《麦四器与周初的邢国》，载《徐中舒先生百年诞辰纪念文集》，巴蜀书社，1998 年版，第 147～150 页。

〔3〕　匽侯盂的器形见《中国青铜器全集》6.16－17，纹饰拓片见《商周青铜器文饰》第 313 号，文物出版社，1984 年版。

〔4〕　也有盂自名为"簋"者，如陈梦家先生旧藏中乍宝簋，见陈梦家：《西周铜器断代》上册，中华书局，2004 年版，第 49 页。又参陈芳妹：《簋与盂——簋与其他粢盛器关系研究之一》，《故宫学术季刊》1－2，1983 年。

〔5〕　苏辉：《青铜器夔纹与器形的对应性研究》，载《形象史学研究（2012）》，人民出版社，2012 年版。

有了阴阳的内蕴，不同类别器物上的纹饰便显出了各自的特点，其中的礼制含义不言而喻，"器以藏礼"的原则在纹饰上同样得到了表现。

在收翼龙纹的演变中酒器组明显早于食器组。西周早期酒器仍然具有一定的规模，但到了穆王中后期的礼器组合中，酒器已经逐渐式微，觥、方彝、卣均已成为明日黄花，食器的地位远远超过了酒器，收翼龙纹也就主要装饰在簋上了[1]。收翼龙纹应该是带有标志性质的纹饰，它的使用含有多重的意味。不过，至今还未在鼎上发现收翼龙纹，这也是一个耐人寻味的现象。

最后，可以将饰有收翼龙纹的铜器按时间先后排列如下：

康王后期	麦方尊、匽侯盂
康昭之际	陆尊、陆卣，见尊、见卣
昭穆之际	析尊、方彝、觥
穆王后期	鲜簋、乍宝用簋

于是就显出一个有趣的现象，即今辽宁、河北的北方地区→河南郑州→陕西周原这样一条路线与各器的时间先后正好有对应关系，恰在提示收翼龙纹的传播路径，这个结论以后应该会有更多的实例来验证。

附记：此文是笔者博士学位论文《中原地区商西周铜器夔纹研究》中的一节，论文的写作是在导师李学勤先生的悉心指导下完成。谨致谢忱！

作者单位：中国社会科学院历史研究所

收稿日期：2014 - 09 - 02

---

[1] 出乍宝用簋的墓被盗掘，铜器只剩下这件簋；鲜簋也是非发掘品，故无法知道同组其他器物的纹饰。就目前所见，也没有发现其他食器上饰收翼龙纹。

伏波将军马援的南国民间形象[*]

王子今

马援是古代军人中罕见的功名卓著、声威显赫者，在文化史上也有重要的影响。"伏波"成为他历史贡献的标志性符号，是因为楼船军交州之战在他军事生涯中有特别的地位。考察相关现象，有益于增进对中国古代边疆史、海洋史以及社会意识史的理解。而后世"伏波将军"作为南国民间纪念对象备受尊崇，也是值得重视的历史文化现象。若干自然地理标志被冠以"伏波"名号，各地有关马援的纪念性建筑及祭祀场所，马援本人形象的英雄化表现，都值得历史学者和社会学、文化学研究者关注。

一　楼船远征

据《后汉书》卷一下《光武帝纪下》，建武十六年（40），天下初定[1]，"春二月，交阯女子征侧反，略有城邑"，"（建武十八年夏四月）遣伏波将军马援率楼船将军段志等击交阯贼征侧等"[2]，"（建武十九年春正月）伏波将军马援破交阯，斩征侧等。因击破九真贼都阳等，降之。"《后汉书》卷二二《刘隆传》："以中郎将副伏波将军马援击交阯蛮夷征侧等，隆别于禁溪口破之，获其帅征贰，斩首千余级，降者二万余人。"[3]由此可大致得知战役的规模和进程。

《后汉书》卷二四《马援传》关于伏波将军马援率军远征交阯、九真事，有这样的记载："……又交阯女子征侧及女弟征贰反，攻没其郡，九真、日南、合浦蛮夷皆应之，寇略岭外六十余城，侧自立为王。于是玺书拜援伏波将军，以扶乐侯刘隆为副[4]，督楼船将军段志等南击交阯。军至合浦而志病卒，诏援并将其兵。遂缘海而进，随山刊道千

　*　本文是国家社科基金重点项目"秦汉时期的海洋探索与早期海洋学研究"（项目编号：13AZS005）和中国人民大学科学研究基金（中央高校基本科研业务费专项资金资助）项目"中国古代交通史研究"（项目编号：10XNL001）的阶段性成果。

〔1〕《后汉书》卷一下《光武帝纪下》：建武十三年（37），"夏四月，大司马吴汉自蜀还京师，于是大飨将士，班劳策勋。""十四年春正月，……匈奴遣使奉献"，"秋九月，平城人贾丹杀卢芳将尹由来降。""莎车国、鄯善国遣使奉献。"十五年（39）十二月，"卢芳自匈奴入居高柳。"十六年（40），"卢芳遣使乞降。十二月甲辰，封芳为代王。"中华书局，1965年版，第62~67页。

〔2〕马援、段志远征，有刚刚经历皖城之战平定李广的背景。《后汉书》卷一下《光武帝纪下》：建武十七年（41），"秋七月，妖巫李广等群起据皖城，遣虎贲中郎将马援、骠骑将军段志讨之。九月，破皖城，斩李广等。""击交阯贼征侧等"与平定皖城，仅仅间隔六个月。

〔3〕又《后汉书》卷二四《马援传》："斩首数千级，降者万余人。"第66、69、781页。

〔4〕李贤注："扶乐，县名，属九真郡。"第839页。

余里。十八年春，军至浪泊上，与贼战，破之，斩首数千级，降者万余人。援追征侧等至禁溪，数败之，贼遂散走。明年正月，斩征侧、征贰，传首洛阳[1]。封援为新息侯，食邑三千户。"于是，"援乃击牛酾酒，劳飨军士。"又有就此战功与属下有关人生志向的从容言谈："吾从弟少游常哀吾慷慨多大志，曰：'士生一世，但取衣食裁足，乘下泽车，御款段马，为郡掾史，守坟墓，乡里称善人，斯可矣。致求盈余，但自苦耳。'当吾在浪泊、西里间，虏未灭之时，下潦上雾，毒气重蒸，仰视飞鸢跕跕堕水中，卧念少游平生时语，何可得也！今赖士大夫之力，被蒙大恩，猥先诸君纡佩金紫，且喜且惭。"马援的真诚感叹据说引致吏士欢呼。

马援随即又进军九真："援将楼船大小二千余艘，战士二万余人，进击九真贼征侧余党都羊等，自无功至居风[2]，斩获五千余人，峤南悉平。援奏言西于县户有三万二千，远界去庭千余里，请分为封溪、望海二县[3]，许之。援所过辄为郡县治城郭，穿渠灌溉，以利其民。条奏越律与汉律驳者十余事，与越人申明旧制以约束之，自后骆越奉行马将军故事。"

前后历时不过一年半，马援班师，"二十年秋，振旅还京师，军吏经瘴疫死者十四五。赐援兵车一乘，朝见位次九卿。"[4]据说主要由于"瘴疫"[5]，部队减员数量甚多，然而战事顺利，马援受到嘉奖[6]。

与其他军事征服行为有异，马援"破交阯，斩征贰等"之后，我们又看到他在当地进行行政建设、法制宣传和经济开发等"以利其民"的工作的历史记录。

马援受命"督楼船将军段志等南击交阯"，然而"军至合浦而志病卒，诏援并将其兵"。随后的进军路线，据《后汉书》卷二四《马援传》记述，"遂缘海而进，随山刊

----

[1] 李贤注："《越志》云：'征侧兵起，都麊泠县。及马援讨之，奔入金溪究中，二年乃得之。'"第839页。

[2] 李贤注："无功、居风，二县名，并属九真郡。居风，今爱州。"第840页。

[3] 据谭其骧主编《中国历史地图集》，西于，在今越南民主共和国河内市东英西；封溪，在永富省福安；望海，在河北省北宁西北。中国地图出版社，1982年版，第2册，第63~64页。

[4] 《后汉书》，第838~840页。

[5] 理解所谓"瘴疫"，应注意马援"下潦上雾，毒气重蒸，仰视飞鸢跕跕堕水中"语。"毒气重蒸"，《后汉纪》写作"毒气浮蒸"。参王子今：《汉晋时代的"瘴气之害"》，《中国历史地理论丛》2006年第3期。又《后汉书》卷八六《南蛮传》记载，汉顺帝永和二年（137）"日南、象林徼外蛮夷"反，"烧城寺，杀长吏。交阯刺史樊演发交阯、九真二郡兵万余人救之。兵士惮远役，遂反，攻其府。二郡虽击破反者，而贼势转盛。会侍御史贾昌使在日南，即与州郡并力讨之，不利，遂为所攻。围岁余而兵谷不继，帝以为忧。"明年，议发荆、杨、兖、豫四万人赴之。大将军从事中郎李固提出七条反驳意见，其中所谓"南州水土温暑，加有瘴气，致死亡者十必四五"，也可以参考（第2838页）。此所谓"加有瘴气，致死亡者十必四五"，应是记取了马援事迹所谓"军吏经瘴疫死者十四五"的历史教训。

[6] 关于"征侧"身世行迹，李贤注有所说明："征侧者，麊泠县雒将之女也，嫁为朱鸢人诗索妻，甚雄勇。交阯太守苏定以法绳之，侧怨怒，故反。"《后汉书》，第839页。《马援传》"都羊"，或作"都阳"。《后汉书》卷一下《光武帝纪下》："因击破九真贼都阳等，降之。"《后汉书》卷八六《南蛮传》："进击九真贼都阳等，破降之。徙其渠帅三百余口于零陵，于是领表悉平。"（第70、2836页）考察马援击九真事，应注意这一背景：建武十二年（36），"九真徼外蛮夷张游率种人内属，封为归汉里君。"（《后汉书》卷一下《光武帝纪下》，第60页。）《后汉书》卷八六《南蛮传》："光武中兴，锡光为交阯，任延守九真，于是教其耕稼，制为冠履，初设媒娉，始知姻娶，建立学校，导之礼义。建武十二年，九真徼外蛮里张游，率种人慕化内属，封为归汉里君。""蛮里张游"，李贤注："里，蛮之别号，今呼为俚人。"（第2836页。）

道千余里。"主力似是由陆路"缘海"行军,有"随山刊道"的情节。"十八年春,军至浪泊上,与贼战,破之。"[1] 马援进一步平定九真,则由海路南下,"援将楼船大小二千余艘,战士二万余人,进击九真贼征侧余党都羊等,自无功至居风,斩获五千余人,峤南悉平。"无功和居风都距离海岸数十公里,然而均临江河。《汉书》卷二八上《地理志上》"益州郡"题下"来唯"条:"劳水出徼外,东至麊泠入南海,过郡三,行三千五百六十里。"[2] 劳水至麊泠后分两流,南流一支过"无功"。今称马江者流经"居风"。[3] 马援"进击九真贼征侧余党都羊等,自无功至居风",楼船军可以由海入江,实施军事进攻。例如,龙编东汉时曾经是交阯郡治所在。在秦汉南洋贸易中,龙编又始终是重要的中间转运港。船队可以乘潮迎红河直抵城下。郡属有定安县。《续汉书·郡国志五》交阯郡定安条下刘昭注引《交州记》曰:"越人铸铜为船,在江潮退时见。"[4] 这种当地人铸造的铜船,可能是与航运有关的水文标记。

二 "伏波将军"名号

汉武帝时代的名将路博德曾经称"伏波将军"。《史记》卷二二《汉兴以来将相名臣年表》:"(元鼎五年)卫尉路博德为伏波将军,出桂阳;主爵杨仆为楼船将军,出豫章,皆破南越。"[5]《史记》卷一一一《卫将军骠骑列传》:"将军路博德,平州人,以右北平太守从骠骑将军有功,为符离侯。骠骑死后,博德以卫尉为伏波将军,伐破南越,益封。其后坐法失侯,为强弩都尉屯居延卒。"[6]《史记》卷一一三《南越列传》:"元鼎五年秋,卫尉路博德为伏波将军,出桂阳,下汇水[7];主爵都尉杨仆为楼船将军,出豫章,下横浦;故归义越侯二人为戈船、下厉将军,出零陵,或下离水,或柢苍梧;使驰义侯因巴蜀罪人,发夜郎兵,下牂柯江:咸会番禺。"[8] 路博德得"伏波将军"称号,设定进军路线却是"出桂阳,下汇水",不由海路。然而楼船将军杨仆"出豫章,

〔1〕 清人吴裕垂《史案》卷一五"始海运"条:"马伏波讨交阯,缘海而进。厥后交阯贡献皆从东治泛海而至,尔时海运之行概可知也。"(清道光六年大成堂刻本。)薛福成亦言马援开辟的通路后世长期沿用:"昔汉伏波将军马援南征交阯,由合浦缘海而进,大功以成。厥后水军入交,皆用此道。诚以廉州北海一日形势稳便,海道顺利,驶往越南各海口皆不过一二日海程,必以此为会师之地也。"(《庸庵文编》外编卷三,清光绪刻《庸庵全集》本。)然而前者言"泛海而至"、"海运之行",后者言"水军""海程""海道顺利",均理解"缘海而进"为循近海航道航行。如此则不合"随山刊木"文意。薛福成所谓"会师之地",似说海陆两军在合浦"会师",随后皆由"海道""入交"。这也是对"遂缘海而进,随山刊道千余里"的误解。明人唐胄《琼台志》卷六《儋州》引王桐乡的说法是正确的:"史称'缘海而进',乃循北海以进,道非渡海也。"(明正德刻本。)
〔2〕《汉书》,中华书局,1962年版,第1601页。言水路"行"若干"里"者,通常可以理解为航程数据。
〔3〕 谭其骧主编:《中国历史地图集》,第2册,第63~64页。
〔4〕《后汉书》,第3532页。
〔5〕《史记》,中华书局,1959年版,第1140页。
〔6〕《史记》,第2945页。
〔7〕 裴骃《集解》:"徐广曰:一作湟。骃案:《地理志》曰:桂阳有汇水,通四会,或作淮字。"司马贞《索隐》:"刘氏云:汇当作湟。《汉书》云'下湟水'也。"今按《汉书》卷九五《南粤传》作"下湟水"。
〔8〕《史记》,第2975页。

图1　海南两伏波祠

下横浦"，其实仍然是利用海上航路进击的。路博德的"伏波"军号，可能体现了战略策划者在这支部队南下临海之后发挥海战能力的战略期待。而南越割据势力败亡，吕嘉、建德等"亡入海，以船西去"，确是伏波将军属下成功执行追捕。

马援是继路博德之后又一位特别能够克服交通险阻的名臣，又是名声最为响亮的"伏波将军"。马援指挥海上远征的成功，使得"伏波将军"名号有了特定的军事史意义和航海史意义。

两汉有"两伏波"[1]。（图1）而后世"伏波将军"益多。三国时曹魏政权和孙吴政权得"伏波将军"名号者，有夏侯惇[2]、甄像[3]、陈登[4]、孙礼[5]、满宠[6]、孙匡[7]、孙秀[8]等。晋"伏波将军"则有卢钦[9]、陶延[10]、葛洪[11]、郑攀[12]等。此后自南北朝至五代，历朝多有"伏波将军"。后世许多军人虽然获有"伏波将军"名义，其实并没有水战和海上航行的经历。考后世所谓"伏波将军"，"伏波"语义或已有变化。而起初称"伏波将军"者，其"伏波"名号应是强调对海上风浪的征服。

《史记》卷一一四《东越列传》记载，平定南越时，"东越王余善上书，请以卒八千人从楼船将军击吕嘉等。兵至揭阳，以海风波为解，不行，持两端，阴使南越。及汉破番禺，不至。"《汉书》卷二八下《地理志下》"南海郡"条："揭阳，莽曰南海亭。"王先谦《汉书补注》："先谦曰：东越王余善击南海，兵至此，以海风波为解。见《东

---

〔1〕（宋）孙奕《示儿编·正误》有"两伏波"条："或人问汉有两伏波，海宁令王约作《忠显王庙记》以为'马伏波'，琼州守李时亮《庙记》以为'路伏波'，苏子瞻作《庙记》则以为'马伏波'，夏侯安雅作《庙记》又以为'马伏波'，纷纷孰是？曰：尝考之两汉，有二伏波。前汉伏波将军邳离路博德，武帝时讨南越相吕嘉之叛，遂开九郡。后汉伏波将军新息马援，光武时讨交阯二女子侧贰之叛，遂平其地。则是二人皆有功于南粤。东坡之说，渠不信夫？"《履斋示儿编》卷一，元刘氏学礼堂刻本。

〔2〕《三国志》卷一《魏书·武帝纪》裴松之注引《魏书》载公令，卷九《魏书·夏侯惇传》及裴松之注引《魏略》，卷一九《魏书·陈思王植传》裴松之注引《魏略》。中华书局，1959年版，第40页、第268～269页、第562页。

〔3〕《三国志》卷五《魏书·后妃传·文昭甄皇后》，第162页。

〔4〕《三国志》卷七《魏书·陈登传》及裴松之注引《先贤行状》，第229～230页。

〔5〕《三国志》卷二四《魏书·孙礼传》，第691页。

〔6〕《三国志》卷二六《魏书·满宠传》，第722页。

〔7〕《三国志》卷五一《吴书·宗室传·孙匡》裴松之注引《晋诸公赞》，第1214页。

〔8〕《晋书》卷六六《陶侃传》言"伏波将军孙秀以亡国支庶，府望不显"，中华书局，1974年版，第1768页。又《晋书》卷八八《孙晷传》称"吴伏波将军孙秀"，第2289页。

〔9〕《晋书》卷四四《卢钦传》，1255页。

〔10〕《晋书》卷六六《陶侃传》，1772页。

〔11〕《晋书》卷七二《葛洪传》，1911页。

〔12〕《晋书》卷一〇〇《杜弢传》，第2624页。

越传》。"《汉书》卷九五《闽粤传》关于"海风波"有同样记载。东越"持两端，又阴使南越"[1]，立场不明确甚至暗自勾结敌方的情形，使得"楼船将军杨仆使使上书，愿便引兵击东越"。对于所谓"以海风波为解"，颜师古有这样的说明："解者，自解说，若今言分疏。"[2] 余善"兵至揭阳，以海风波为解"，可能是中国古代最早的关于"海风波"迫使航海行为不得不中止的文字记录。虽然我们现在还不能清楚地说明此"海风波"的性质和强度，但是这一

图2　桂林伏波山

记载在航海史上依然有特别值得重视的意义。《汉书》卷二八下《地理志下》言南洋航路上船人"苦逢风波溺死"情形所谓"风波"[3]，也值得关注。海上"风波"或称"海风波"，《宋书》和《梁书》则写作"大海风波"[4]。"伏波将军"之所谓"伏波"，应当就是指对这种"风波"、"海风波"、"大海风波"的镇伏。宋人孙逢吉《职官分纪》卷三四"伏波将军"条引《环济要略》曰："'伏波'者，船涉江海，欲使波浪伏息也。""伏波"名号，显然体现了对优越的海上航行能力的肯定。

马援曾经击乌桓，击武陵蛮，然而战功之中，以交阯远征最为显赫。《后汉书》卷二四《马援传》载朱勃上书称颂马援击交阯、九真功绩："出征交阯，土多瘴气。援与妻子生诀，无悔吝之心。遂斩灭征侧，克平一州。"李贤注："南海、苍梧、郁林、合浦、交阯、日南、九真，皆属交州。"

三　"马伏波"的历史光荣及其民间形象化记忆

因有关"伏波将军"马援事迹之历史记忆的深刻，"马伏波"后来成为一种特殊的文化符号。

杜甫诗《奉寄别马巴州》写道："勋业终归马伏波，功曹非复汉萧何[5] 扁舟系缆

---

〔1〕《汉书》卷九五《闽粤传》所谓"阴使南粤"，颜师古注："遣使与相知。"（第3861页。）闽越和南越之间的"使"，不能排除循海上航路往来的可能。

〔2〕《汉书》，第3861页。

〔3〕《汉书》，第1671页。

〔4〕《宋书》卷九七《夷蛮列传》载呵罗单国王毗沙跋摩奉表曰："意欲自往，归诚宣诉，复畏大海，风波不达。"中华书局，1974年版，第2381页。言南洋商运，则曰"商货所资，或出四部，汎海陵波，因风远至"（第2399页）。《梁书》卷五四《诸夷列传·海南诸国》记载"在南海中"之狼牙修国王婆伽达多遣使奉表，有"欲自往，复畏大海风波不达"语。中华书局，1973年版，第796页。

〔5〕以萧何与马援并说，又有明茅大方诗："关中事业萧丞相，塞外功勋马伏波。"（明）张朝瑞撰：《忠节录》卷二《副都御史茅大方》，明万历刻本。"方"，原注："一作'芳'。"

沙边久，南国浮云水上多。"[1] 所谓"扁舟系缆"，所谓"南国浮云"，所谓"沙边""水上"，均使读者联想到马援远征交阯、九真事迹。"勋业终归马伏波"句影响久远，屡为诗人袭用。如元人贡性之诗："到时定有平淮策，勋业终归马伏波。"[2] 明人董其昌诗："勋业终归马伏波，闲身孰与钓台多。"[3] 江源诗："壶觞须就陶彭泽，勋业终归马伏波。"[4] 清人赵文楷诗："治功谁奏黄丞相，勋业终归马伏波。"[5]

图 3　桂林伏波山石刻　　　　图 4　桂林伏波山"伏波晚棹"牌坊　　　图 5　海口荣山村马伏波庙

明人潘恩《三峰歌》写道："桂山削出金芙蓉，紫云碧草浮青空。中峰委蛇若凤举，左右离立盘双龙。矫矫将军廊庙姿，英声四十动南维。星河光摇夜谈剑，羽帐风清日赋诗。树立奇勋还自许，高山争雄气如虎。千载应传马伏波，朱方铜柱高嵯峨。"[6]

仅据《嘉庆重修一统志》记录，可知各地因纪念"马伏波"出现的地名甚多，有"伏波庙"6处[7]，"伏波将军庙"3处[8]，"马伏波庙"1处[9]，"伏波祠"5处[10]，"伏波将军祠"1处[11]，"马伏波祠"8处[12]，又有"伏波山"[13]（图2）、"伏波桥"[14]、

〔1〕（唐）杜甫撰，（宋）蔡梦弼笺：《杜工部草堂诗笺》卷二〇，《古逸丛书》覆宋麻沙本。

〔2〕（元）贡性之：《送别》，《南湖集》卷上，文渊阁四库全书本。

〔3〕（明）董其昌：《读寒山子诗漫题十二绝》之五，《容台集》诗集卷四，明崇祯三年董庭刻本。

〔4〕（明）江源：《京中钱别张挥使邝大尹》，《桂轩稿》卷一〇，明弘治庐渊刻本。

〔5〕（清）赵文楷：《重度仙霞关》，《石柏山房诗存》卷三《闽游草》，清咸丰三年赵昀惠潮嘉道署刻本。同样情形，又见于清人史策先《白水寺谒汉光武帝祠集唐》："客星辞得汉光武（徐寅），勋业终归马伏波（杜甫）。"（清）丁宿昌辑：《湖北诗征传略》卷三七，清光绪七年孝感丁氏泾北草堂刻本。又梁章钜录陈莲史辑五七言旧句联："诗情逸似陶彭泽（梦得），勋业终归马伏波（少陵）。"《楹联续话》卷四《集句》，清道光南浦寓斋刻本。

〔6〕（清）汪森编：《粤西诗载》卷八《七言古》，文渊阁四库全书本。

〔7〕永顺府、雷州府、桂林府、南宁府、郁林府、思南府。

〔8〕宝庆府、沅州府、乾州厅。

〔9〕郴州。

〔10〕桂阳州、重庆府、酉阳州、太平府、大理府。

〔11〕辰州府。

〔12〕凤翔府、汉阳府、安陆府、荆州府、长沙府、岳州府、常德府、广西府。

〔13〕桂林府。

〔14〕广州府。

"伏波村"[1]、马援壩[2]、马援城[3]等。这当然只是不完全的统计。历史上虽然"伏波将军"不在少数,但是这些纪念性遗存所言"伏波",多是专指"马伏波"。

分析这些纪念"马伏波"的遗存,大致有这样几类:

(1)自然地貌命名,如"伏波山"等(图3、图4);

(2)纪念性地名,如"伏波桥"、"伏波村"、"马援壩"、"马援城"等;

(3)祠庙,如"伏波庙"、"伏波将军庙"、"马伏波庙"、"伏波祠"、"伏波将军祠"等(图5—图9)。

图6 广西青浪滩马援庙

图7 广西横县伏波庙

图8 广西东兴伏波将军庙

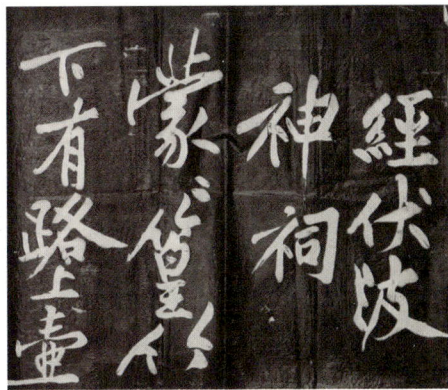

图9 黄庭坚《经伏波神祠》诗

纪念"马伏波"还缘于马援在多方面表现的政治智慧和人生智慧。但是相关纪念性地名多集中在他"出征交阯"经行地方,反映了对"马伏波"远征"南海"的历史功绩的怀念。有学者指出,自唐至宋元、明清,马援的功绩在"国家祭祀与地方秩序构建互动中"被"不断放大",出现"伏波信仰",形成了"以北部湾乃至琼州海峡、雷州

---

[1] 凤翔府。

[2] 重庆府。

[3] 澧州。参《嘉庆重修一统志》,中华书局,1986年版,第35册,第463、1295、1300页。

半岛为中心的祭祀带"。虽然又有"西江流域"和"湘沅流域"祀"伏波神"的礼俗，形成"三大伏波信仰的中心"，然而，"值得注意的是，宋元至清康熙年间，'而二伏波将军者，专主琼海。其祠在徐闻，为渡海之指南。'"[1] 这应当看作与"南海"相关的区域文化研究的重要发现。

这一情形作为一种文化表现，或许反映了我们民族心理对"南海"的长久而密切的关注。从这一角度看，研究马援出征交阯、九真的成功，特别是于军事史、战争史和边疆史、民族史的考察之外，以航海史和文化史的视角深入研究马援"楼船军"南下史事，是有积极的学术意义的。

四　文与武：由马援言汉代"名臣列将"形象

汉代已经重视肖像画的创作。纪念性的功臣肖像陈列于宫廷。《汉书》卷五四《苏武传》："甘露三年，单于始入朝。上思股肱之美，乃图画其人于麒麟阁，法其形貌，署其官爵姓名。唯霍光不名，曰大司马大将军博陆侯姓霍氏，次曰卫将军富平侯张安世，次曰车骑将军龙頟侯韩增，次曰后将军营平侯赵充国，次曰丞相高平侯魏相，次曰丞相博阳侯丙吉，次曰御史大夫建平侯杜延年，次曰宗正阳城侯刘德，次曰少府梁丘贺，次曰太子太傅萧望之，次曰典属国苏武。皆有功德，知名当世，是以表而扬之，明著中兴辅佐，列于方叔、召虎、仲山甫焉。[2] 凡十一人，皆有传。自丞相黄霸、廷尉于定国、大司农朱邑、京兆尹张敞、右扶风尹翁归及儒者夏侯胜等，皆以善终，著名宣帝之世，然不得列于名臣之图，以此知其选矣。"关于"麒麟阁"，颜师古注："张晏曰：'武帝获麒麟

图 10　《三才图会》
马文渊像

图 11
《历代名臣像》马伏波像

图 12
国家博物馆藏清人绘马援像

---

〔1〕 原注："（清）屈大均：《广东新语》卷六《神语·海神》，中华书局，1985 年版，第 205 页。"王元林：《水利神灵在地方秩序构建中的作用：以伏波神信仰地理为例》，《广西民族研究》2010 年第 2 期；《中国历史地理研究》第 5 辑，西安地图出版社，2013 年版。

〔2〕 颜师古注："三人皆周宣王之臣，有文武之功，佐宣王中兴者也。言宣帝亦重兴汉室，而霍光等并为名臣，皆比于方叔之属。召读曰邵。"

时作此阁，图画其象于阁，遂以为名。'师古曰：'《汉宫阁疏名》云萧何造。'"[1]确实汉初应当就已经有图画功臣像"表而扬之"，以为纪念事。所以司马迁在《史记》卷五五《留侯世家》中写道："余以为其人计魁梧奇伟，至见其图，状貌如妇人好女。盖孔子曰：'以貌取人，失之子羽。'留侯亦云。"[2]

马援是东汉建国功臣。最早关于马援肖像的历史记录见于《后汉书》卷三四《马援传》：

> 永平初，援女立为皇后。显宗图画建武中名臣、列将于云台，以椒房故，独不及援。东平王苍观图，言于帝曰："何故不画伏波将军像？"帝笑而不言[3]

云台"图画建武中名臣、列将"中没有"伏波将军像"，是因为外戚身份，即所谓"以椒房故"。

我们今天能够看到的有关马援形象的历史遗存均年代偏晚。有意思的是，古来文献中所见马援像，多以文臣形象传世。如《三才图会》等图籍以及国家博物馆藏清人绘马援像等（图10—图12），都是如此。然而近世以来绘制的马援画像，塑造的马援雕像，却都突出其勇武精神，往往持兵披甲，甚至跃马挽弓（图13—图17）。

图13　陕西扶风马援像

图14　天涯海角马援塑像

这是为什么呢？关于汉代人才分布，曾经有"山东出相，山西出将"，"关西出将，关东出相"的说法。前者言："赞曰：秦汉已来，山东出相，山西出将。秦将军白起，郿人；王翦，频阳人。汉兴，郁郅王围、甘延寿、义渠公孙贺、傅介子，成纪李广、李蔡，杜陵苏建、苏武，上邽上官桀、赵充国，襄武廉褒，狄道辛武贤、庆忌，皆以勇武显闻。苏、辛父子著节，此其可称列者也，其余不可胜数。何则？山西天水、陇西、安

---

〔1〕《汉书》，第2468～2469页。

〔2〕《史记》，第2049页。

〔3〕《后汉书》，第851～852页。

定、北地处势迫近羌胡，民俗修习战备，高上勇力鞍马骑射。故《秦诗》曰：'王于兴师，修我甲兵，与子皆行。'其风声气俗自古而然，今之歌谣慷慨，风流犹存耳。"[1]后者言："谚曰：'关西出将，关东出相。'观其习兵壮勇，实过余州。今羌胡所以不敢入据三辅，为心腹之害者，以凉州在后故也。其土人所以推锋执锐，无反顾之心者，为臣属于汉故也。"关于"谚曰：'关西出将，关东出相'"，李贤注："《说文》曰：'谚，传言也。'《前书》曰：'秦、汉以来，山东出相，山西出将。'秦时郿白起，频阳王翦；汉兴，义渠公孙贺、傅介子，成纪李广、李蔡，上邽赵充国，狄道辛武贤：皆名将也。丞相，则萧、曹、魏、丙、韦、平、孔、翟之类也。"[2] 可知史家言秦汉事，"将""相"区分是大致明晰的。

马援确实亦"以勇武显闻"，所谓"慷慨"，所谓"壮勇"，均彪炳史册。然而古来画师描绘马援，多作文臣装束，或许与光武时代崇尚儒学品格有关。赵翼《廿二史劄记》卷四"东汉功臣多近儒"条写道："西汉开国，功臣多出于亡命无赖，至东汉中兴，则诸将帅皆有儒者气象，亦一时风会不同也。光武少时，往长安，受《尚书》，通大义。及为帝，每朝罢，数引公卿郎将讲论经理。

图15　防城港伏波将军塑像

故樊准谓帝虽东征西战，犹投戈讲艺，息马论道。是帝本好学问，非同汉高之儒冠置溺也。而诸将之应运而兴者，亦皆多近于儒。"引说邓禹、寇恂、冯异、贾复、耿弇、祭遵、朱祐、郭涼、窦融、王霸、耿纯、刘隆、景丹诸将事迹，又言："是光武诸功臣，大半多习儒术，与光武意气相孚合。盖一时之兴，其君与臣本皆一气所钟，故性情嗜好之相近，有不期然而然者，所谓有是君即有是臣也。"[3] 相关情形，亦见于宋代史家的分析，不过着眼点有所不同。钱时讨论邓禹、李通、贾复东汉建国后待遇，曾经这样写道："收功臣兵柄，罢将军官，不用为三公，足以革先汉之弊，垂后代之法矣。此虽光武识见度越，有此举措，而邓、贾诸公俨然儒者气象，知几远嫌，释兵崇学，以成光武之志，亦岂绛、灌辈所可企及！然则忠臣义士，捐躯徇国，有土宇大功者，宜知所以自处哉。"[4] 其中"儒者气象"语，似为赵翼所承袭。

可以体现"先汉"风习的相关情形，可以例举张骞形象。现今我们认识的张骞，是

〔1〕《汉书》卷六九《赵充国辛庆忌传赞》，第2998页。
〔2〕《后汉书》卷五八《虞诩传》，第1866页。
〔3〕（清）赵翼著，王树民校证：《廿二史劄记校证》（订补本），中华书局，1984年版，第90~91页。有学者分析东汉功臣的文化资质，亦涉及马援。张齐政：《"东汉功臣多近儒"辨析》，《衡阳师范学院学报》2007年2期。
〔4〕（宋）钱时：《两汉笔记》卷八"光武"，文渊阁四库全书本。

图 16　桂林伏波山马援塑像

图 17　上海儿童书局版章衣萍著《马援》书影

影响历史走向的著名外交家。如图画其"状貌",似乎当是文臣。但是《史记》关于张骞生平的完整记述,则见于卷一一一《卫将军骠骑列传》中"两大将军"、"诸裨将"事迹中:"将军张骞,以使通大夏,还,为校尉。从大将军有功,封为博望侯。后三岁,为将军,出右北平,失期,当斩,赎为庶人。其后使通乌孙,为大行而卒,冢在汉中。"[1] 是以高级军官身份见诸史籍的。这一现象,也值得我们注意。

作者单位：中国人民大学国学院
收稿日期：2014 – 10 – 08

---

〔1〕《史记》,第 2941 页,第 2944 页。

传承与分立：魏晋南北朝墓室壁画中所见胡人形象[*]

朱浒

　　战争和割据、民族对立和融合、外来宗教的深入传播是魏晋南北朝时期的三大主题。不同的胡人族群在这一时空内分化和糅合，并发挥着不同的作用，这在中国历史中是前所未有的。北魏的建立者鲜卑人成功实现了汉化，其主要分支逐渐融入到汉族中。遥远的西域胡人如贵霜人、波斯人、嚈哒人、粟特人等，持续入华并发挥着重要的作用；北方草原游牧帝国柔然、突厥，为中国带来了丰富多彩的异域精神文化和物质文化成果，共同为中古时期中华文化多元性的形成贡献了力量。

　　从考古遗存中看，胡人图像在魏晋北朝墓葬中出现的频率和丰富程度都远超汉代和同时期的六朝墓葬。在已发掘的上千座墓葬中，胡人形象的载体也更为丰富，除了墓室壁画外，还有大量胡俑、带有异域风情的石质葬具以及舶来艺术品。它们承载了重要的考古学和文化史意义，也成为我们了解魏晋南北朝胡汉民族关系、中外文化交流的一把钥匙。尤其佛教、火祆教在自西向东传播中逐渐深化，胡人主动承担了宗教传播者的角色。

　　墓室壁画是研究魏晋南北朝艺术史的重要载体。河西地区在魏晋十六国时期流行彩色画像砖墓，东北地区十六国贵族依然使用壁画墓。近年考古中，平城附近发现了北魏早期的壁画墓和石椁画像等，流露出多元文化的影响。尤其在北朝后期，涌现出一批艺术价值极高的壁画墓，以娄叡墓、徐显秀墓、新发现的九原岗墓为代表。在壁画墓未流行的南方地区，墓葬装饰仍以画像砖为代表，但也存在一些特殊个案，同北方墓室壁画遥相呼应。这些壁画中存在为数众多的胡人图像，尚未有学者对其进行全面整理。尤其是近年北朝壁画墓的考古新发现，为我们研究魏晋南北朝时期的胡汉关系、文化交流与宗教融合等问题提供了新的视角。以下，本文拟在对魏晋南北朝墓室壁画中胡人形象相关问题尝试做一梳理及论述。

一　魏晋、十六国时期

　　魏晋、十六国时期的墓室壁画，主要集中在四个区域，分别是河西地区、新疆地区、东北地区和西南地区。其中，河西地区壁画墓中的胡人图像数量最多。其它地区仅有一些零散个案，并未形成主流，但仍表现出各自的特点。江南地区没有壁画墓的发

---

　　* 本文是江苏省教育厅哲学社会科学基金课题"汉画像胡人图像研究"（2012SJB760012）的阶段性成果。

现，主要流行砖画。

（一）河西地区

汉末中原动乱，地处丝绸之路要道的河西走廊地区等地区的军民，却因为战事鲜及而享受着相对平静的生活。关内的战乱导致移民涌入，将农桑技术与先进的中原文化带入这一地区。"时天下扰乱，唯河西独安，而姑臧称为富邑，通货羌胡，市日四合，每居县者，不盈数月，辄至丰积。"（《后汉书·孔奋传》）尽管中原动荡不安，但河西安宁，经济繁荣，逐渐成为人们安居乐业的"世外桃源"。

河西地区独特的地域背景产生了独特的文化，长久以来，被掩埋在黄土之下不为人所知。20 世纪 70 年代以来，考古工作者在河西至新疆地区发现了以嘉峪关新城墓地[1]、敦煌佛爷庙湾墓地[2]、敦煌祁家湾墓地[3]、张掖高台地埂坡墓地[4]等为代表的魏晋至十六国时期的墓葬，将人们的视野集中于这一地区特殊的墓葬艺术形式，为我们打开了一扇窥视其地域文化的大门。从内容上看，这些砖画大致可以分为三类。其一是表现时人的劳动场景。农牧生产是河西人重要的经济来源，以狩猎、采桑和牛耕等主题出现频率较高。其二为表现墓主人的财富和享乐生活，主要有牲畜图像、宴饮、庖厨和出行等。佣人守在灶边烧火做饭的图像也随处可见。其三是表现军事题材的绘画，如屯田、坞堡和操练的图像。这三类砖画中均散存有不少胡人形象。

张掖高台县分布有汉晋十六国时期的四大墓群，2002 年高台县西北罗城乡河西村地埂坡发现 5 座墓葬，其中 M4 中发现有数组胡人图像。该墓中的胡人图像分为两类，第一类图像为髡发人物（图 1）[5]，打着绑腿，分别进行角抵戏、敲鼓，位于 M4 前壁墓门上部。第二类图像为头戴尖顶帽的胡人（图 2）[6]，须发茂密，对坐，位于前室北壁立柱内西侧，但其容貌并未表现出高鼻深目的特征。

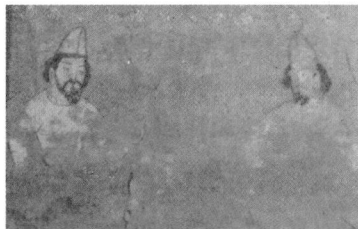

图 1　甘肃高台地埂坡晋墓中的河西鲜卑人　图 2　甘肃高台地埂坡晋墓中的尖顶帽胡人

首先，对髡发带辫的人物形象，学者多有讨论。一般认为，这种人物是鲜卑人形象。据《三国志·乌丸传》记："（乌丸）父子男女相对蹲踞，悉髡头以为轻便"，"鲜

〔1〕 甘肃省文物队、甘肃省博物馆、嘉峪关市文物管理所：《嘉峪关壁画墓发掘报告》，文物出版社，1985 年版。

〔2〕 甘肃省文物考古研究所：《敦煌佛爷庙西晋画像砖墓》，文物出版社，1993 年版。

〔3〕 甘肃省文物考古研究所：《敦煌祁家湾——西晋十六国墓葬发掘报告》，文物出版社，1994 年版。

〔4〕 甘肃省文物考古研究所、高台县博物馆：《甘肃高台地埂坡晋墓发掘简报》，《文物》2008 年第 9 期。

〔5〕 吴荭、王策、毛瑞林：《河西墓葬中的鲜卑因素》，《考古与文物》2012 年第 4 期，第 80 页。

〔6〕 韦正：《魏晋南北朝考古》，北京大学出版社，2013 年版，第 230 页。

卑……其言语习俗与乌丸同。……常以季春大会，作乐水上，嫁女娶妇，髡头饮宴。"
吴荭等人指出，"因《后汉书》和《魏书》中对鲜卑、乌桓均采用髡发的记载，使得这一发型被认为是东胡系民族的标识。……河西鲜卑一般指活动于兰州黄河以西的鲜卑部落，地埂坡壁画反映的应是河西鲜卑的普遍发型。河西鲜卑中最有影响力的莫过于与拓跋同源的秃发鲜卑了，其发型似不应与壁画图像相抵触。"[1]

其次，尖顶帽的胡人，在魏晋时期较为常见，应为来自西域的西胡人，可能和贵霜（大月氏）人有关。从细节上辨认，甘肃高台地埂坡晋墓发现两位头戴尖顶帽的胡人，其帽中央有一竖纹。邢义田教授指出汉代胡人的帽式是区分其种族的重要特征，并将其分为三类，分别是单纯的尖顶帽、带护耳的尖顶帽和带飘带的尖顶帽[2]。进入魏晋后，这一分类依然清晰。孙吴和西晋墓中有一种头戴尖顶小帽、双手合于胸前的胡侍俑，其胡状容貌大甚分明。河南博物院藏头戴中央带竖纹的尖顶帽的胡人俑（图3-1），其头发弯曲、高鼻深目，显然是西域胡人的形象，具有典型的"印度-希腊"贵霜人的形象特征。这些胡人的帽式同南京江宁上坊孙吴墓出土青瓷胡俑[3]（图3-2）和长沙郊区晋墓出土的陶俑[4]（图3-3）的帽式几乎一致，可见河西地区和长江中下游地区的胡人在形象上有相通之处，或可证其族群来源的一致。这类中间带一竖纹尖顶帽的胡人的种族应该主要以大月氏人为蓝本，也可能是留在当地与羌族杂居的小月氏人。

另外，高台骆驼城魏晋墓群中也有高鼻深目、头顶圆形发髻的胡人放牧的图像。如

图3 魏晋南北朝"中间带一竖线"的尖顶帽胡人

图4，这一图像生动反映了当时胡人的生产方式以畜牧业为主[5]。而图中人物左上角的骆驼图像也暗示了河西地区在丝绸之路中的重要位置。

1971年酒泉下河清五坝河修建水利时发现砖画墓，其中有一幅胡人习武图。二人皆高鼻深目，蓬发，身着青绿色交领短衣，束腰，下着裤。一人执戈，一人射箭

〔1〕 吴荭、王策、毛瑞林：《河西墓葬中的鲜卑因素》，第81页。

〔2〕 邢义田：《古代中国及欧亚文献、图像与考古材料中的"胡人"外貌》，收入氏著《画为心声——画像石、画像砖与壁画》，中华书局，2011年版，第297～299页。

〔3〕 南京市博物馆、南京市江宁区博物馆：《南京江宁上坊孙吴墓发掘简报》，《文物》2008年第12期，第26页。

〔4〕 湖南省博物馆：《长沙两晋南朝隋墓发掘报告》，《考古学报》1959年第3期，第84～85页。

〔5〕 袁融主编：《甘肃高台魏晋墓》，重庆出版社，1999年版，第6页。

图4 甘肃高台骆驼城魏晋墓胡人图像

图5 酒泉下河清五坝河壁画胡人图像

（图5）[1]。张朋川认为其种族应是嚈哒、焉耆、大月氏或小月氏人[2]，孙彦沿袭了这种说法[3]。笔者认为，这类高鼻深目、短发的胡人应来自西域，居住在河西地区的胡兵。由于此类图像具有程式化，其种族很难判定，只能将其归为高加索人种的西胡人。

同时具有尖顶帽和高鼻深目特征的人物形象可见嘉峪关新城 M5（图6）[4] 和酒泉丁家闸 M5（图7）[5] 中，日本学者园田俊介将其考为小月氏或羯族的形象[6]，其特征是头戴带缨的尖顶帽，高鼻深目。其区别在于前者身着长至膝盖的胡服，后者下身着长裤，二人的姿势、容貌、帽式和上身装束几乎一致。孙彦注意到，前者的时代在曹魏时期，后者的时代在十六国的西凉或北凉时期，"其间隔大约一百五十多年。但是从图像的人物造型上来看，其外貌与服饰特征极为相似……可以判定魏晋十六国时期酒泉郡地域内居住着相当多的小月氏人。"[7] 可见从曹魏至十六国，河西胡人主要从事畜牧业的生产、生活状况并未改变，可证其鲜受兵燹之灾。

图6 嘉峪关新城 M5 胡人图像

图7 酒泉丁家闸 M5 壁画胡人图像

此外，我们在河西魏晋十六国壁画中还发现大量头戴尖顶帽，但胡状特征不明显的人物。如嘉峪关新城墓地 M1—M8 为例中就发现 7 例：M6：037 为牵骆驼图，M1：07 为拜谒图，M6：101 为进食图，M6：044 为宰猪图，M6：21 为宰羊图，M7：046 为马车图，

---

〔1〕 张朋川：《河西出土汉晋绘画简述》，《文物》1978 年第 6 期，第 71 页。

〔2〕 同上，第 63 页。

〔3〕 孙彦：《河西魏晋十六国壁画墓研究》，文物出版社，2011 年版，第 242 页。

〔4〕 甘肃省文物队、甘肃省博物馆、嘉峪关市文物管理所：《嘉峪关壁画墓发掘报告》，图版 53。

〔5〕 甘肃省文物考古研究所：《酒泉十六国墓壁画》，文物出版社，1989 年版，第 13 页。

〔6〕 〔日〕园田俊介：《酒泉丁家闸 5 号墓壁画所见十六国时期的河西社会——以胡人为中心》，《西北出土文献研究》（第 3 号），汲古书社，2006 年版，第 49 页。

〔7〕 孙彦：《河西魏晋十六国壁画墓研究》，第 246 页。

M6：096 为出行图（图 8）[1]。从中我们依然可以将尖顶帽类型分为两类：一类不带飘带，如 M6：044 为宰猪图中正在杀猪的男子和 M6：096 出行图中右边的男子；一类帽在脑后束有两根飘带，见除上述二者外的其它图像。这类帽子可见尼雅遗址出土的锦帽实物，也见于众多贵霜钱币中的国王像。其面容平和，毫无高鼻深目特征，可能是胡化的汉人。但这类人物涉及到牵骆驼、赶牛车等活动，似乎同西域胡人善经商的特点有关，同时其身份较为低下，主要从事仆役工作。他们同身着汉装的人一齐出现，表现出当地和睦、融洽的民族关系。

值得注意的是，报告中尝试将人物族属分得很细，如指出编发人物为氐族、披发人物为羌族，另采桑女为龟兹人（图 8 - 8）[2]。这些观点似乎有些牵强，但已经被一些学者所采纳，有待进一步商榷。

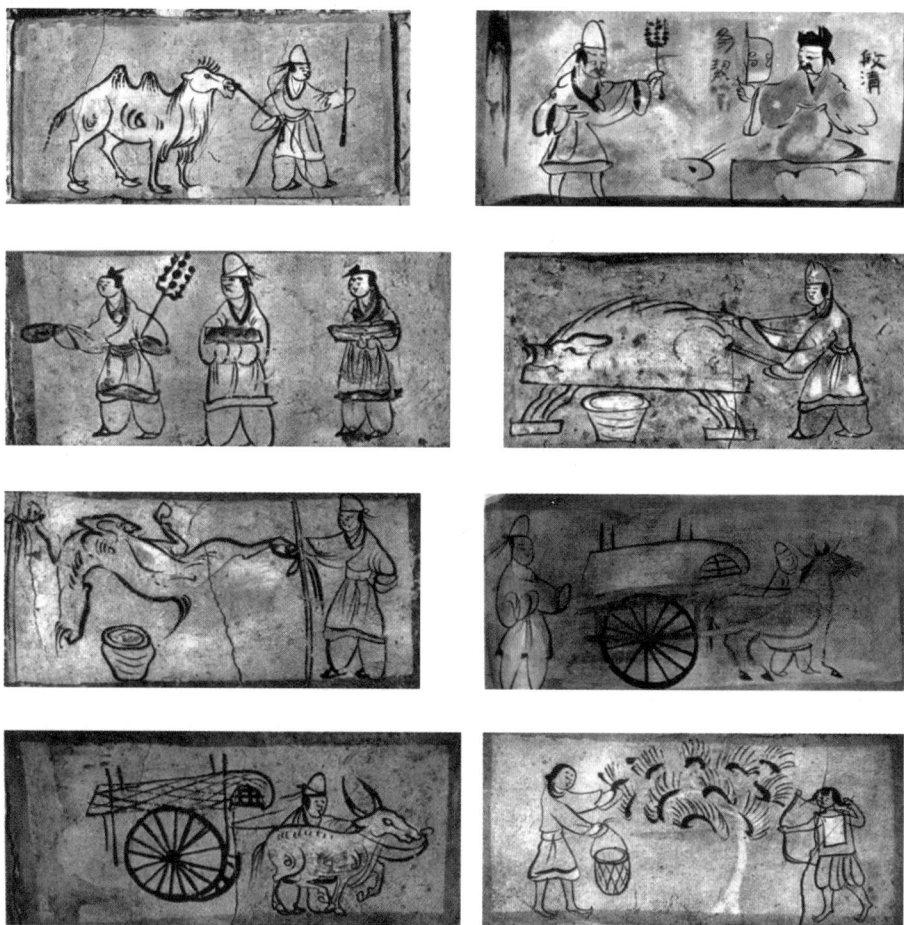

图 8　嘉峪关新城壁画墓 M1—M8 中尖帽人物和采桑图

〔1〕 甘肃省文物队、甘肃省博物馆、嘉峪关市文物管理所：《嘉峪关壁画墓发掘报告》，图版 55、58、65、67、68、73、81、47。

〔2〕 同上，第 57、59、60 页。

总的来说，由于受到绘画技法和绘画载体的影响，河西地区魏晋十六国砖画上的胡人图像的表现受到一定的限制，很难对其种族进行精确的推论。但我们仍可以发现典型的胡人图像，如同时具有高鼻深目和尖顶帽特点的西域胡人，或髡发的河西鲜卑人等。对于头戴尖顶帽但胡状特征不明显的人物形象，我们应结合具体情景进行判断。同时我们也要考虑到此时河西地区的民族杂居和通婚，胡汉之间的民族融合。

（二）新疆地区

2003 年考古工作者在罗布泊西北岸雅丹地貌中发现一座被盗的楼兰贵族壁画墓，其中发掘出多幅壁画，其中存留有 11 幅人物图像，可惜头部被盗墓分子破坏[1]。从现存

图 9　楼兰壁画墓中的饮酒图

的部分可看到一位右手执高足杯，胡须茂密的西域男子形象（图 9）[2]。孟凡人教授认为，"墓葬残存的大面积壁画的画风、人物、形象、服饰、手持酒杯的姿势和酒杯的形制等，则颇具粟特壁画风格。"[3] 陈晓露则指出，这一图像母题为"犍陀罗艺术中十分流行的题材，源于古典艺术中的'大酒神节'。这个节日来自古希腊人对酒神狄奥尼索斯的祭典。……贵霜人占领犍陀罗后，入乡随俗，继承了希腊侨民欢度'大酒神节'的文化传统，并发扬光大，在艺术中大量使用这一题材"[4]。我们认为，此类饮酒图源于希腊，经希腊化艺术传至中亚后，不仅跟随贵霜文化影响了楼兰的佛寺壁画和墓室壁画，还影响了粟特艺术，进而出现在中古时期的粟特壁画中，其影响力经久不衰。由此也可见中亚各地区、各民族艺术之间的相互交流和联系。在楼兰（鄯善）周边的佛寺遗址，以米兰佛教遗址为代表，斯坦因发掘出一些重要的佛寺壁画。其中除了发现著名的有翼人像外，也有此类执杯人像的发现，其头部完好，可以视为同类图像母题的重要参照[5]。

（三）东北地区

东北地区魏晋墓葬中发现壁画墓不少，主要以辽阳、朝阳地区为中心。年代多为三国时期至西晋，其中有少量墓葬有胡人图像的发现。如 1983 年辽阳三道壕发现西晋太康年间墓葬，墓壁上书刻文字，有的磨损难辨，能认出 45 个字，文字内容分为纪年、职官、姓氏、地名、按装记号等，分刻在墓内石壁上。文字间还杂有 4 幅图像。其中有一"武士像，全高 15 厘米，作手持长刀，头戴盔，身披甲衣，刻画在第四棺室西壁南端"。从其帽式看，具有胡人特点（图 10）[6]。

---

〔1〕 李青：《楼兰古墓粟特壁画艺术之新发现》，《西北美术》2004 年第 3 期，第 16～19 页。

〔2〕 同上，第 19 页。

〔3〕 孟凡人：《楼兰考古学的重要性与开展楼兰考古工作的紧迫性、艰巨性、复杂性和可行性》，2003 年新疆库尔勒楼兰学术研讨会论文。

〔4〕 陈晓露：《楼兰壁画墓所见贵霜文化因素》，《考古与文物》2012 年第 2 期，第 79～80 页。

〔5〕 〔英〕奥雷尔·斯坦因著，巫新华等译：《西域考古图记》（一），广西师范大学出版社，1998 年版，图 139。

〔6〕 辽阳博物馆：《辽阳市三道壕西晋墓清理简报》，《考古》1990 年第 4 期，第 336 页，图版 4。

1973 年 至 1978 年，考古工作者在朝阳周围发现北燕石室墓，其中有壁画。北庙村一号石室壁画墓中发现人物图像，其中有一幅"妇女汲水图"值得注意。报告指出，"汲水女髡头、顶结双环髻，结彩带，两鬓垂发；身着间色裙；眉间、眉梢、口唇及脸颊部位，均点染红彩，

图 10　辽阳三道壕晋墓胡人图像

汲水女身体健壮，似为佣作的鲜卑劳动妇女形象。"（图 11）[1] 其中还有髡头敛发的男性形象，但是尺寸较小。报告将其定为十六国晚期的北燕，其壁画中有黑犬图像，同文献记载鲜卑与乌桓同俗，有"肥养一犬"的习惯相同，故墓主人很可能是鲜卑贵族。

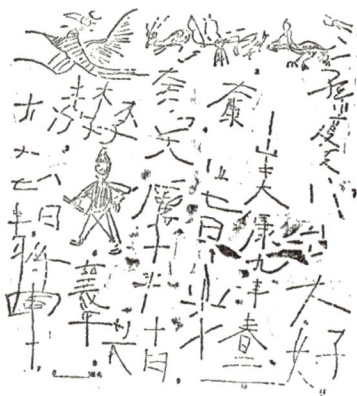

图 11　朝阳北庙村一号墓鲜卑女性图像　　图 12　云南昭通后海子东晋壁画墓少数民族形象

（四）西南地区

云南昭通后海子东晋壁画墓出现了一些少数民族的形象。其中除了有本地土人形象外，还有头戴尖顶帽的胡人形象。该墓葬年代为东晋太元十一年至十九年之间（386—394）。以"西壁下层壁画"为例，中部有两排少数民族部曲，报告称其"梳'天菩萨'（发髻）、披披毡、赤足，与今天大小凉山彝族的装饰相同，无疑是彝族的先民了……即《华阳国志·南中志》所云的'夷汉部曲'"（图 12）[2]。在该图最下排中，有骑马头戴尖顶帽的胡人形象。

云南昭通后海子东晋壁画墓年代比蜀汉晚一百余年，却持续有胡人图像发现，说明

---

[1] 朝阳地区博物馆、朝阳县文化馆：《辽宁朝阳发现北燕、北魏墓》，《考古》1985 年第 10 期，第 923 页，图版 8。

[2] 云南省文物工作队：《云南省昭通后海子东晋壁画墓清理简报》，《文物》1963 年第 12 期，第 5 页，图版 3。

三国两晋时期，云中、建宁一带有胡人长期居住。宿白先生指出，蜀魏相峙时，蜀佣胡兵[1]。《三国志·蜀书·后主传》引《诸葛亮集》云："（刘）禅（建兴五年，227）三月下诏曰……诸葛丞相弘毅忠壮，忘身忧国……克复旧都在此行也……凉州诸国王各遣月支、康居胡侯支富、康植等二十余人诣受节度。"这些月支胡和康居胡等，皆是头戴尖顶帽的西胡人。蜀国降晋后，大批权贵大族内迁至中原，但可能遗有一批西域胡人留寓蜀地同当地少数民族杂居[2]。

除以上四个地区，江南地区也值得注意。江南地区是六朝统治的核心区域，但是其墓室装饰中胡人图像却发现甚少。一方面，壁画墓不在本区流行，而是流行模印砖画；另一方面，这可能与南北方胡汉对峙时的特殊背景有关。

2000年7月15日，南京市雨花台区铁心桥镇尹西村工业园施工人员在平整土地过程中发现一座古墓葬，其中发现了一块人面楔形砖。报告称："人像大眼圆睁，眼珠高突，鼻长而尖，下颌前伸，耳肥大，细颈、头戴尖顶帽，帽尖前弯，衣领宽大，整个形象作胡人状。刻划用笔简单，但人物面部特征鲜明，特别是衣领处寥寥两笔，即将宽肥的衣领表现得惟妙惟肖，体现了一定的绘画技巧。砖残长28.5、最宽16.5、厚4.1厘米。"（图13-1）[3]

从技法上看，这一砖刻划人物并非本区流行的模印砖画，而是工匠在泥胚上直接刻划所成。报告称同时出土的砖画均为楔形砖，"侧面模印莲花、方胜纹和网纹等"[4]，足以见其特殊。这一砖画具有浓郁的异域风情，为目前六朝砖刻划胡人之重要发现。报告将墓葬年代定为东晋中晚期至南朝早期。

从形象分析，这一人物的头饰怪异，并不同以往的尖顶帽类型，而是发髻前凸，且并非尖顶，而是圆顶，因此有必要对其专门讨论。这种头饰可见于1989年云南个旧

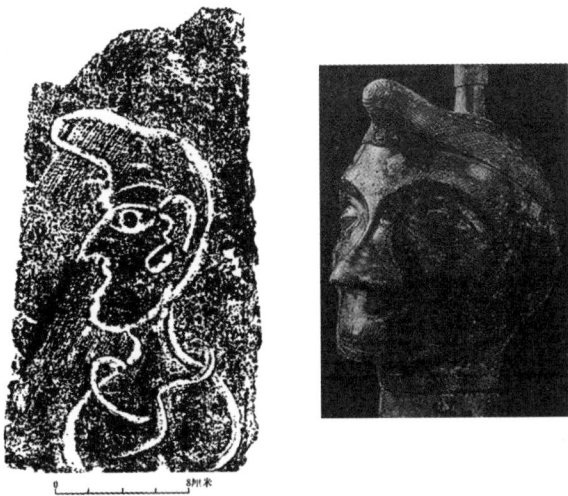

图13　南京市雨花台区铁心桥东晋墓出土砖刻划人像与云南个旧黑马井村东汉胡人灯座

---

　　[1]　宿白：《四川钱树和长江中下游部分器物上的佛像——中国南方发现的早期佛像札记》，《文物》2004年第10期，第63页。

　　[2]　金维诺先生在《中国早期的佛教造像遗存》一文（载金维诺《中国古代佛雕：佛造像样式与风格》，文物出版社，2002年版）中注一转引《隋书·何妥传》：何妥"西域人也，父细胡，通商入蜀，遂家郫县"。郫县何氏最早有司空何武，由此看来，胡人入蜀至迟可上溯到西汉后期。

　　[3]　贺云翱、邵磊：《南京市铁心桥王家山东晋晚期墓的发掘》，《考古》2005年第11期，第53页。

　　[4]　同上。

黑马井村出土的一件东汉铜俑灯座（图13-2）[1]。其姿势跪坐，裸身，高鼻深目，最夸张的是其头饰，用一网格状物罩住头发，在额头上方挽成一个前凸的纽。这与铁心桥东晋墓胡人像的头饰非常接近。这种发饰跟斯基泰式的尖顶帽有明显不同。云南地处偏远，或受到"滇缅道"的影响，胡人族群与北方而来的尖帽胡人不同。有学者指出，从六朝时期入华胡人的国别出发，大致以刘宋朝为界，其族群或国别发生了一次转型。"此前建康的侨居胡人社会似以西域内陆国家如康居国、月氏国等为主，此后则以西域濒海国家如天竺国、扶南国等为主。"[2] 因此，铁心桥东晋墓出土砖刻划胡人像存在"图像证史"的方法论意义[3]。

二 北魏时期

人们长期以为北魏壁画墓以洛阳为中心。直到近年，考古发现一些平城时期的壁画墓，这一传统观点才得以改变。其中涉及到不少鲜卑人物形象问题。

1993年内蒙古和林格尔发现一处已经遭到破坏的北魏大型壁画墓，有20余平米尚存。[4] 其中鲜卑人的形象已经流露出胡汉杂糅的特征，"人物都穿着前领开衩的宽袖长衫或短衫，成年男子都头戴二梁冠、脚穿脚尖上翘的鞡靴，女子头顶起髻，可以看出其年代约在北魏孝文帝开始实行新服制以后，迁都洛阳以前……通过对狩猎场景的描绘展现了鲜卑人游牧射猎的传统。画面中我们看到墓主人乘坐辖车，居于画面中央偏后处，在他的前方是策马张弓、追逐动物的随从，以及奔跑的飞禽走兽和猎犬。山峦间还可见到河流、树木和隐蔽的老虎。画面真实地反映了鲜卑传统的游牧射猎生活"[5]。

2005年，考古工作者在大同沙岭村附近发现北魏时期墓葬12座，其中M7破多罗太夫人墓发现壁画和漆画，成为平城时期最重要的考古发现之一。其中北壁面积巨大，约6.43平方米。其上绘有"第二行和第七行是头戴红色风帽、身穿红色披风、手执长矛和弓箭的士兵（图14-1）……第三行和第六行是扛幡持节的男侍卫，第四行和第五行是抬鼓、吹奏、表演和杂耍的男、女乐伎，其中有额上顶幢、倒立表演的百戏，还有头戴长缨兜鍪的兵士在手舞足蹈。……车后有头戴鸡冠帽的轻骑兵（图14-2）、甲骑具装的重骑兵和男女侍仆随从"[6]。西壁壁画两侧也各有一位武士（图14-3、4），举刀置于肩上，另一首将盾高高举起，图像漫漶。另，"甬道的两侧，各有一名戴盔披甲、面目丑陋、脚穿黑履、拿刀持盾的武士，武士穿戴相同而动作相反"（图14-5）[7]。

北魏平城时期的胡俑，如呼和浩特大学路北魏墓、太和元年（477）宋绍祖墓等发

---

〔1〕 文物精华编辑委员会：《中国文物精华》，文物出版社，1992年版，第120页。

〔2〕 叶德荣：《汉晋胡汉佛教论稿》，兰州大学出版社，2012年版，第148页。

〔3〕 笔者注：今日印度锡克教徒在非正式的场合还是习惯用布将自己的头发挽成一个纽，置于头顶前倾的位置，可能是对这一古老民族传统的传承。

〔4〕 《和林发现北魏时期大型砖室壁画墓》，《内蒙古社会科学（汉文版）》1993年第6期，第61页。

〔5〕 温雅棣：《史记丹青——和林格尔两座壁画墓的比较研究》，《肇庆学院学报》2011年第4期，第23页。

〔6〕 大同市考古研究所：《山西大同沙岭北魏壁画墓发掘简报》，《文物》2006年第10期，第16页。

〔7〕 同上，第23页。各图分见简报图38、39、45、47、48。

图 14　破多罗太夫人墓中的鲜卑人图像

现的镇墓武士俑[1]同该墓武士壁画类似，另有雁北师院 M2 发现有"额上顶幢、倒立表演"的西域胡俑[2]，可知大同沙岭墓壁画中武士图在墓中的意义同此类胡俑类似。另外，该墓壁画中发现的头戴鸡冠帽的轻骑兵图像同北齐贺拔昌墓发现的报告中所谓"杂技俑"几乎一致[3]，可证葛承雍先生推断此"杂技俑"为骑兵俑残件所言不虚[4]。此外，敦煌壁画中的外国王子图中也有此类鸡冠帽人物形象。

　　2009 年发现了大同富乔垃圾发电厂九号北魏墓，是继北魏沙岭壁画墓之后大同市发现的第二座保存较为完整、带有明确纪年的北魏壁画墓，其墓主人为北魏散骑常侍梁拔胡。山西考古所张庆捷指出，"四壁绘有狩猎图、墓主人宴饮图、杂耍乐舞图、人物图、牛耕生活图以及车马毡帐图等内容，场面宏大热烈，内容丰富多彩……在墓主人画像右边，是许多侍者形象。其中一个胡人形象特别引人注目，说明胡人早在文成帝时期已经与高级官员紧密联系"[5]。虽然该胡人图片未发表，但我们要注意北魏平城时期胡人在政权中具有一定的地位。

　　北魏平城时期墓中头戴鲜卑帽的鲜卑人形象，可见于大同智家堡北魏墓石椁壁

　　〔1〕　山西省考古研究所、大同市考古研究所：《大同市北魏宋绍祖墓发掘简报》，《文物》2001 年第 7 期，第 26 页。

　　〔2〕　古顺芳：《大同北魏墓葬乐舞俑初探》，《文物世界》2004 年第 6 期。

　　〔3〕　太原市文物考古研究所：《太原北齐贺拔昌墓》，《文物》2003 年第 3 期。

　　〔4〕　葛承雍：《丝路古道与唐代胡俑》，《乾陵文化研究》（四），三秦出版社，2008 年版，第 110～116 页。

　　〔5〕　张庆捷：《大同电厂北魏墓题记壁画初探》，《中国社会科学报》2009 年 11 月 5 日第 5 版。

画[1]、大同智家堡北魏墓棺板画等[2]。

孝文帝迁都洛阳后，北魏贵族沿袭了壁画墓的使用。洛阳地区北魏壁画墓发现虽然不少，如孝昌二年（526）元乂墓、孝昌三年（527）元暐墓、永安三年（530）孝庄帝静陵、太昌元年（532）王温墓和元怿墓等，但是大多损毁严重，几乎没有胡人图像保留。元怿墓甬道两侧壁画虽各绘武士二人[3]，但是并不表现为胡人外貌，反而受到六朝清秀人像的影响。但是在石椁墓上的线刻画中有胡人图像，其中比较著名的是早年流失海外的孝昌三年（527）宁懋石室中的武士像。在其石椁门的两侧，各站有一位高鼻深目，怒目圆睁，身着明光铠的胡人武士（图15）[4]。

2011年，陕北靖边地区统万城附近有一组北魏晚期至西魏时期壁画墓发现，其中尤以八大梁M1墓最为重要。其墓主人可能是北朝时期统万城的居民，其壁画流露出浓郁的宗教气氛。该墓位于距离统万城3.7公里处的靖边县红墩界镇白城则村五队八大梁，墓室呈歇山顶梁柱式结构，四壁均有壁画。其中墓室北壁壁画较复杂，可以分为三部分。

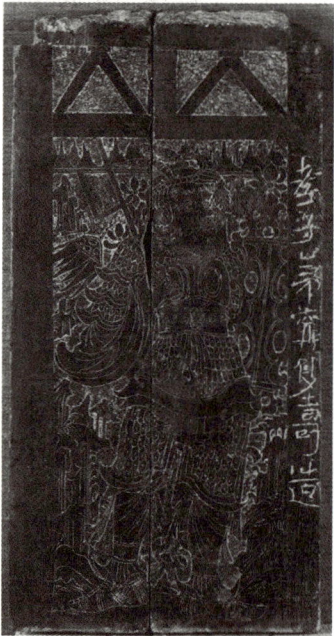

图15　宁懋石室中的胡人武士

报告认为，第三部分表现胡僧礼拜舍利塔的画面。画面西侧有一树，树西侧有一须弥座、华盖、摩尼宝珠装饰的舍利塔，塔上部有二飞天，下部有六名僧人（图16-1），"体态较小，东西向一字排开，除最东侧者回头东望以外，其余五僧均身体向西斜侧，头顶可见浓密黑发，高鼻，鬓角至下颌表现或浓密或淡疏的须发。双手或掩于袈裟下或出露屈指执细长斜弧莲茎。外披双领下垂式袈裟，内着僧祇支和长裙，脚穿尖头靴或未表现鞋靴样式。西侧为一侧身而跪的胡人形象，面东而跪，头微仰，面部情平静而虔诚，高鼻，双臂内曲，双手相合，腹部微凸，臀部浑圆。头戴小胡帽，似为卷檐虚帽，表面可见纵向缝合线。帽子下露出黑密微卷的头发，鬓角至下颌以及人中两侧至嘴角两侧均可见黑密微卷的须发。外穿圆领窄袖袍服，腹下腰间可见袍服腰带，两端伸出体外。下身穿裤，于脚踝处束起；脚穿尖头靴"（图16-2）[5]。另，墓室东壁壁画左右各绘有一位胡状力士，被莲花簇拥，"两尊力士造型基本一致，身体粗短，大眼圆睁，鹰钩高鼻，双手叉腰或举过头

〔1〕　王银田、刘俊喜：《大同智家堡北魏墓石椁壁画》，《文物》2001年第7期。

〔2〕　刘俊喜、高峰：《大同智家堡北魏墓棺板画》，《文物》2004年第12期。

〔3〕　徐婵菲：《洛阳北魏元怿墓壁画》，《文物》2002年第2期。

〔4〕　郭建邦：《北魏宁懋石室线刻画》，人民美术出版社，1987年版，第1页。

〔5〕　陕西省考古研究院等：《陕西靖边县统万城周边北朝仿木结构壁画墓发掘简报》，《考古与文物》2013年第3期，第11页，封二、图版4。

顶。黑发于头顶束成小髻，八字胡外撇，两鬓及下颌须发浓密，戴大耳珰、项圈及手镯，上身及双腿袒裸，腰系裹布，跣足"（图16-3）[1]。报告指出："墓室北壁西侧的礼拜佛塔跪姿胡人头戴虚帽、身穿圆领窄袖袍服，应为一位粟特信徒，很可能为该墓墓主人的形象。而若要将其与西壁出现的相对年轻的坐于胡床上的僧人形象和南壁的老年坐于胡床上的僧人形象做一点尝试性的关联，可能的解释之一是壁画内容表现了墓主人生前信仰佛教的经历。"[2]

笔者认为，西胡人物图像的配置在北魏时期并不罕见。西胡俑在北魏墓葬中时常出现，故而将身着具有粟特形象特征的跪姿胡人定为墓主人并不可取。从图像反映的宗教内容看，我们可以得出居住在统万城的粟特人曾皈依佛教的结论。赫连勃勃筑统万城，其位于东西方之交通要道，往来西域商贾、使者、僧人络绎不绝。北魏灭北凉后，曾将活跃在北凉首都姑臧的西域粟特人经统万城迁到平城[3]。粟特人早先受贵霜王朝笃信佛教，康

图16　靖边县统万城八大梁 M1 中的胡人、力士与僧人图像

国僧人经常往来中原传教；后来贵霜势力衰弱，粟特人受到萨珊波斯影响皈依了火祆教，但仍遗留有少量佛教信众。此外，长期居于中国的粟特人受到佛教影响，也有转而崇佛的可能。同为火祆教信众的羯胡在石勒和佛图澄的共同影响下逐渐皈依佛教即是先例。

总的来说，北魏墓室壁画中的胡人图像虽然并不少见，但主要以镇墓武士和西胡人物为主，鲜卑族人虽有其特点服饰，但外貌并不胡化。总体而言，壁画数量不多，保存情况均较差，对胡状外貌的表现不细致，需要我们结合北魏墓葬中发现胡俑图像进行对比研究。

〔1〕　陕西省考古研究院等：《陕西靖边县统万城周边北朝仿木结构壁画墓发掘简报》，第10页，图版4。
〔2〕　同上，第17页。
〔3〕　荣新江：《中古中西交通史上的统万城》，载陕西师范大学西北环发中心编：《统万城遗址综合研究》，三秦出版社，2004年版，第31页。

三　东魏（北齐）、西魏（北周）时期

自 20 世纪 70 年代以来，北朝后期的东魏（北齐）、西魏（北周）的壁画墓屡有发现。东魏（北齐）的壁画墓主要集中在邺城周边、晋阳周边和山东地区。西魏（北周）的壁画墓主要集中在西安周边和宁夏固原地区。

首先，邺城周边。邺城所在的河北省南部和河南南阳附近，有大量东魏、北齐壁画墓发现。东魏壁画墓主要有吴桥小马厂村两座东魏墓、武定五年（547）高长命墓、武定五年（547）赵胡仁墓、武定二年（544）李希宗墓、武定八年（550）茹茹公主墓等。北齐壁画墓主要有天统三年（566）赵昂墓、天统三年（566）尧峻墓、武平六年（575）范粹墓、武平七年（576）文宣帝妃颜玉光墓、武平七年高润墓、磁县湾漳大墓等。

遗憾的是，邺城周边的北朝壁画墓大都被盗严重，壁画严重损毁。茹茹公主墓、湾漳大墓、高长命中壁画虽然较完整，但仅发现一些武士、仪卫人物面部特征具有部分胡状外貌，但不能认为为胡人。如湾漳大墓墓道西壁第 42 人，是一位头戴额护、身着裲裆铠的武士。"其双目炯炯，两道剑眉紧蹙，高鼻，高颧骨，嘴较大，连鬓胡须，面部渲染恰到好处，执仪仗的同时还持一柄仪剑，一派威武彪悍的气度，是壁画人物中的佳作。"（图 17）[1]

图 17　磁县湾漳大墓壁画中的胡貌武士

另外，高长命墓"墓门两侧，各画一门卒，头戴缨盔，身披铠甲，手执骨朵。门上画红色火焰，再上是两个人身兽首鸟足的异物"[2]，可惜头手均均脱落，仅留身足。报告从它们的形状和位置来看，推测其应为神荼与郁儡。此二人形象可能同宁懋石室中的武士类似，具有胡状外貌。可惜残损太甚，未能明辨。

其次，晋阳地区。晋阳地区的北齐壁画墓发现很多，同晋阳是北齐另一个重要的军事、政治中心有关。其中比较重要的有太宁二年（562）库狄迴洛墓[3]、武平元年（570）东安王娄叡墓[4]、武平二年（571）武安王徐显秀墓[5]、太原南郊北齐壁画墓[6]，以及 2013 年发掘的忻州

〔1〕 河北省文物研究所、中国社科院考古研究所：《磁县湾漳北朝壁画墓》，科学出版社，2003 年版，第160 页，彩版 56。

〔2〕 河北省文管处：《河北景县北魏高氏墓发掘简报》，《文物》1979 年第 3 期，第 25 页。

〔3〕 王克林：《北齐库狄迴洛墓》，《考古学报》1979 年第 3 期。

〔4〕 山西省考古研究所、太原市文物管理委员会：《太原市北齐娄叡墓发掘简报》，《文物》1983 年第 10 期。

〔5〕 山西省考古研究所、太原市文物考古研究所：《太原市北齐徐显秀墓发掘简报》，《文物》2003 年第10 期。

〔6〕 李政：《山西忻州北朝壁画墓学术意义重大》，《中国文物报》2013 年 12 月 27 日第 1 版。

九原岗墓[1]等。其中有一些胡人图像的发现，尤其是西域胡人图像，具有较高的研究价值。

娄叡墓墓道东西两壁壁画中的出行图中绘有胡人商队的图像。其中有胡人牵着牛车满载货物、毡帐的场景。从外貌看，该胡人头戴毡帽，高鼻深目，头发卷曲，其为西胡粟特人的可能性极大（图18）。

图18 娄叡墓壁画驼队图中的胡人图像

徐显秀墓中壁画也有西胡人形象，位于墓室东壁墓主夫人出行图的牛车旁。一头健硕的公牛拖着一辆豪华富丽的卷棚顶牛车，驭手正在手拉公牛的缰绳，旁边还有一头戴毡帽、髭须茂密的胡仆或商胡。

图19 徐显秀墓壁画牛车身后中的胡人图像

在墓室正面墓主人和乐伎图中，墓主人身边围绕着多为演奏琵琶、筚篥等西域乐器的乐手，流露出浓郁的异域风情（图19）。

北齐库狄迴洛墓中壁画破损非常严重，发现人物画两幅，图像为四男人并列，其中第一人"上身赤裸，坦胸露腹，下着灰短袴，挽褶至膝。脚胫以红带缠裹，扎结垂缨，赤足。作右手伸臂，左手按膝，右足上举，左足独立姿式。手足缠裹的彩带，激荡飘起，俨然是一个手舞足蹈杂技人物图像。"[2] 可惜头部泥皮脱落，只存身躯，但根据其动作大致可推断其为胡杂技人物。

2013年山西忻州发现的九原岗北朝壁画墓是继徐显秀墓之后山西地区发现的最重要的北朝晚期壁画墓，其主要图像尚未发表。据《中国文物报》披露："该墓为带斜坡墓道的单室砖墓，在残长30.5米的墓道东西两壁上，壁画自上而下各分为4层。第一层主体彩绘仙人、畏兽、神鸟等形象；第二层北段壁画为长卷式狩猎场景，所绘人物、动物形象生动，狩猎内容丰富。第三、四层均为出行队列，为形态各异的站立武士形象。……壁画内容中胡汉融合的特征明显，徐光冀评价，此墓证明了至少在北朝晚期，忻州就是一个胡汉相融、文化多样的重要地区，凸显了其在北朝时期的重要位置。"[3] 笔者在2013年11月对该墓壁画进行了实地考察，经与领队渠传福先生讨论，发现有数例疑

〔1〕 山西省考古研究所、太原市文物管理委员会：《太原南郊北齐壁画墓》，《文物》1990年第12期。

〔2〕 王克林：《北齐库狄迴洛墓》，第398页。

〔3〕 李政：《山西忻州北朝壁画墓学术意义重大》，《中国文物报》2013年12月27日第1版。

似胡人图像。其一，牵马图。图左端人物为另一人牵马，左端人物发饰为剪发，不戴帽，其容貌、服饰极类梁元帝《职贡图》所绘之滑国国使，唯其面目清秀，貌不甚胡（图20-1）。其二为仪仗图中的胡人武士，其发饰同汉族、鲜卑族武士无甚区别，唯其高鼻深目，髭须茂盛，身穿交领袍服，腰中束带，手执长兵器。其身份应为北朝军中的西胡武士（图20-2）[1]。由于笔者获取资料时，该墓尚在发掘中，故涉及壁画中的胡人图像与胡汉关系问题有待进一步调查。

图20　山西忻州发现的九原岗北朝壁画墓中的胡人图像

　　山东地区是北齐壁画墓发现的另一个集中区域。其中比较重要的有临朐发现的天保二年（551）崔芬墓、济南武平二年（571）祝阿县令□道贵墓、济南东八里洼北齐墓、淄博武平四年（573）徐州长史崔博墓等。其中临朐崔芬墓的壁画保存较好，有胡人图像的发现。两幅武士图，位于甬道东、西两壁上。圆瞪双目，留有短髭须，貌甚威武。头戴甲胄，身着明光铠，一手按盾，一手悬剑，同镇墓武士俑比较接近（图21-1）[2]。另，墓室北壁下部（东）右起第一牒有一幅女伎舞蹈图，由于图像残损，人物族属不易分辨（图21-2）[3]。但郑岩认为这表现了受中亚影响的"胡旋舞"，"同1985年宁夏盐池县唐代6号墓石门上雕刻的舞蹈的胡人舞姿极为相似"[4]。山东嘉祥英山隋代开皇四年（584）徐敏行墓中墓主人夫妇画像前，也有类似的胡人舞蹈的图像。

　　另，济南武平二年（571）祝阿县令□道贵墓壁画中，其东壁北端绘有执仗仪卫二人，南端绘有一匹鞍马，"马前一驭吏，束发，手执鞭，马尾绘一驭役，深目高鼻，朱唇卷发，貌似西域胡人，着翻领窄袖衫，腰束带，身后侧有一收拢的伞盖，一手持鞭，作回首探望之状"[5]。

　　1971年山东益都还发现有北齐石室墓线刻画像，其风格同北魏晚期的线刻画像石比

〔1〕　图片由北大考古文博学院庄蕙芷博士拍摄并提供。
〔2〕　山东省文物考古研究所、临朐县博物馆：《山东临朐北齐崔芬壁画墓》，《文物》2002年4期，第8页，图14。
〔3〕　郑岩：《魏晋南北朝壁画墓研究》，文物出版社，2002年版，第272页。
〔4〕　同上，第271～272页。
〔5〕　济南市博物馆：《济南市马家庄北齐墓》，《文物》1985年10期，第47页。

图 21 临朐北齐崔芬壁画墓中的武士图和胡旋舞图

较接近，并具有明显的外来内容，涉及到若干胡人图像[1]。

西魏、北周壁画墓目前已经发现多座，如固原保定五年（565）宇文猛墓、固原天河四年（569）李贤墓、建德四年（575）田弘墓等。遗憾的是，由于保存较差，这些墓室壁画中暂未发现胡人图像。2000 年西安炕底寨村发现的北周大象元年（579）安伽墓中有刻画精细的墓门石刻和石屏围榻[2]，2003 年又发现了了北周史君石椁墓[3]，其中发现很多精彩的胡人图像。其涉及到粟特胡与火祆教之美术问题，笔者将另撰文。

四 结论

魏晋南北朝墓室壁画中的胡人形象问题是十分复杂的。本文分别从时间和空间出发，大致将其分为三期，即魏晋十六国、北魏、东魏（北齐）西魏（北周）时期。本时期壁画墓主要流行在中国北方，故本文涉及六朝材料并不多。在不同的时空下，墓室壁画中的胡人形象流露出各自的特点，涉及到族属来源、宗教信仰、胡汉关系等复杂问题，表现出"传承"和"分立"的大趋势。本文通过分析论证，得出以下结论。

首先，魏晋十六国时期。魏晋初，胡人的种族来源基本上沿袭了汉代，仍以头戴尖顶帽的贵霜（大月氏）胡人为主。秃发鲜卑逐渐进入河西地区，同汉人、羌人、小月氏人杂居。三燕之地是鲜卑慕容部的势力范围，部分保留了汉代以来的壁画墓传统。西南地区的胡族同当地彝族山民杂居。以上三地均地处偏远，具有文化滞后性，反而保存了汉代壁画墓的一些因素。江南地区流行的砖画中仅发现一例胡人形象，可知胡族来源在东晋、南朝间发生了变化，从西北印度向中南印度和沿海诸国转移。这可能同海上丝绸

〔1〕 山东省益都县博物馆：《益都北齐石室墓线刻画像》，《文物》1985 年第 10 期，第 49 ~ 54 页。
〔2〕 陕西省考古研究所：《西安北周安伽墓》，文物出版社，2003 年版。
〔3〕 西安市文物保护考古所：《西安北周凉州萨保史君墓发掘简报》，《文物》2005 年第 3 期。

之路的繁荣有关。

其次，北魏时期。近年考古工作为北魏平城时期的壁画墓提供了不少新材料，鲜卑与西胡人形象时有发现，可以同胡俑进行对比研究。从靖边统万城八大梁北魏墓中，我们发现粟特胡人尝皈依佛教的证据，这涉及到北朝入华两大宗教火祆教和佛教的关系，具有重要的学术价值。进入洛阳时期后，受到南方秀骨清像的人物影响，墓室壁画中几乎不见外族形象。

最后，东魏（北齐）、西魏（北周）时期。审视现有考古材料，北齐墓室壁画中的胡人形象不少，涉及商旅、仪仗、胡乐舞诸多题材。与之相比，北周鲜—汉官员的墓室壁画中鲜有胡人图像，仅出现在安伽、史君墓为代表的西胡人墓葬中。这说明了北齐、北周政权对胡人态度的差异。陈寅恪先生尝指出，北齐是一个"西胡化"很强的政权，其文化根植于六镇势力中反对汉化的势力。墓室壁画中频现的胡人是北齐"西胡化"的有力证据。

总的来说，魏晋南北朝是一个地域、民族、文化多样性极大、长达三百年的时代。墓室壁画仅仅是魏晋南北朝艺术史中的一个小问题。本文撷取的"胡人"又是墓室壁画中的一个小题材。本文期待通过对魏晋南北朝墓室壁画中胡人形象的"管窥"，解读其在文化史中留下的蛛丝马迹，揭示其传承与分立的发展规律。这也是从美术考古角度对"图像证史"方法的一个粗浅尝试和应用。

作者单位：华东师范大学艺术研究所

收稿日期：2014 - 08 - 27

敦煌石窟与龟兹石窟供养人画像比较研究

——以佛教史考察为中心

张先堂

敦煌石窟、龟兹石窟中都保存了大量的供养人画像，即营造石窟的功德主及其家人和相关者礼佛供养的画像。这些供养人画像是当时造窟功德主的真实写照，是石窟造像题材中最具历史真实性的内容，是研究当地的历史、文化、艺术、服饰等方面的形象历史资料，具有重要的学术价值。

关于敦煌石窟供养人画像，近百年来中外学者做了大量研究工作，发表了许多研究成果，有关情况笔者曾专文予以评述[1]，此不赘述。关于龟兹石窟供养人画像，近百年来中外学者也已做了许多资料调查、整理和研究工作，发表了一些研究成果。如上世纪初德国 A.格伦维德尔在其《新疆古佛寺》[2] 中对库木吐喇石窟、克孜尔石窟的许多洞窟的供养人画像都进行了仔细的记录、描述，并绘制了线描图。2000 年至 2009 年，新疆龟兹石窟研究所的学者在多年调查、记录、测绘龟兹石窟的基础上连续出版了《克孜尔石窟内容总录》、《森木塞姆石窟内容总录》、《库木吐喇石窟内容总录》、《克孜尔尕哈石窟内容总录》，其中对四处石窟中的供养人画像都予以系统的记录，为研究者提供了基础资料。中外学者发表了一些从各种角度研究龟兹石窟供养人画像的论文。如徐辉对龟兹石窟供养人画像的特点、发展、历史价值予以简略论述[3]；许静从美术技法的角度论述龟兹石窟供养人像的绘画特点和造型风格[4]；沈雁、周天则从服饰艺术史的角度研究龟兹石窟供养人像[5]；日本学者中川原育子《关于龟兹供养人像的考察——以克孜尔石窟供养人像为中心展开》，对克孜尔石窟供养人画像的分类、数量、分期、流变进

---

〔1〕 张先堂：《敦煌供养人研究的历史成果和未来课题》，载刘进宝主编《百年敦煌学：历史、现状、趋势》，甘肃人民出版社，2009 年版，第 503 ~ 513 页。

〔2〕 A. Grünwedel, Altbuddhistische kultstätten in Chinesisch – Turkistan, berichtüber Archäologische Arbeiten von 1906 bis 1907 Kuca, Qarasahr und in der Oase Turfan, Berlin 1912, 中译本《新疆古佛寺》, 赵崇明、巫新华译, 中国人民大学出版社, 2007 年版。

〔3〕 徐辉：《净域里的世间风貌——龟兹石窟壁画供养人初识》，《新疆艺术》1998 年底 3 期，第 36 ~ 40 页。

〔4〕 许静：《龟兹石窟壁画中的供养人造型初探》，《艺术理论》2008 年第 10 期，第 170 ~ 171 页。

〔5〕 沈雁：《库木吐喇第 79 窟世俗供养人服饰研究》，《龟兹学研究》第 3 辑，新疆大学出版社，2009 年版，第 273 ~ 281 页。周天：《织成蕃帽虚顶尖，细毡胡衫双袖小——龟兹服饰艺术》，《上海艺术家》2007 年第 4 期，第 56 ~ 61 页。

行了比较系统深入的考察、分析[1]，这是迄今对龟兹石窟供养人像所作较为全面细致的专题研究论文。

近些年来，笔者在进行《敦煌石窟供养人画像研究》中，为了探讨石窟供养人画像的渊源流变，对龟兹石窟供养人画像也有所关注。在对克孜尔石窟、库木吐喇石窟、森木塞姆石窟、克孜尔尕哈石窟、台台尔石窟等古龟兹石窟进行踏勘调查、整理图片资料，并参考以往学者学者研究成果的基础上，笔者试图对敦煌石窟与龟兹石窟供养人画像予以比较研究。因龟兹与敦煌同属于古代丝绸之路上的经济、文化重镇，两地在历史上曾有过密切的联系，源自印度的佛教艺术，经由西亚、中亚和西域而传至敦煌，再传入内地，龟兹的佛教艺术曾对敦煌发生过重要影响，这是对两地石窟供养人像进行比较的前提条件。龟兹石窟与敦煌石窟供养人像均属佛教艺术题材，二者有相同之处，具有可比性；由于两地居民属于不同民族，处于不同的文化圈，具有不同的历史文化背景，二者又有许多不同特征，这就为二者的比较提供了丰富的内容。本文将以佛教史的视角来对敦煌石窟与龟兹石窟供养人像进行比较研究，以期有助于深入考察了解两地佛教石窟营造活动、佛教信仰观念及历史文化的异同。

一　敦煌石窟与龟兹石窟供养人画像的数量及对比分析

关于龟兹石窟供养人画像的数量，以往未见有系统的调查、统计。1999 年，日本名古屋大学文学部副教授中川原育子女士曾报告自己的调查结果："据照片等视觉资料和调查报告的记述，确认存在供养人像的石窟是克孜尔、库木吐喇、森木赛姆、克孜尔尕哈、台台尔五个石窟群"，并说"现存克孜尔的供养人像资料全部是 29 例"[2]。这样的调查统计显然不够完全，存在许多遗漏。笔者根据对龟兹石窟的实地踏勘，并根据龟兹石窟研究所对克孜尔、森木塞姆、库木吐喇、克孜尔尕哈四处石窟所编的内容总录，以及其它有关龟兹石窟的图录、论著，对龟兹石窟供养人画像进行了比较全面系统的调查、统计，调查结果见下表：

石窟名称	编号洞窟总数（个）	保存供养人画像洞窟数量（个）	保存供养人画像数量（身）	供养人身份和数量（身）				
				僧	男	女	小儿	仆人
克孜尔	269	42	284	106	141	34	1	1
库木吐喇	114	9	127	34	74	16	3	
克孜尔尕哈	64	7	63	8	51	4		
森木塞姆	57	5	54	27	25	2		
台台尔	18	2	13	5	8			
合　计	522	65	541	180	299	56	4	1

---

〔1〕　原文题为《クチャ地域の供養者像に関する考察—キジルにおける供養者像の展開を中心に—》，刊《名古屋大学文学部研究论集》（哲学），1999 年，第 89～120 页，彭杰中文译文《关于龟兹供養人像的考察》（上）、（下），分载《新疆师范大学学报》（哲学社会科学版）2009 年第 1 期，第 101～109 页；2009 年第 4 期，第 113～122 页。

〔2〕　〔日〕中川原育子著、彭杰译：《关于龟兹供養人像的考察（上）》，第 101、103 页。

上表所列调查、统计数据还不敢说是最完整最准确的，但至少可以说是迄今比较完整准确的。这些数据将为我们考察、分析龟兹石窟供养人画像提供基础资料。据此统计，龟兹石窟中保存供养人画像的洞窟占洞窟总数的12.4%。供养人像共计541身，其中僧人180身，占33%；俗家男性299身，占55%；俗家女性56身，占10.3%。

据笔者主持的课题组调查、统计，莫高窟中现存有供养人画像的洞窟有281个（占莫高窟492个洞窟总数的近2/3），供养人画像共计9069身[1]，其中僧尼1871身，占20.6%，男性3478身，占38.3%，女性2717身，占29.9%。

根据上述两地石窟统计数据进行分析，可以得出两点基本结论：

其一，龟兹石窟现存供养人画像的洞窟占洞窟总数的1/8，其比例比莫高窟低很多。其客观原因正如贾应逸先生在分析森木塞姆供养人画像保存较少时所指出的，"石窟屡遭破坏，尤其是前室倒塌，主室前壁毁坏，壁画大量剥落"[2]。而从主观原因分析，这可能与以汉民族为主体的敦煌居民与龟兹居民的历史文化观念不同有关。敦煌地区以汉族为主体或以汉文化为主导的居民在做造窟、造像之类佛教供养活动时，往往十分重视图绘供养人像，撰写发愿文、功德记，乃至刻之碑文，其目的正如P.4638《大番故敦煌郡莫高窟阴处士公修功德记》所谓"远垂不朽，用记将来"，表明敦煌人们具有更强的将其佛教功德传之久远、永垂不朽的历史文化观念。相对而言，作为古代西域民族之一的龟兹人的这种历史文化观念则比较薄弱。敦煌石窟中少数民族统治时期的吐蕃、西夏、元代洞窟供养人画像锐减的现象也从另一角度提供了佐证。

其二，龟兹石窟现存供养人画像中僧人、男性所占比例分别高于莫高窟12.4、16.7个百分点，而女性供养人则比较少见，其所占比例低于莫高窟19.6个百分点。霍旭初

图1 克孜尔第205窟龟兹王托提卡及王后供养像

图2 莫高窟第285窟北壁第三铺说法图与女供养人像

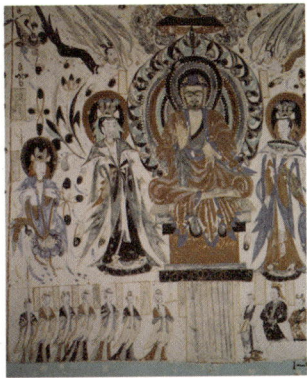

图3 莫高窟第285窟北壁第五铺说法图与供养人像

〔1〕 张先堂：《莫高窟供养人画像的发展演变——以佛教史考察为中心》，《敦煌学辑刊》2008年第4期，第96页。

〔2〕 贾应逸：《森木塞姆石窟概述》，龟兹石窟研究所编《森木塞姆石窟内容总录》，文物出版社，2008年版，第21页。

先生指出，在龟兹石窟发展期（公元 4 世纪中至 5 世纪末）后阶段"有女性供养人出现"[1]。而且女性供养人多出现在与男性王侯贵族供养人并列的场合（图 1，采自《中国新疆壁画艺术》第二卷图版一二六），少见有平民女性供养人。分析其中原因，这有可能表明，在流行小乘佛教的龟兹地区，僧人、俗家男性弟子在佛教石窟营造活动中占有主导地位，而俗家女性弟子则显然处于比较次要的地位。这是否可以认为是龟兹地区抑或是佛教传统的重男轻女观念的反映？

敦煌地区虽然也是以儒家文化男尊女卑的思想为主导，但由于大乘佛教的流行，使得它与龟兹地区呈现出十分不同的情形。从僧俗两界来说，除了十六国至北朝时期僧人占有比较重要的地位，到了隋唐以后，随着佛教在各阶层的繁荣和普及，佛教在世俗社会的影响力日益增大，俗人在石窟营造中的作用日益凸显，世家大族成为石窟营造的主力军即为明证；从男女两性来说，女性对包括石窟营造在内的佛教活动的积极性也很高。自北朝时期即开始出现了个别以女供养人画像为主的洞窟，如西魏第 285 窟北壁、

图 4　莫高窟第 12 窟西壁龛下北侧索氏家族女供养人像列

图 5　莫高窟第 138 窟主室东壁北侧阴氏家族女供养人像列

---

〔1〕 霍旭初、王建林：《丹青斑驳，千秋壮观——克孜尔石窟壁画艺术及分期概述》，龟兹石窟研究所编《龟兹佛教文化论集》，新疆美术出版社，1993 年版，第 201 ~ 228 页。

东壁说法图下共画有 125 个供养人，其中有 60
女、54 男、4 僧、7 尼，女供养人数占 54%，比
例超过男供养人数，显示此窟有可能是以女供养
人为主营造，或以女供养人为主要功德主的洞窟。
北壁有几铺说法图下的供养人像列打破了北朝洞
窟多为男女左右对称排列的模式。西起第一铺下
供养人是左 3 男、右 1 女，男戴笼冠、着对襟宽
袖长袍，女头扎双环髻、身着"袿衣"，均为贵
族服饰，右侧女供养人 1 人独站一侧，显示出该
女具有特别尊贵的地位。以往学者们多认为第
285 窟是北魏宗室东阳王、瓜州刺史元荣所造，
此铺说法图下供养人或可能为元荣家族成员。
（图 2）西起第四铺下供养人是左 4 女、右 3 女，
都是女性。第五铺说法图下供养人是左 3 男、右
7 女，男女人数极不成比例；与此相应，与其他 8
铺说法图皆为对称的一佛二菩萨不同，第五铺是

图 6　莫高窟第 107 窟东壁北侧
晚唐喜和母女供养像

左侧 1 菩萨，右侧 2 菩萨，这当是由于受到供养人构图不平衡的影响，使佛、菩萨的构
图也打破了左右对称的平衡，于是在佛右侧原有的一个站立菩萨旁的空档中又增画了一
跪姿菩萨。（图 3）上述种种迹象都显示女性供养人在第 285 窟的营造中占有特别重要的
地位。

　　至晚唐、五代、宋代，莫高窟中集中地出现了一批以女供养人画像为主的洞窟，也
即出现了供养人画像以女性为主的倾向，如晚唐第 12、138、144 窟，五代第 108、61
窟，宋代第 166、454 窟[1]。（图 4、图 5）在莫高窟女性供养人中，既有大量身份显贵、
凤冠霞帔、华衣丽服的贵族女性，如归义军时期张氏、曹氏、索氏、阴氏等世家大族的
贵族女性；也有许多身份低下、衣饰朴素的平民妇女，如第 265 窟五代供养人像题记中
有"施主阿婆吴氏"、"阿婆索氏"、"阿婆令狐氏"、"阿婆王氏"等[2]，还有晚唐第
107 窟身为奴婢身份低微"愿舍贱从良"的喜和母女[3]。（图 6）这反映出敦煌社会各
阶层妇女对石窟营造活动的热衷。究其缘由，很可能与大乘佛教所宣扬的慈悲济世、自
度度人和众生皆有佛性、皆可成佛的观念对女性的吸引和鼓励有关。

二　敦煌石窟与龟兹石窟供养人画像排列组合方式的比较

　　由于造窟是"每窟动计费税百万"[4]、耗资巨大的佛教功德活动，非少数人之力可

　　〔1〕　张先堂：《史实考索与模拟复原：敦煌莫高窟第 61 窟供养人画像的史学研究》，中国社会科学院历
史研究所文化史研究室编《形象史学研究（2013）》，人民出版社，2014 年版，第 134、135 页。
　　〔2〕　参见敦煌研究院编《敦煌莫高窟供养人题记》，文物出版社，1986 年版，第 112 页。
　　〔3〕　同上，第 59 页。
　　〔4〕　见 S. 5448《敦煌录》。

以独立完成，往往是以多人、一个家族或多个家族联合、团体结社的形式来进行，因而供养人像也往往是以供养人群像、像列的形式出现，也就有供养人像排列组合方式的问题。由于佛教石窟营造活动缺乏历史文献记载，通过考察供养人像列的组合形式，对于探讨佛教石窟营造活动组织方式、佛教信仰观念、文化传统等多方面的内容，具有重要的价值。这一点在龟兹石窟研究中尤为显著。

据笔者调查，龟兹石窟供养人像列主要有四种形式：王侯贵族供养人像列 23 例；世俗平民供养人像列 11 例；僧俗供养人像列 9 例；僧人供养人像列 8 例。

图7　克孜尔第8窟左甬道内侧壁龟兹贵族供养人像列

在龟兹石窟中以王侯贵族供养人像列为最多，共计 23 例，其中克孜尔石窟 14 例：第 8、27、58、67、69、80、99、104、171、178、195、199、205、224 窟；库木吐喇石窟 3 例：谷口区第 17 窟，窟群区第 23、46 窟；克孜尔尕哈石窟 5 例：第 11、13、14、30、46 窟；森木塞姆石窟 1 例：第 48 窟。王侯贵族供养人像的共同特点是立姿，着龟兹装，衣饰华贵，成年男性腰佩长剑、短剑。（图7，采自《中国石窟·克孜尔石窟（三）》图版 178）引人注目的是，有近 20 个洞窟的贵族供养人像列中居于前列的少数男女供养人画有头光；还有个别洞窟如克孜尔尕哈第 13、14 窟贵族供养人像脚下画有双手托举的男女地神。（图8，采自《中国新疆壁画艺术》第四卷图版一五二）彭杰先生认为这是"受到了于阗同类作品的影响"[1]，这与"在已知的龟兹国王供养人像中，脑后均画出圆形的头光——一种佛教绘画中只有'天'（Deva）及其以上阶位的神祇才具有的图像特征"[2]，都反映出"龟兹王族神化自我，试图宣扬一种'王权天授'的政治理念"[3]。由此判断，龟兹石窟大多是由以国王为首的贵族出资或主持营造的。

在龟兹石窟中以僧人供养人像为次多，有 5 例。在龟兹石窟与敦煌石窟的供养人像列中都有在世俗供养人像前以僧人为前导的形式。如克孜尔石窟第 17 窟主室前壁龟兹王家族供养人像前、第 205 窟主室前壁入口东侧龟兹王托提卡和王后斯瓦扬普拉芭供养像前、库木吐喇石窟窟群区第 23 窟右甬道外侧壁龟兹贵族装供养人像前、森木塞姆第 43 窟主室门道左侧壁龟兹贵族装供养人像前，都有引导僧的画像，一般是 2 身，个别有 3 身（如克孜尔石窟第 17 窟），他们多作回头引导状。（图9，采自《中国新疆壁画全集》第二卷图版六○）龟兹石窟中王侯贵族供养人衣饰华丽、身佩宝剑，有些还有头

〔1〕　彭杰：《库车克孜尔尕哈石窟壁画中的地神》，《西域研究》2007 年第 3 期，第 67 页。

〔2〕　同上，第 71 页。

〔3〕　同上，第 72 页。

图 8　克孜尔尕哈第 14 窟龟兹王族供养人像列

图 9　克孜尔第 17 窟僧人与王侯供养人像列

图 10　莫高窟第 249 北壁比丘与女供养人像列

图 11　榆林窟第 29 窟主室南壁门西比丘与女供养人像列

光，显示出崇高的社会地位和不凡的风神气度。而将引导僧画在贵族供养人像列前，这反映出龟兹地区对僧人的尊崇。

　　但相对而言，龟兹石窟供养人以僧人为前导的形式似乎只是个别现象，并不普遍。这可能与龟兹地区流行小乘佛教，僧人注重个人禅定修行的信仰观念与传统有关。而在

图 12　克孜尔第 171 窟前壁
右端男女供养人像列

敦煌石窟中，供养人像列以僧人为前导是普遍现象。如莫高窟西魏 249 窟北壁女供养人像列，隋代 305 窟西壁一组男女供养人像列，榆林窟西夏 29 窟西壁门南北侧男女供养人像列，都是以比丘或比丘尼为前导。（图 10、图 11）这可能反映出敦煌奉行的大乘佛教自度度人、慈悲济世的信仰观念，僧人负有引导、指导俗人参与各种佛事活动以积累功德的责任，因而僧人在佛事供养活动中处于引导、主持者的重要地位。

在龟兹石窟中男性供养人居多，女性供养人极少。在男女供养人同时出现时，往往是男女供养人同排并列。如前举克孜尔第 205 窟龟兹王托提卡和王后斯瓦扬普拉芭是前后紧跟排列；第 171 窟主室入口右侧 3 身供养人，第 1 身为男性，其后 2 身均为女性；第 199 窟甬道内侧壁 4 身供养人像列中，第一身、第 4 身为男性，第二、三身为女性。（图 12）这些女性都是衣饰华丽，有些还有头光，显示她们并非出身于普通人家，均属贵族身份。在龟兹石窟中似乎看不到普通身份的女性。

敦煌石窟从一开始就是男女供养人画像同时出现，以对称形式分开排列，并且男女供养人像排列最普遍的方式是男左女右（以洞窟主尊方向为基准）。如北凉 268 窟佛龛沿下画像是莫高窟现存最早的供养人像，男女相向而立；再如西魏 288 窟东壁门南北反

图 13　莫高窟第 288 窟东壁北侧贵族男供养人像列

图14　莫高窟第288窟东壁南侧贵族女供养人像列

图15　莫高窟第220窟甬道北壁五代供养人像列

向分列男女供养人像列；再如盛唐130窟甬道南北壁相向排列晋昌郡太守乐庭瓖和男性家人、仆从与夫人太原王氏和女性家人、仆从。男女分列、对称排列的方式反映了中国传统的阴阳对立、男女有别的文化观念与以对称为美的美学观念，男左女右的排列方式则反映了中国传统的尊左卑右、男尊女卑的观念。（图13、图14）

三　敦煌石窟与龟兹石窟供养人画像姿态的比较

在龟兹和敦煌石窟壁画中，供养人像都是以礼拜、供养佛的姿态出现，除了少数跪拜像外，大多都以3/4侧面姿态站立，表现出虔诚礼敬的神情。这是两地石窟供养人像基本相同的方面。

与此同时，两地供养人像在一些细节方面又体现出不同的特征。从供养人像手姿来看，敦煌石窟供养人多为合什、拢袖、持物（香炉、莲花、供盘）。如莫高窟北凉第275

图 16　克孜尔新 1 窟左甬道
外侧壁男供养人像

图 17　克孜尔第 69 窟主室左壁男供养人像

窟北壁少数民族供养人像列均合什持花，第 220 窟甬道北壁龛下五代 7 男供养人分别为
执香炉、捧供盘、合什，榆林窟第 29 窟西壁门南北侧西夏男女供养人均双手合什执花。
总的特征是双手合拢，显得恭敬而拘谨。而龟兹石窟供养人只有少数双手合什、合拢持
物，如克孜尔第 185 窟纵券顶两侧坐佛下供养人双手合什，第 189 窟主室西壁立佛下 2
男供养人双手持莲花。大多供养人双手分开，分别作不同动作，如克孜尔第 69 窟、新 1
号窟、第 104 窟龟兹男供养人均为一手执花、一手叉腰，充满动感，显得恭敬而又活
泼。（图 15；图 16，采自《中国新疆壁画全集》第二卷图版一七八；图 17，采自《中国
新疆壁画全集》第二卷图版一八三）

　　从供养人身姿来看，敦煌石窟供养人虽然不同时代的身姿有所不同，但共同的特征
是大多身体直立或微前倾，姿态一致，表现出高度的统一性，这从上举数例即可看得十
分清楚。而龟兹石窟供养人像则身姿活泼多样，不拘一格。特别值得注意的是，敦煌石
窟对供养人只注重脸部、上半身的描绘，对下肢特别是脚部往往是粗线条处理，甚至是
忽略不画。而龟兹石窟对供养人十分注意突出描绘脚部的姿态。如上举克孜尔第 8 窟甬
道内侧壁 4 龟兹男贵族供养人像，不仅手姿各不相同，身体也呈曲线，活泼多姿，特别
引人注目的是两脚脚尖挺立的姿势。俄国学者曾在阿富汗迪伯尔津（Dilberjin）考古时
发现壁画男性形象的一个突出特点是取"脚尖站立"的姿势，认为龟兹壁画与之有密切
联系；日本学者认为"这可能是绘画的一种表现方法"，并认为"龟兹壁画受到伊朗文
化的影响"[1]。再如第 189 窟主室西壁南侧下部两身男供养人虽双手合拢持花，但身体
弯曲，脚尖踮地，这样的形象使全身充满动感，具有舞蹈的特征。最突出的是龟兹僧人

　　[1]　〔日〕广中智之：《浅谈龟兹壁画与吐火罗壁画的人物形象》，载新疆龟兹学会编《龟兹学研究》
（第二辑），新疆大学出版社，2007 年版，第 240 页。

图 18　莫高窟第 428 窟主室南壁供养僧像列

供养像，其活泼多姿恰与敦煌石窟僧人供养像的刻板一致形成鲜明对照。如莫高窟428 窟共有 1200 多身供养人像，其中有僧尼 710 身，比例高达 59%，可以说是该窟的主要供养人。但该窟的供养僧人像均为侧身站立，千人一面，如同一个模具所出。（图 18）再看克孜尔第 7 窟供养僧人像手势多变，身姿不同；第 198 窟主室正壁龛左侧供养僧或屈身站立，或屈身蹲地，身姿活泼，姿态各异；特别是 175 窟供养僧人，手姿多样，身姿更是柔软呈三道弯，再加双脚脚尖挺立踮地，全身摇曳多姿，仿佛正在翩翩起舞，以优美动人的舞姿向佛表示礼敬供养。（图 19，采自《中国石窟·克孜尔石窟（三）》图版 76；图 20，采自《中国新疆壁画全集》第二卷图版二○八）

关于佛教的供养，佛经中有种种不同的说法。《法华经》卷四《法师品》云："种种供养，华香、璎珞、末香、涂香、烧

图 19　克孜尔第 189 窟主室西壁男供养人

图 20　克孜尔第 189 窟主室西壁男供养人

香、缯盖、幢幡、衣服、伎乐，乃至合掌恭敬。"[1] 可知用伎乐即音乐歌舞也是供养佛的方式之一。龟兹石窟供养人像多表现出活泼多样的舞蹈身姿，大概正是以乐舞供养佛的观念的表现。龟兹为丝绸之路上著名的乐舞之乡，"管弦伎乐，特善诸国"，乐舞发达繁盛。新疆的学者姚士宏、霍旭初等先生对此已经做了十分系统深入的研究与阐发[2]。龟兹石窟壁画供养人像所具有的舞蹈特征也可作为龟兹乐舞文化发达的一个例证。

四　敦煌石窟与龟兹石窟供养人画像发展演变的比较

克孜尔石窟从 3 世纪末以迄 9 世纪，历经六百余年，莫高窟从 4 世纪以迄 14 世纪，历经一千余年，两地的供养人像都经历了历史的发展演变。

据学者研究，克孜尔石窟初创期（公元 3 世纪末至 4 世纪中）已经出现供养人像，但大多绘在窟壁的最下部，人物比例小，且多为跪式，反映出供养人在壁画中尚处低微的地位。到发展期（公元 4 世纪中至 5 世纪末），供养人地位有所提高，多绘在中心柱窟主室前壁两侧的下部，已由跪式变为立式，形象也变大。服饰已趋华丽，并出现女性供养人。至繁盛期（公元 6 世纪至 7 世纪），供养人多为龟兹国王、贵族，供养人像多绘在主室前壁门两侧和两个甬道内外侧壁，供养人像都画得比较大，特别是画在甬道壁上的供养人像，其高度在 150 厘米以上，几与真人等高，服饰华丽繁复。到衰落期（公元 8 世纪至 9 世纪中），克孜尔石窟造像题材逐渐减少，供养人像也逐步减少。由于大乘佛教的盛行，龟兹都城附近的佛教寺院兴盛起来，远离都城以便于小乘佛教离世禅定苦修的克孜尔石窟逐渐衰落[3]。总的看来，克孜尔石窟供养人的形象比较单纯，主要表

〔1〕　见《大正藏》第 9 册，第 30 页。

〔2〕　霍旭初：《论克孜尔石窟伎乐壁画》，载龟兹石窟研究编《龟兹佛教文化论集》，新疆美术出版社，1993 年版，第 253～286 页；姚士宏：《克孜尔石窟壁画中的乐舞形象》，《中国石窟·克孜尔石窟（二）》，文物出版社，1996 年版，第 227～243 页。

〔3〕　霍旭初、王建林：《丹青斑驳，千秋壮观——克孜尔石窟壁画艺术及分期概述》，第 201～228 页。

现的是僧俗供养人在小乘佛教"唯礼释迦"思想指导下对释迦牟尼佛的礼敬供养，更多地表现了供养人的宗教性而不是世俗性。

莫高窟供养人像的发展演变则经历了由注重宗教性到突出世俗性的发展变化。十六国至隋代，供养人像多绘在龛沿、龛下、中心柱下座身四面、四壁下部等次要位置，形象矮小，高不盈尺，均为立像，且与佛、菩萨等图像之间有明显的界栏区分开来，显示出供养人地位的低微。这一阶段供养人像重在突出虔诚向佛的神情姿态。但在西魏、北周、隋代的供养人像列末尾开始出现侍者、马、马车、牛车，反映出炫耀权势财富的封建世俗观念已逐渐渗入供养人图像。初唐至中唐时期，供养人像开始逐渐变大，绘像的位置除了如同早期一样不显眼的龛下、四壁下部等次要位置外，已开始逐渐向比较显眼的位置转移，如前室通往主室甬道的两壁、主室东壁门上等处，如盛唐130窟甬道绘晋昌郡太守乐庭瓌夫妇及其家人的巨幅画像，中唐158窟甬道南壁画供养比丘4身、吐蕃装供养人2身。供养人像除了表达虔诚奉佛外，还开始出现显示家族和个人地位的迹象。晚唐至宋初，供养人像大量出现在甬道、主室东壁等显著位置，形象变得更加高大，大量出现等身、甚至超身巨像。如五代98窟是曹议金的功德窟，窟中满壁超身巨像：曹议金239厘米，张议朝238厘米，索勋247厘米，于阗王李圣天243厘米、于阗王夫人208厘米，曹议金夫人200厘米。该窟中甬道、四壁下部绘有曹议金家族男女老幼、姻亲眷属、活人故人、衙府僚属、僧尼大德等共计220余人。这样的超身巨像、庞大的供养人像列，已经使早期匍匐在佛菩萨脚下的虔诚信徒的礼佛殿堂，一变而为显示家族显赫地位权势的家庙家窟。另外，此期还出现了一种特殊的供养人像——出行图，即156窟张议朝与夫人出行图、100窟曹议金与夫人出行图，礼佛供养的殿堂，同时又成为显示个人功绩和家族权势的纪念馆。

敦煌石窟是在大乘佛教思想指导下的产物，大乘佛教本身具有"自利利他"、"慈悲济世"的思想，使得它比较容易接受世俗的思想观念。随着唐宋时期佛教的中国化、世俗化，中国佛教艺术也不可避免地表现出世俗化的趋势。敦煌石窟供养人的发展演变也成为这种趋势的表征。加之敦煌地区特殊的历史背景，如晚唐至宋初，敦煌由唐朝的一个边疆地方政权逐渐演变成为一个独立王国，地方统治者个人的欲望得到更无节制的膨胀，在他们主持营造的洞窟中更多地体现了个人及其家族的世俗欲望，这就使得敦煌石窟供养人像所体现的世俗化显得格外强烈而突出。

附记：本文中龟兹石窟供养人像的图片，除注明采用出处者外，其余系由龟兹石窟研究院王建林先生拍摄，并经该院领导批准提供；敦煌石窟供养人像的图片均由敦煌研究院孙志军先生拍摄，谨致谢忱！

作者单位：敦煌研究院科研处
收稿日期：2014－11－25

"千春永如是日"*

——泸州宋墓石刻中的生活故事

扬之水

一 夫妇同穴与夫、妇之别

（一）夫妇同穴

政治史、思想史之外，两宋时代的日常生活史，是最教人以为亲切的故事。饮酒、烹茶、焚香、抚琴、作画，士大夫引领的诸般韵事，流风浸润于后世而成为人们艳羡的近古时代风雅之渊薮。蔚为宋诗风格的所谓"以文为诗"，也每每在"平易"的标的之下以对生活细节的关注而留下动人的记述。比如关于"五伦"之一的夫妇，诗笔虽然很少表现浪漫的情爱，却多以真情之眷恋而令人动容。比如梅尧臣《悼亡三首》之一："结发为夫妇，于今十七年，相看犹不足，何况是长捐。我鬓已多白，此身宁久全，终当与同穴，未死泪涟涟。"[1] 嗣后又有《泪》、《秋日舟中有感》、《书哀》，都是抒写挥之不去的伤恸。及至续娶之际，依然"喜今复悲昔"，"惯呼犹口误"，亡妻且依然是梦中幻影，——"自我再婚来，二年不入梦，昨宵见颜色，中夕生悲痛"[2]。以此再读苏洵《祭亡妻文》，所云"安镇之乡，里名可龙，隶武阳县，在州北东。有蟠其丘，惟子之坟。凿为二室，期与子同。骨肉归土，魂无不之。我归旧庐，无不改移。魂兮未泯，不日来归"[3]，更可解得其中所寓之深情。陈师道《别三子》诗句有"夫妇死同穴"，南宋任渊注云："《大车》诗曰：'谷则异室，死则同穴。'后山虽用此语，而其意则谓夫妇生常别离，至死方获同穴，此所以可悲也。"[4] 任渊，川人也，此句所注很能得陈诗本意。《大车》，见《诗·王风》。谷，生也；穴，圹也。其下一句是"谓予不信，有如皦日"，约誓之辞，如闻其声。苏轼《书温公志文异圹之语》："《诗》云：谷则异室，死则同穴。古今之葬皆为一室，独蜀人为一坟而异藏，其间为通道，高不及肩，广不容人。生者之室，谓之寿堂，以偶人被甲执戈，谓之寿神以守之，而以石瓮塞其通道。既死而葬则去之。轼先夫人之葬也，先君为寿室。其后先君之葬，欧阳公志其墓，而司马

---

* 句出杨无咎《瑞鹤仙》，原系祝寿之词。唐圭璋：《全宋词》，中华书局，1965 年版，第 2 册，第 1190 页。按，本文的写作，承蒙泸州博物馆提供观摩机会并惠予馆藏石刻照片方得以完成，特此申谢。

〔1〕 朱东润：《梅尧臣集编年校注》，上海古籍出版社，2006 年版，第 245 页。
〔2〕 同上，第 364 页（《新婚》）、第 428 页（《戊子正月二十六日夜梦》）。
〔3〕 （宋）苏洵著，曾枣庄等笺注：《嘉祐集笺注》，上海古籍出版社，1993 年版，第 429 页。
〔4〕 （宋）任渊注，冒广生补笺：《后山诗注补笺》，中华书局，1995 年版，第 12 页。

君实追为先夫人墓志，故其文曰：蜀人之祔也，同垅而异圹。君实性谦，以为己之文不敢与欧阳公之文同藏也。东汉寿张侯樊宏，遗令棺枢一藏，不宜复见，如有腐败，伤子孙之心，使与夫人同坟异藏。光武善之，以书示百官。盖古亦有是也，然不为通道，又非诗人同穴之义，故蜀人之葬最为得礼也。"[1] 这一节叙事，为作者所了解的"蜀人之葬"，云"最为得礼"，不如说最得人情。虽然形成风俗之后，不免多有程式化的成分，但风俗之下，总是以厚实绵长的人情为底色。

（二）夫、妇之别

就表现内容和装饰纹样而言，泸州宋墓石刻与其他地区的宋金时代墓葬艺术多很相似，不过墓葬壁画常常采用通景式的画面，石刻则以单幅为主，然而用心处，雕工甚或不输绘笔。只是泸州博物馆藏宋墓石刻，多来自征集，它因此失了原本在墓葬中的位置，也因此丢失了许多重要信息，于是我们不得不依据其他墓葬的情况，来解读石刻图像内容以及其中的含义，藉以拼接曾经有过的生活场景，复原已经逝去的故事。

通观南宋中期前后四川盆地及黔北一带大致同风的石室墓[2]，两室并列的夫妻合葬墓中，不仅为夫、妇分别安排了不同的空间，而且两个墓室的装饰图案也每每各有不同。如四川彭山南宋虞公著夫妇墓，系两室并列的合葬墓，相邻的两个侧壁间距一米多，而未共用一壁。

图 1　杨粲夫妇墓女室局部（复制）

东室墓主人为虞公著，系雍国公虞允文之子，入葬年代为宝庆二年。西室墓主人是虞妻留氏，丞相卫公留正之女，安葬于庆元六年。东室的棺室门柱东西两侧各有浮雕武士像，西室的棺室门柱两侧也各有武士像，不过雕刻为女性[3]。又如四川广元宋代石室墓，此为夫妻分室的合葬墓，两室之间以墙相隔。由出土的两方买地券可知东室墓主人名杜光世，入葬年代在南宋庆元元年；西室为杜妻弋氏，乃先营此圹，卒后方合葬。东室墓门两边内侧的立石分别雕刻武士，西室墓门两边也分别雕刻武士，而与前举虞公著夫妇墓情况相同，西室浮雕亦为女性[4]。此外一例，是贵州遵义深溪镇播州土司杨粲夫

---

〔1〕　约作于治平四年葬父之后。文中称司马君实，题中"温公"二字系后编文时加。张志烈等：《苏轼全集校注》，河北人民出版社，2010年版，第19册，第7397页。

〔2〕　《泸县宋墓》（四川省文物考古研究所等编著，文物出版社，2004年版）总结了泸县以及周边区域宋墓的基本情况，认为"这种石室墓的分布范围基本上局限在南宋川陕四路的行政区域之内"，"这种墓葬形式在南宋时期四川盆地具有广泛性"。

〔3〕　四川省文物管理委员会：《南宋虞公著夫妇合葬墓》，《考古学报》1985第3期，第383～401页。

〔4〕　四川省博物馆等：《四川广元石刻宋墓清理简报》，《文物》1982年第6期，第53～61页。

妇合葬墓。杨粲为播州十三世土司，南宋嘉泰初年袭播州沿边安抚使，当政四十余年。墓葬营建于南宋理宗时期，为大型双室夫妇合葬墓，两室南北并列，后室有过道相通。南面墓主人杨粲，北面墓主人杨粲妻。女室前后室之间的立柱内侧为女官，一人捧奁，一人奉巾。后室壁龛龙头椅上坐着女主人，分立两侧的女官一持凉伞，一奉注碗。台基上的一对力士均为女性[1]（图1-1、1-2）。再如四川华蓥南宋安丙墓地的一号墓和二号墓。一号墓主人为福国夫人李氏，后室后壁内龛石刻为家伎合乐中的"妇人启门"；二号墓主人为安丙，墓葬后室后壁内龛为端坐于椅子上的主人，侍女立在两边，其中一人手捧漱盂[2]（图2-1、2-2）。

图2　四川华蓥南宋安丙墓地一、二号墓后室后壁石刻

以上几组实例表现出来的夫、妇墓室装饰之别，或为墓室卫士、或为抬棺力士、或为启门侍从的性别之异，当是出自一种共同的设计理念。男女墓室门侧性别各异的武士，应非《大汉原陵秘葬经》中所云用以镇墓的"当圹"、"当野"，而是前引苏轼《书温公志文异圹之语》中说到的"生者之室，谓之寿堂，以偶人被甲执戈，谓之寿神以守之"[3]。坡公云"偶人"，即今之所谓"陶俑"，易之以石雕，含义应该是一样的。那么可以认为，不论男女，墓室门侧擐甲持兵的卫士，均为与"寿神"意义相同的神将。如此，守护女主人墓室的戎装女性，自然是女神将（图3-1、3-2）。

既为神将，一身妆束以及掌握之兵器，自可不拘泥于当世实用的"制式装备"。剑固然在晋以后即退出实战，斧也早就不是战斧，而为仪仗之属。它在《晋书·舆服志》中称作"凿脑斧"，《新唐书·仪卫志》则名之曰"仪锽"。唐五代以至宋元，仪锽也被释道艺术中的各路神将所借用[4]。刻划简略者，略具斧形而已；制作精细者，则或作出龙首或兽首吞刃[5]（图4-1、4-2、图5）。

神将的造型来源之一，大约是两宋的镇殿将军。《东京梦华录》卷六《正旦朝会》

〔1〕 原石今藏贵州省博物馆，建于原址的杨粲墓博物馆女室为原样复制，本文照片为参观杨粲墓博物馆所见并摄影。

〔2〕 四川省文物考古研究院等：《华蓥安丙墓》，文物出版社，2008年版，图版二五、图版五二。

〔3〕 这里所说寿神置于生圹是北宋情景，至南宋，或者不限于生圹。

〔4〕 孙机：《仪锽》，《中国文物报》2004年4月29日。

〔5〕 实物则如内蒙古巴林右旗博物馆藏辽代龙凤狮纹铜斧，见石阳：《文物载千秋：巴林右旗博物馆文物精品荟萃》，内蒙古人民出版社，2012年版，第186页。

曰，正旦大朝会，"车驾坐大庆殿，有介胄长大人四人立于殿角，谓之'镇殿将军'"。这里没有说到镇殿将军的妆扮。不过此制也为元朝所用，见陶宗仪《南村辍耕录》卷一"大汉"条[1]。如此，元代汉语教科书《朴通事谚解》中关于镇殿将军的一番形容，便足资参考：今日是圣节日，"大明殿前月台上，四角头立地的四个将军"，"身长六尺，

图3　女神将　泸州博物馆藏宋墓石刻

腰阔三围抱不匝，头戴四缝盔，身披黄金锁子甲，曜日连环，脚穿着朝云靴，各自腰带七宝环刀，手持画干方天戟的，将钺斧的，拿剑的，手柱枪的，三尺宽肩膀，灯盏也似两只眼，直挺挺的立地，山也似不动惮。咳，正是一条好汉。这的擎天白玉柱，驾海紫金梁，天子百威咸助，将军八面威风"[2]。镇殿将军也颇与宋元话本小说中的神将仪容相通。且看收在《京本通俗小说》中的《西山一窟鬼》——"那个道人作起法来，念念有词，喝声道'疾'！只见一员神将出现：黄罗抹额，锦带缠腰。皂罗袍补绣团花，金甲束身微窄地。剑横秋水，靴踏狻猊。上通碧落之间，下彻九幽之地。业龙作祟，向海波水底擒来；邪怪为妖，入山洞穴中捉出。六丁坛畔，权为符吏之名；上帝阶前，次有天丁之号。"神将之形容，自然不待刻成文字即早已在民间流传，而他的一身妆束与全付本领，诸如四缝盔、锁子甲、朝云靴，黄罗抹额、锦带缠腰、皂罗袍补绣团花，又七宝环刀、方天戟，将钺斧、持剑、柱枪，所谓"上通碧落之间，下彻九幽之地"，向海底捉蘗龙、入山穴擒邪怪，凡此种种，都可以为"寿神"的形象作注。

"妇人启门"本是墓葬艺术中的传统题材，在长期沿用的过程中，它的含义也在不断演变。而在以上所举丧葬制度大体相类的宋墓石刻中，启门者却颇有性别之异，所奉之物也稍见分别。泸县宋墓出土的一批石刻，将这种不同表现得更为分明。比如青龙镇金宝村一号墓与二号墓。此系两墓共一个封土冢的合葬墓，而各有独立的墓圹和墓室，成南北并列，一号墓在南，二号墓在北，圹间距离不到一米。一号墓后壁与左右侧壁分

〔1〕陶曰："国朝镇殿将军，募选身躯长大异常者充，凡有所请给，名曰大汉衣粮。年过五十，方许出官。"

〔2〕《朴通事谚解》卷下，京城帝国大学法文学部影印奎章阁丛书本，1943年版，第320～322页。

图4　神将　泸州博物馆藏宋墓石刻

图5　龙凤狮纹铜斧（辽）
巴林右旗博物馆藏

图6　泸县牛滩镇滩上村一、二号墓出土石刻

别浮雕略微开启的格扇门，门前立着捧物女侍。二号墓后壁微开的格扇门前恭立捧印男仆[1]。此外尚有若干征集品，但其中有不少保留了所出墓葬的纪录。依此可以举出三组实例：

　　例之一，出自泸县牛滩镇滩上村一号墓的一方石刻，中间一个栲栳圈交椅，两旁各立一侍女，一人捧盘，一人捧盒[2]。出自泸县牛滩镇滩上村二号墓的一方，中间是屏风

---

〔1〕　四川省文物考古研究所等：《泸县宋墓》，文物出版社，2004年版，第6~37页；彩版一：2、彩版六：1。

〔2〕　《泸县宋墓》，第148页，彩版五四：2。

前的一张栲栳圈交椅，两旁各立一男仆，一人捧冠带，一人捧水罐[1]（图6-1、6-2）。

例之二，出自泸县福集镇针织厂二号墓的一方石刻，是立在帐幔下的侍女[2]（图7-1）。出自一号墓的两方，一为叉手立在座椅旁边的男仆，一为门前扛交椅的男仆[3]（图7-2、7-3）。

例之三，出自泸县福集镇龙兴村一号墓的一方，是所谓"妇人启门"[4]（图8-1）。出自泸县福集镇龙兴村二号墓的两方，分别是立在门前的男仆，一人叉手，一人手捧一

图7　泸县福集镇针织厂一号墓出土石刻

图8　泸县福集镇龙兴村二号墓出土石刻

[1]　《泸县宋墓》，第155页，彩版五八：1。
[2]　《泸县宋墓》，第151页，彩版五七：1。
[3]　《泸县宋墓》，第155页，图一六四、彩版五八：2。
[4]　《泸县宋墓》，第148页，彩版五四：3。

册《礼记全》[1]（图8-2、8-3）。

对照来看，这里的"妇人启门"似乎意在表明门内即是主母所在；男仆启门，则门内是主公[2]。如果此说可以成立，那么对于缺失墓主人性别信息的墓葬，石刻内容正不妨作为判定方式之一。

二 "居之可乐兮"

傍山依水的吉地，是存置死者肉身的"幽宫"，陆游《夫人陈氏墓志铭》，结末铭曰"山盘水纡，龟食筮从，吉日壬申，宅是幽宫"[3]，阐发其事甚明。"骨肉归土兮，魂气升天"，是肉身与魂魄两分也，魂神精爽自是"旷然游乎逍遥之乡"[4]，骨肉归土，则即永安于"幽宫"，泸州博物馆藏一方宋墓石刻，二人共奉一方莲花为座、莲叶覆首的牌记，其上铭曰"郁哉佳城，岗连阜崇。宜尔君子，归安此宫"[5]（图9），正是此

图9　　　　　　　　　图10-1　　　　　　图10-2
泸州博物馆藏宋墓石刻　中国国家博物馆藏宋代画像砖　泸州博物馆藏宋墓石刻

---

〔1〕《泸县宋墓》，第156～157页，彩版五九：1、2。

〔2〕不妨举一个看似无多关联的旁证：山东兖州兴隆塔北宋地宫出土一具舍利金棺，最外一重的石函四周及顶盖满布线刻画，位于前档的一幅为一对菩萨守门，两扇大门的开启处，是探出半个身子的僧人。援用"妇人启门"的句式，此可谓"僧人启门"，门内则是佛祖舍利。山东省博物馆等：《兖州兴隆塔北宋地宫发掘简报》，《文物》2009年第11期，第49页，图一六。

〔3〕（宋）陆游：《陆游集》，中华书局，1976年版，第5册，第2338页。

〔4〕（宋）苏洵：《极乐院造六菩萨记》，《嘉祐集笺注》，第401页。

〔5〕按"归安此宫"之"此"，承郜同麟同道识认。

图11　泸州博物馆藏宋墓石刻

意。而生者对亲人最深切的祝愿，莫过于墓主人依然如生一般"居之可乐"[1]，或者可以说，这原是墓葬艺术恒久不变的主题之一。男女主人生前的日常起居，自然也是两宋墓葬艺术的主要表现内容。

仕宦乡绅之家的日常起居和家居秩序，由司马光《涑水家仪》中的叙述可得其梗概："凡内外仆妾，鸡初鸣咸起，栉总、盥漱、衣服。男仆洒扫听事及庭，铃下、苍头洒扫中庭，女仆洒扫堂室，设椅桌，陈盥漱栉頮之具。主父、主母既起，则拂床襞衾，侍立左右以备使令。退而具饮食，得闲则浣濯纫缝。"[2]"铃下"，指侍卫、门卒或仆役。頮，即洗面。所云"栉总"，乃栉发、挽发髻也。"衣服"之"衣"，在此用为动词。起始一段，是言仆妾起身后的个人卫生。中国国家博物馆藏传河南偃师酒流沟出土宋代画像砖一组，女子梳妆的一方，即此情景[3]（图10–1）。泸州宋墓石刻中有棂格窗前的对镜理妆者，正可与它同看（图10–2）。

"死则同穴"是两情相依的理想归宿，世间的生活秩序移入幽宫，而使之仿若生前，自然也是顺乎人情的体贴安排。《家仪》种种，便几乎都见于墓葬装饰，虽然表现形式不一，但不论壁画、陶塑抑或石刻，设计意匠大抵一致。

洗面用巾。盥漱之器有面盆、漱盂之类。栉，当备奁匣一具与一面照容的镜子，镜

---

〔1〕（宋）欧阳修：《南阳县君谢氏墓志铭》（谢氏，梅尧臣之妻，卒于高邮。梅氏世葬宛陵，以贫不能归，某年某月某日葬于润州之某县某原），铭曰："高岸断谷兮，京口之原。山苍水深兮，土厚而坚。居之可乐兮，卜者曰然。骨肉归土兮，魂气升天。何必故乡兮，然后为安。"《欧阳修全集》（上），中国书店，1986年版，第252页。

〔2〕《说郛》（宛委山堂本），弓七一。

〔3〕中国国家博物馆：《中华文明：〈古代中国陈列〉文物精萃》，中国社会科学出版社，2010年版，第696页。

图 12　泸州博物馆藏宋墓石刻

图 13　泸州博物馆藏宋墓石刻　　　　图 14　泸州博物馆藏宋墓石刻

钮每每穿系下端缀着流苏的镜襻，镜子或有镜架，时称照台[1]（图 11 - 1、11 - 2）。奁
匣内一般放着粉盒、粉扑、油缸、梳篦、抿子。且看南宋戏文《张协状元》中枢密使相
王德用之女胜花唱的一支〔赏宫花序〕，道是："胜花女，四时中，心下没事萦系。除非

----

〔1〕　见（宋）吴自牧《梦粱录》卷二十《嫁娶》。

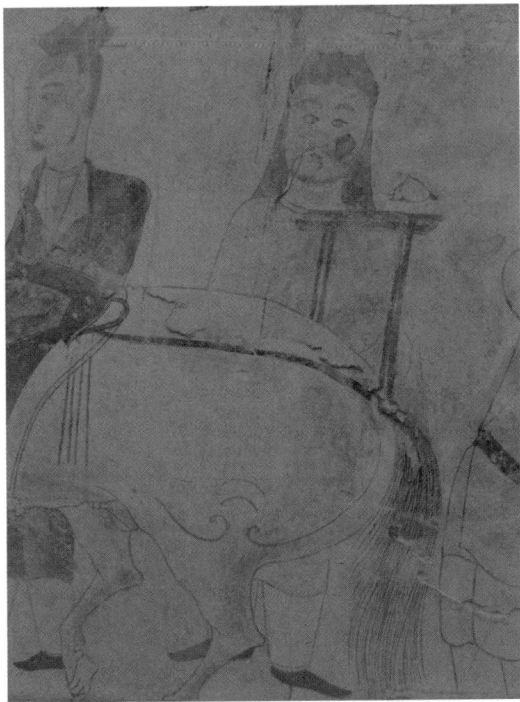

图 15 - 1　携胡床者
山西忻州北朝壁画墓壁画

图 15 - 2　佛传故事（局部）
东魏武定元年造像碑拓片

上苑随趁，度芳菲欢会。思之，论梳妆和针指，怎晓得，仗托云鬟粉面，使婢随侍。临鸾照时，那饰容都是它辈承直。"[1] 如此情景，正是宋代墓葬艺术中常见的画面。

起居之外，日常生活之必须，尚有酒事、茶事与香事，因此备酒、备茶、添香，均为墓室装饰的流行题材。泸州宋墓石刻中的男女仆从或捧贮酒的长瓶，或持酒盏一只，台盏一副（图 12 - 1 ~ 3），或奉茶托，或臂搭茗布手托渣斗[2]（图 13 - 1、13 - 2），又或手持香盒向炉内添香（图 14），自然都是为着幽宫里"居之可乐"而轻易不会忽略的细节安排。男主人若为官宦，则即少不得彰显地位的用器，诸如屏风、帐设、骨朵、锤剑、交倚、水罐、节杖、牌印、打扇、凉伞，南宋刻本《碎金·公用》一项所列各事[3]，即其大概。

交椅，又作校椅或交倚，即折叠椅，两宋士人每援古称曰"胡床"，其实它与宋代以前的胡床已非同样物事[4]（图 15 - 1、15 - 2），虽然内涵依然相贯，即为有地位者所用[5]。交椅在宋代也是彰显身分的坐具，因此列在《碎金·公用》一项，是公署须设，若官员出行，则为仪仗之一。范成大《北窗偶书，呈王仲显、南卿二友》句云"官居故偪仄，北窗谁所开。胡床憩午暑，帘影九徘徊"[6]。这是公署午休情景。陆游

〔1〕《钱南扬文集·永乐大典戏文三种校注》，中华书局，1979 年版，第 74 页。

〔2〕"茗布"之称，见苏轼：《答虔人王正彦》，《苏轼全集校注》，第 18 册，第 6541 页。

〔3〕（南宋）张云翼编纂：《碎金》（《重编详备碎金》），天理大学出版社影印本，1984 年版。

〔4〕按早期所谓"胡床"，指马扎，如山西忻州北朝壁画墓壁画（此为现场观摩所见，本文照片承山西考古研究所提供），又东魏武定元年造像碑佛传故事中所表现出来的样子。

〔5〕魏晋南北朝载籍每言将帅坐胡床指挥作战，并且胡床也为宫廷所使用，详细考证见杨泓《胡床》一文，载《文物丛谈》，文物出版社，1991 年版。

〔6〕（宋）范成大：《范石湖集》，上海古籍出版社，1981 年版，第 318 页。

《入蜀记》："十二日早，谒喻子材郎中樗。子材来谢，以两夫荷轿，不持胡床，手自授谒云。"[1] 此则纪事特别说明喻郎中前来拜谒，只是由两名人夫荷轿，而未有仆从持交椅，可见持交椅原是通例。故宫博物院藏《春游晚归图》，更有细节刻画的微至。随行仆从或肩茶床，或荷交椅，又一人挑担荷行具，担之一肩，为燎炉与点茶用的长流汤瓶，另一肩为"游山器"[2]，画中的交椅且特别绘出靠背上端连着的荷叶托，此式乃见于宋人笔记[3]（图16－1）。与传世绘画相互印证的实例，为前举四川彭山县南宋虞公著夫妇合葬墓中的一组浮雕，即西墓室享堂东、西两壁分别安排的出行图和备宴图[4]。西壁出行图以一乘暖轿为重心，两边仪仗煊赫，中有衙役肩负交椅（图16－2）。

图16－1 《春游晚归图》（局部）
故宫博物馆藏

图16－2 南宋虞公著夫妇合葬墓石刻（拓本）

〔1〕（宋）陆游：《陆游集》，第5册，第2410页。

〔2〕名见文彦博诗，北京大学古文献研究所：《全宋诗》，北京大学出版社，1992年版，第6册，第3502页。

〔3〕（宋）王明清《挥麈录·三》卷三："绍兴初，梁仲谟汝嘉尹临安。五鼓，往待漏院，从官皆在焉。有据胡床而假寐者，旁观笑之。又一人云：'近见一交椅，样甚佳，颇便于此。'仲谟请之，其说云：'用木为荷叶，且以一柄插于靠背之后，可以仰首而寝。'仲谟云：'当试为诸公制之。'又明日入朝，则凡在坐客，各一张易其旧者矣，其上所合施之物悉备焉，莫不叹服而谢之。今达宦者皆用之，盖始于此。"

〔4〕四川省文物管理委员会：《南宋虞公著夫妇合葬墓》，第393页，图一二；第394页，图一三。

家居生活亦然。交椅所以写作交
倚，大约是要特别强调它有可以倚靠
的舒适。苏轼《点绛唇》："闲倚胡
床，庾公楼外峰千朵。与谁同坐，明
月清风我。"[1] 南戏《张协状元》所
谓"不似像底交椅"，意即我不像交
椅那样，可以倚靠[2]。交椅既可陈设
于厅堂的固定位置，又可依主人的需
要用它随时随宜布置出尊位。仍可举
《张协状元》，——丑扮枢密使相王德
用，道："左右，将坐物来！"末扮仆
从，曰："覆相公：画堂又远，书院
又远，讨来不迭。"于是丑将末拽倒：
"没交椅，且把你做交椅。"[3] 这是
插科打诨以博笑乐，却因此表现出交
椅使用情形的一个细节。

图17 泸州博物馆藏宋墓石刻

交椅上面通常铺设椅搭。宋《道山清话》曰，"忠宣公范尧夫居常正坐未尝背靠着
物，见客处有数胡床，每暑月蒸湿时，其余客所坐者背所着处皆有汗渍痕迹，惟公所坐
处常干也"[4]。范尧夫，即北宋宰相范纯仁。此所谓"胡床"，自然是交椅。夏日出汗，
落座于交椅，背靠的地方能够留下汗渍，此交椅必是铺设椅搭的。出现在泸州宋墓石刻
中的交椅便多是如此（图17）。

也有不设椅搭的交椅，比如椅面用藤条、竹篾或皮条等材料编制的一类。《武林旧
事》卷六列举诸色"小经纪"，中有"穿校椅"一事。元《居家必用事类全集·戊集》
录有"穿交椅法"，所谓"十五眼者，绳分三停，留头一停，先以中停，从右手穿起"
云云。故宫博物院藏南宋册页《蕉阴击毬图》所绘即是这一种，泸州宋墓石刻中的交椅
也正有如此样式（图18-1、18-2）。

有地位者，逢正式场合，交椅后面须设屏风。此即《碎金·公用》所列"屏风、帐
设"。江西乐平宋代壁画墓墓室南壁壁画，绘牡丹山石的大插屏前设一把交椅，两旁恭
立各持一柄打扇的女侍（图19-1）。此墓推测是恭简公王刚中墓，墓主人卒于南宋初
年[5]。泸州宋墓石刻中的一方，浮雕屏风一架，前设交椅，屏风顶端垂覆沥水，屏面覆
以好似菱格网一般的编制物，其侧有童子叉手恭立，残损的一边可以推知与此内容一致

---

〔1〕《苏轼全集校注》，第9册，第588页。《校注》释"闲倚胡床"句云，"此以庾亮自比，表示年虽老
而仍有风月游赏之兴"；"胡床，东汉后期传入我国的一种坐具"，"即今俗称'马札子'的摺叠椅子"。坡公
此句用庾亮故事固然不错，但庾公与坡公所用"胡床"却非一物，虽然名称相同。

〔2〕《钱南扬文集·永乐大典戏文三种校注》，第99页。

〔3〕《钱南扬文集·永乐大典戏文三种校注》，第112页。

〔4〕《说郛》（涵芬楼本），卷八十二。作者署"道山先生"。

〔5〕江西省文物考古研究所等：《江西乐平宋代壁画墓》，《文物》1990年第3期。

图 18 - 1　故宫博物院藏
《蕉阴击毬图》（局部）

图 18 - 2　泸州博物馆藏宋墓石刻

（图19－2）。覆以编网的屏风，应即《碎金·公用》一项与"轿衣、油衣、旗队"等事
列在一起的"罘罳"。前引《武林旧事》"小经纪"中有"穿校椅"，与它同列的又有
"穿罘罳"一事，所"穿"之"罘罳"，正是此物[1]。罘罳的来源，大约是取自罘罳的
古意，——罘，本义是网，罘罳古谓屏风[2]。不过罘罳古式究竟如何，宋人似乎也不曾
考证确切[3]，此以屏面覆网，对于宋人来说，可谓罘罳的"当代样式"[4]。泸州宋墓石
刻又有一方浮雕二人抬一架座屏（图20），可以会得这是一个动态的画面，便是为主公
布置"帐设"。

　　《碎金·公用》一项列举的牌印、水罐、凉伞，也都是泸州宋墓石刻仆从的持物

---

　　〔1〕　南宋《西湖老人繁盛录》"诸行市"一节有"修罘罳骨"一事，孙毓修覆校涵芬楼秘笈本于"罘"
字下注云："'罘'原误'骨'"（《东京梦华录·外四种》，古典文学出版社，1957年版，第125页）。但很可
能"骨"非"罘"之误，而是"罳"之误。
　　〔2〕　此为罘罳的义项之一。《汉书·文帝纪》："未央宫东阙罘罳灾。"颜师古注："罘罳，谓连阙曲阁也，
以覆重刻垣墉之处，其形罘罳然，一曰屏也。"
　　〔3〕　见（宋）程大昌《演繁录》卷十一"罘罳"条。
　　〔4〕　宋代或将编制的屏风呼作"罘罳"，（宋）洪迈《夷坚三志·壬》卷一《吴仲权郎中》："明日，索
浴治具於房，婢以罘罳围之。"洗浴时用作屏障，当以藤竹编制者为宜。

图 19-1　江西乐平宋墓墓室南壁壁画（摹本）

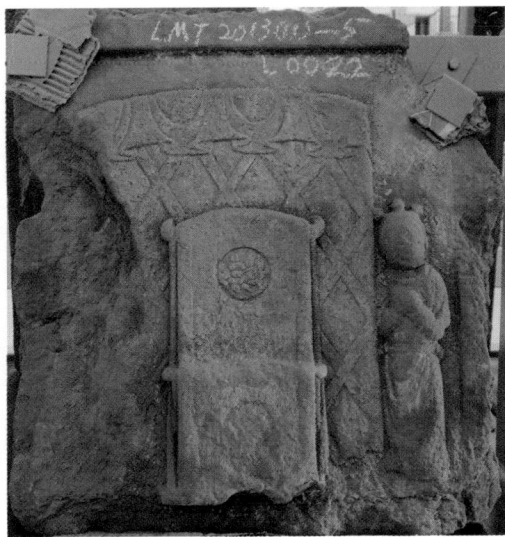

图 19-2　泸州博物馆藏宋墓石刻

（图 21-1、21-2、21-3）。牌印之印，是官印。南宋赵升编纂《朝野类要》"牌印"条曰："印司掌铜、木朱记，以牌诣本官请关印。用印毕封匣，复纳之。凡牌入则印出，印入则牌出，盖立法防严之意也。"石刻中与捧印者并立的侍从手握一个卷轴，由浙江武义县城东郊南宋徐谓礼墓出土文书[1]，可推知此卷轴或者也是代表告身之类与仕途经历相关的文书。

仕宦乡绅富室之家承直的仆妾当依役使之责不同而各有名目。南宋廖莹中《江行杂录》云，"京都中下之户不重生男，每生女，则爱护如捧璧擎珠。甫长成，则

图 20　泸州博物馆藏宋墓石刻

随其资质教以艺业，用备士大夫采拾用侍，名目不一，有所谓身边人、本事人、供过人、针线人、堂前人、杂剧人、拆洗人，琴童、棋童、厨娘，等级截乎不紊"[2]。所述乃京城情形，他处或未必如此名目多端，但供使之役有别，应与此不殊。宋袁采《世范》中言"夫置婢妾，教之歌舞，或使侑樽以

────────────

〔1〕　这批文书先是为盗墓者所得，后追回。文书共计十五卷，类型为三种，即告身、敕黄与印纸。据盗发者供称，出土时文书包成两札，告身与敕黄为一札，外封纸上题"录白敕黄"，印纸一札，外封上题"录白印纸"。文书尺寸，高度为36.1~36.5厘米。包伟民等：《武义南宋徐谓礼文书》，中华书局，2012年版，第6页。
〔2〕　《说郛》（宛委山堂本），弓四十七。同样的文字，亦见（宋）洪巽：《旸谷漫录》，见《说郛》（涵芬楼本），卷七十三。

图21　泸州博物馆藏宋墓石刻

图22　泸州博物馆藏宋墓石刻　　　　　图23　泸州博物馆藏宋墓石刻

为宾客之欢，切不可蓄姿貌点过人者，虑有恶客起觊觎之心"[1]。这是为置家伎者说法，也可见此事为常。家伎以所操器乐之不同而又有不同的名目。苏轼《子玉家宴用前韵见寄复答之》句云"自酌金樽劝孟光，更教长笛奏伊凉"，自注："子玉家有笛伎。"[2] 又

[1]《说郛》（宛委山堂本），引七十一。

[2] 笛伎，他本"伎"或作"婢"。子玉，即柳子玉，东坡妹婿之父。《苏轼全集校注》，第2册，第1081页。

坡公与蔡景繁书，曰"时家有胡琴婢，就室中作《渡索凉州》，凛然有兵车铁马之声"[1]。此是元丰六年于贬谪之地黄州时的情景[2]。所谓"胡琴"，原指琵琶。家伎以歌舞侍宴，也是宋金墓室装饰中常见的内容。

泸州宋墓石刻形象塑造最用心力的，应该说是活跃于不同场景中的男女承直，亦即司马光《涑水家仪》所云"内外仆妾"。挽帐幔，捧奁匣，举照台，托粉盒（图22），侍候面巾和捵子（图23），擎凉伞，捧漱盂，扛交椅，还有摘阮的乐伎（图24）。人物众多，职掌有别，妆容不一，而人情物态神采各具。虽然无法仅仅依据手中持物和服饰的不同而判明役使名目，但总可以会得石刻的这些形象设计，意在表明或家居有僮仆，或出行有衙役，总之，衣食住行，所需事事周备。

图24　泸州博物馆藏宋墓石刻

三　装饰纹样

（一）转官毬

石刻中用作人物背景的多是或一扇或两扇格子门。依照李诫《营造法式》卷三十二《小木作制度图样》"门窗格子类"中列举的名称，格眼或曰亮隔的装饰纹样常常取用的是"四斜毬文"、"白毬文"、"簇六重毬文"，又或方胜里边填毬文（图25－1、25－2）。毬文，其时也称毬路。话本《种瓜张老》曰韦义方入仙山寻妹，至一处殿屋，听得里面有人说话，于是"把舌头舔开朱红毬路亭（亮）隔"[3]，即此。毬路纹原是宋元时代各种艺术装饰中的流行纹样，其单元图案之间的隔空正好凑成如同铜钱一样的方孔，今人因此常把它称作钱纹，其实直到明清它才从观念上演变为"古老钱"或"连钱纹"，宋元时代却是另外的寓意，即用作象征官运，此应是从作为显宦特赐之服饰的毬路金带而来[4]，同时也不妨引申为一般的吉祥祝福。

〔1〕《苏轼全集校注》，第17册，第6164页。
〔2〕以后坡公又遭贬谪至惠州，生活困顿，诸物匮乏，而家中还曾有过"庖婢"，——绍圣三年与陈伯修书："杜门绝念，犹治少饮食，欲于适口。近又丧一庖婢，乃悟此事亦有分定，遂不复择。"《苏轼全集校注》，第17册，第5839页。
〔3〕程毅中辑注：《宋元小说家话本集》，齐鲁书社，2000年版，第285页。
〔4〕欧阳修《归田录》卷二云，太宗时创为金鋚之制以赐群臣，"方团毬路以赐两府"。

图25　泸州博物馆藏宋墓石刻

　　把毬路中的一分子单独提取出来，再于上下左右略加妆点，便成"绣球"[1]。泸州宋墓石刻中的一方浮雕侍女挽幔，帐幔上方覆沥水，中间垂下一个"绣球"结（图26–1）。这一类式样的结，也多见于其他地区，如山西、河南、湖南等地宋金墓葬的墓室装饰，因此是南北通用的一种流行题材。

　　纹样中的"绣球"，时人名作"转官毬"。南宋赵文有词调寄《凤凰台上忆吹箫》，而题作"转官毬"，即专咏此物，词曰："白玉磋成，香罗捻就，为谁特地团团。羡司花神女，有此清闲。疑是弓鞴蹴鞠，刚一踢、误挂花间。方信道，酴醿失色，玉蕊无颜。／凭阑。几回淡月，怪天上冰轮，移下尘寰。奈堪同玉手，难插云鬟。人道转官毬也，春去也，欲转何官。聊寄与、诗人案头，冰雪相看。"[2]据词中形容，所咏之转官毬乃白玉碾就，丝罗系结，大约是一件独立的饰物，比装饰纹样中的转官毬该是更为细巧，然而寓意却无不同。江西德安南宋墓出土一枚银鎏金霞帔坠子，帔坠滴珠形的边框上方竖一枚鎏金牌子，上饰"转官"二字，下方打作周回系着花结的鎏金"绣球"，两面纹样一致[3]（图26–2）。帔坠上的"转官"二字，无异于为纹样之"绣球"标示名称，即"转官毬"也。转官，指官员品阶的迁转，是与俸禄相关的官阶亦即寄禄官之提

　　〔1〕 或援张师正《倦游杂录》以定其名为"流苏"，似乎未确。高似孙《纬略》卷十"流苏"条撮述张语，下并引古诗补作书证，是张、高二氏所考均为古诗中的所谓"流苏"，而非作为"时样"的图案。

　　〔2〕 唐圭璋：《全宋词》，第5册，第3325页。按，词作者生于南宋末年，咸淳间曾入学为上舍，元破临安，赴闽入文天祥幕，汀洲破，遁归江西吉安故里，入元后为东湖书院山长，选授南雄文学。寄寓于词中的对于转官的无奈，或即与身世相关。

　　〔3〕 周迪人等：《德安南宋周氏墓》，江西人民出版社，1999年版，图三：25。按，本文照片为观展所摄。

图 26-1　泸州博物馆藏宋墓石刻

图 26-2　江西德安南宋墓出土银鎏金帔坠

升，俗间似即用作"仕途显达"之祈愿[1]。湖南衡阳西渡区何家皂北宋一号墓出土一件狮子戏毬"富"字绫夹衣残片，便径以"富"字点明纹样寓意[2]。

（二）鹿衔花

格子门下方障水版的装饰纹样，最常用的是鹿衔花。鹿是商周时代即已出现的艺术造型，两汉以来更成流行的装饰纹样，随着长期沿用，它的寓意也逐渐变得多样，即亦佛，亦仙，亦俗。士人可藉它的仙缘作画赋诗以慰幽怀。苏轼《书艾宣画四首·黄精鹿》："太华西南第几峰，落花流水自重重。幽人只采黄精去，不见春山鹿养茸。"[3]周必大《使臣宋千龄写平园老叟真于松竹之间从以鹿鹤龟求赞》："向来结绶事华勋，老去抽簪爱水云。但得松筠无异药，何妨鸟兽与同群。"[4]画与诗，均以意象清奇见意。

不过鹿又因为谐音为"禄"而成福禄之兆，鹿衔花便作为吉祥图案流行于南北，而不再是独以清奇唤起画意诗情。《张协状元》中有生、末、丑的一段插科打诨，——〔生〕高姓？〔丑〕姓华，便唤作华禄子。〔末〕华禄子，只会污人门户。——所谓"华禄子"，谐音则即"画鹿子"，其时门上画鹿已成风俗，因此这里以"只会污人门户"为谐谑之辞。同剧又有丑白"愿我捉得一盏粉，一锭墨，把墨来画乌觜，把粉去门上画个白鹿"，又净白"曾共乌门上画个白鹿"[5]。宋墓石刻中的鹿衔花，自然也是这同一风气下的作品。可爱惟在于图案虽已程式化，但在工匠手底，却依然能够翻出千姿百态

〔1〕　元《新编事文类要启劄青钱·续集》卷二《庆贺仕途简劄》"贺人转官"列其程式曰："显膺涣渥，峻陟华资，英誉流传，善类胥悦，第恐搢绅之交荐，不容州县之徒劳。"答式曰："满岁为官，敢希近日自天锡宠，忽拜殊迁，靖循徽冒之由，端自榆扬之赐。"可见其意。

〔2〕　陈国安等：《衡阳县何家皂北宋墓》，《文物》1984 年第 12 期，图版五：1。

〔3〕　《苏轼全集校注》，第 5 册，第 3289 页。

〔4〕　题下注云"壬戌三月壬申"，《全宋诗》，第 43 册，第 26807 页。

〔5〕　《钱南扬文集·永乐大典戏文三种校注》，第 123、136、197 页。

图27 泸州博物馆藏宋墓石刻

（图27-1~5）。

衔花之鹿自然是仙鹿，而蜀地尚流传一个仙都山鹿的故事。苏洵有诗《题仙都山鹿
并叙》，叙曰："全丰都县，将游仙都观。见知县李长官云：固知君之将至也。此山有鹿
甚老，而猛兽猎人终莫能害。将有客来游，鹿辄放鸣。故常以此候之，而未尝失。予闻
而异之，乃为作诗。"诗云："客来未到何从见，昨夜数声高出云。应是先君老僮仆，当

时掌客意犹勤。"[1] 仙都山鹿的故事大约广播人口，生活于南宋的王灼也还在诗作里援引这一传说，见《曲尺山云居寺》。王灼，亦蜀人。画仙鹿于门的习俗若与此传说有关，则当微寓迎客之意也。

（三）龟游莲叶

亦佛亦道的飞仙，也是宋墓石刻中常见的图案。其实不妨说它非佛非道，而是统属于吉祥纹样，如同《营造法式》卷三十三《彩画作制度图样上》举出的"骑跨仙真"之类。飞仙手中或捧物，泸县石桥镇新屋嘴村一号墓出土一方石刻飞仙，飞仙手捧一枚莲叶，叶心一只小龟[2]（图28）。飞仙手捧之物，是宋代酒器中经常用到的纹样，时或名作"龟游莲叶"[3]。泸州宋墓石刻四神图中表现玄武的一方，似即借用了龟游莲叶的图式，石刻下方一泓清水，水中耸出莲蕾、莲花和莲叶，叶心伏卧龟和蛇（图29）。纹样的取意本自《史记·龟策列传》，即所谓"龟千岁乃游莲叶之上，蓍百茎共一根，又其所生，兽无虎狼，草无毒螫，江傍家人常畜龟饮食之，以为能导引致气，有益于助衰养老"。

图28 仙人捧龟游莲叶 泸县石桥镇新屋嘴村一号墓出土

龟游莲叶的故事影响于世很深，葛洪在《抱朴子内篇》卷三中复引《玉策记》而阐扬其意，南北朝时已多有诗作咏及[4]。至唐而风行依然。出自敦煌的一件瑞应图，中有卧于荷叶上的龟，便是瑞应之一的"灵龟"，龟口所衔即"百茎共一根"的蓍草，图下赞云"灵龟者，黑神之精也，王者德泽湛积，渔猎顺时，则灵龟出矣"；"生三百岁，游于藕叶之上，千岁化浦上"；"能见存亡，明于吉凶"[5]。又金王喆《苏幕遮·滕奇放

〔1〕《嘉祐集笺注》，第511页。

〔2〕《泸县宋墓》，彩版四六：1。

〔3〕南宋洪适有词调寄《生查子》，题曰"姚母寿席，以龟游莲叶杯酌酒"，句云"碧涧有神龟，千岁游莲叶。七十古来稀，寿母频接"；《临江仙·寿周材》末云"巢莲龟问岁，介寿酒融春"，所咏皆是此类。唐圭璋：《全宋词》，第2册，第1383页。

〔4〕如（梁）朱超《咏同心芙蓉诗》："鱼惊畏莲折，龟上碍荷长"；（北齐）赵儒宗《咏龟诗》："不能著下伏，强从莲上游"。逯钦立：《先秦汉魏晋南北朝诗》，中华书局，1983年版，下册，第2094、2285页。

〔5〕伯·二六八三号，黄永武编：《敦煌宝藏》，第123册，（台北）新文丰出版公司，1986年版，第293页。

图29　泸州博物馆藏宋墓石刻

图30－1　龟游莲叶玉饰
北京市丰台区王佐乡乌古论窝论墓出土

图30－2　上海博物馆藏龟游莲叶玉饰

图30－3　砖刻插屏
上海闵行区梅陇乡南宋墓出土

龟》"戏金莲，通揖让，千载遐龄，就寿增嘉况"[1]，等等。古说赋予灵龟养生及长寿
的神话色彩，使它在祝寿风气逐渐兴盛的背景下成为最是常见的吉祥祝福。北京市丰台
区王佐乡金代乌古论窝论墓出土一对龟游莲叶玉饰[2]（图30－1），上海博物馆藏宋代
龟游莲叶玉饰一枚。后者是布满莲花莲叶和慈姑叶的一个莲塘小景，水面一只翔舞之
鹤，覆莲上边一只口衔灵芝的龟（图30－2）[3]。上海闵行区梅陇乡朱行镇南宋张埾墓
出土一件砖刻插屏[4]（图30－3），屏面翠柏祥云间立着手抚如意的道人，身旁道童手

〔1〕唐圭璋：《全金元词》，中华书局，1979年版，第177页。
〔2〕今藏首都博物馆，本文照片为观展所摄。
〔3〕此为参观所见并摄影。
〔4〕上海文物管理委员会：《上海考古精粹》，上海人民美术出版社，2006年版，图三八。

捧着龟游莲叶。插屏背面六个大字："石若烂，人来换。"插屏原是位于墓主人坐像的后边。这是天师道系统葬俗影响下营建的寿冢，墓主人像便是用于代人的石真[1]。插屏屏面图案中的龟游莲叶，则依然是长生多寿的祝福。而宋墓石刻中的飞仙和侍女手捧龟游莲叶（图31），也当同此取意。

巴蜀固然是道教影响很深的地区，泸州安乐山的树叶竟也会生出道符一般的篆文[2]，葬俗多染道教成分，自在情理之中。不过这与墓主人的信仰大约并非直接相关。所谓"喜读佛书非佞佛，赋游仙曲岂求仙"[3]，或许更宜于解释墓葬艺术的多元汇聚。不论崇佛好道，一切都是为了生命之绵延，平安长生的追求，才最是恒久不变。

作者单位：中国社会科学院文学研究所
收稿日期：2014 – 10 – 13

图31　泸州博物馆藏宋墓石刻

---

　　〔1〕　张勋燎等：《中国道教考古》第五册《墓葬出土道教代人的"木人"和"石真"》，线装书局，2006年版，第1415页。
　　〔2〕　安乐山在泸州合江县东，《舆地纪胜》卷一五三《泸州》："天符叶，初生安乐山，一夕大风雨拔去，不知所在，后得于容子山，俗以为神所迁。如荔枝叶而长，上有文如虫蚀，或密或疏，宛类符篆。"苏轼有《过安乐山，闻山上木叶有文，如道士篆符，云此山乃张道陵所寓二首》，《苏轼全集校注》，第1册，第25页。
　　〔3〕　（南宋）林希逸：《书窗即事》，《全宋诗》，第59册，第37259页。

经咒·尊神·象征

——对白伞盖信仰多层面的解析

廖 旸

白伞盖经（梵文具名[Ārya-sarva]tathāgatoṣṇīṣa-sitātapatrāparājitā [mahā]pratyaṅgirā dhāraṇī /mahāvidyarājñī）流布极广，有梵文本及汉、藏、西夏[1]、回鹘[2]、蒙等译本存世，其中最早的可能是 7 世纪左右用笈多字体写就、发现于西域的梵文写本[3]。唐不空（705—774）汉译本《大佛顶如来放光悉怛多钵怛啰陀罗尼》[4] 实则全文音写，因此呈现为 481 句长陀罗尼。辽慈贤音写本《一切如来白伞盖大佛顶陀罗尼》（房山石经金刻本）为 536 句。洪迈（1123—1202）曾叙述蜀人粗记白伞盖真言、而得护身躲过妖法相害的异事，并评论称[5]：

> 白伞盖咒三千一百三十字，在诸咒中最为难读，颇与《孔雀明王经》相似。僧徒亦罕诵习，故妖魔外道敬畏之。白伞盖真言云即楞严咒。

---

〔1〕 除译自藏文本的《圣一切如来顶髻中出白伞佛母余无能胜回遮明咒大葨王总持》（Танг 70, инв. No 2899, 7605）之外，还存有《大白盖母护摩法事》（Танг 332, инв. No 5060）、《白盖母施食法要论》（Танг 173, инв. No 5924）、《大白盖母守护国舍要论》（Танг 330, инв. No 4699）、《大白盖母总持念诵要论》（Танг 333）及《三面八手大白盖母供养记》 （Танг 331）。见 Е.И.Кычанов, *Каталог Тангутских Буддийских Памятников*, Университет Киото, 1999, No 200, 521, 560, 595, 596–598, 632, pp. 414, 532, 546, 559–560, 572.

〔2〕 Friedrich W. K. Müllers 认为可能译自藏文本，见 *Uigurica II. Abhandlungen der Königlich Preußischen Akademie der Wissenschaften, Philosophisch –Historische Klasse* 1910 Nr. 3, Berlin: Verlag der Akademie der Wissenschaften, 1911, S.51, Anm. 1. 古回鹘文本的辑录译注可见 Klaus Röhrborn und András Róna–Tas（Hrsg., übers. und komm.）, *Spätformen des zentralasiatischen Buddhismus: die altuigurische Sitātapatrā–dhāraṇī*, Göttingen: Vandenhoeck und Ruprecht, 2005. 根据一件回鹘文印本的跋文，莲花阿阇梨（Kamala Ačari）曾发心印白伞盖经 108 卷，可证它在回鹘佛教徒中的流行，见 Peter Zieme, "Zur Buddhistischen Stabreimdichtung der Alten Uiguren," *Acta Orientalia Academiae Scientiarum Hungaricae* T. XXIX, Fasc. 2 (1975), S. 204.

〔3〕 对各语种文本的概括性介绍见 Sudha Sengupta, "A Note on Uṣṇīṣa Sitātapatrā Pratyaṃgirā...Dhāraṇī," in Prabodh K. Mishra (ed.), *Studies in Hindu and Buddhist Art*, New Delhi: Abhinav Publications, 1999, pp. 49–56; 谷川泰教：《梵文〈仏頂大白傘蓋陀羅尼経〉について―ネパール写本報告（1）―》，《密教文化》第 138 号（1982 年），第 106~102 页。后文初步得出的结论是，从尼泊尔写本、汉译本、悉昙字本、吐鲁番出土断简到藏译本，存在复杂的增广过程（第 88 页）。

〔4〕《大正藏》卷十九，第 944A 号。房山石经本题为"一切如来白伞盖大佛顶陀罗尼"，《至元录》作"白伞盖大佛顶陀尼经"。同经悉昙字本（第 944B 号）则题为"大佛顶大陀罗尼"。

〔5〕《夷坚补志》卷第十四"蜀士白伞盖"，（南宋）洪迈撰，何卓点校：《夷坚志》，中华书局，1981 年版，第 4 册，第 1682~1683 页。

　　同书亦详记以楞严经咒驱蛇妖、鬼魅的故事[1]。楞严咒载于唐中宗神龙元年（705）般剌蜜帝译《大佛顶如来密因修证了义诸菩萨万行首楞严经》（Śūraṃgamasūtra. 以下简称《楞严经》）卷第七，全文 427 句、2622 字，较白伞盖经短，部分字句有错乱之嫌，但长期以来信众常常混称二者，并视如一。对于《楞严经》的真伪[2]、楞严咒与白伞盖陀罗尼二者之间的关系[3]，今人仍存多种意见并详加辨析。本文不拟涉及这些课题，简单地认为两咒字面、功能类似，但在不同时代、不同地域、不同传派的宗教实践当中各有侧重。华严宗僧子璿（965—1038）注疏《楞严经》时释"白伞盖"之宗教内涵如下：

　　　　大佛顶悉怛多般怛罗（sitātapatra）……悉怛多等云"白伞盖"：藏心无染曰"白"，遍覆一切曰"伞盖"。[4]

　　印度佛教文本中对应"伞盖"的词汇主要是 chattra 与 ātapatra，它们都指为尊者遮蔽南亚炽盛光线的阳伞，相对而言，前者强调的是伞的蘑菇形状；后者通常指大伞，构词中 ātapa 指炽热阳光，–tra 词根为 trai "遮蔽"。图 1 形象地展示了这二者的不同：塔刹层叠的相轮即从 chattra 演变而来，而宝缯飞扬、荫覆塔刹相轮乃至全塔的则是 ātapatra[5]。或许正是希冀此真言能"遍覆一切"，因此在白伞盖的构词上选择了 ātapatra，而不是更常见的 chattra.

　　尽管汉地先后也出现过白伞盖经的注释本[6]和多种意译本[7]，但似乎流行的地域和时段有限，长期流行的是音写本，过长且难读，僧俗信众罕能诵习，习也不过"粗记"而已。为避免混淆全文作为真言对待的白伞盖经和意译时经中保留的一些真言，行文中将分别称作"陀罗尼"与"咒"，尽管这样的术语从学术角度看难称准确。推测当时的用法以随身佩戴陀罗尼轮护符为主，念诵则惟短咒。楞严咒既然类同白伞盖经，境况差相仿佛。南宋孝宗乾道九年（1173）印造的《尊胜等灵异神咒二十道》第三种即大佛顶首楞严心咒，时人视之为长寿往生的灵异法门[8]。虽不能就此遽断楞严咒的念诵特

────────────────

〔1〕《夷坚三志》己卷第二"东乡僧园女"（第 3 册，第 1312～1313 页）、《夷坚补志》卷第十七"段氏疫疠"（第 4 册，第 1713 页）。

〔2〕争议双方的论述极多，不及逐一列举，可参见果滨：《〈楞严经〉传译及其真伪辩证之研究》，（台北）万卷楼图书股份有限公司，2009 年版。

〔3〕论证楞严经真伪的人往往涉及楞严咒与白伞盖陀罗尼的对比，不及具述，见上注。可参见木村俊彦《楞厳呪と白傘陀羅尼—還元サンスクリット本の比較研究—》，《臨済宗妙心寺派教学研究紀要》第一号（京都，2003），第 156～138 页。

〔4〕（北宋）释子璿集：《首楞严义疏注经》卷第八之二，《大正藏》卷三十九，第 932～933 页。

〔5〕在后来的藏式塔中，这两个建筑构件演化定型，分别称为'khor lo "轮"与 gdugs "伞"。

〔6〕李翎、马德敏锐地注意到这一点并加以论证，见《敦煌白伞盖信仰及相关问题》，《敦煌学辑刊》2013 年第 3 期，第 82～83 页。

〔7〕主要包括：未入藏、目前仅见于敦煌地区的失译《大佛顶如来顶髻白盖陀罗尼神咒经》（以下简称《白盖经》）；元·沙啰巴译《佛顶大白伞盖陀罗尼经》（《大正藏》第 976 号）；释真智译《大白伞盖总持陀罗尼经》（《大正藏》第 977 号）。更晚时候仍有新出译本，与本文考述的年代差距较大，故从略。

〔8〕此本为秀州（治今浙江嘉兴）惠云院僧德求（1115—?）施刊，原奉安其新修的释迦如来舍利宝塔内，冀"诸天大权于空中守护此宝塔，令其坚固，久住世间，莫使天魔侵害"。同时也发心早悟大乘，求愿往生。塔圮而流落，现藏台北"国家图书馆"。

图1　真言与塔像擦擦（局部）
约 10—11 世纪。西藏阿里札达麦龙沟
遗址采集，李逸之藏。感谢藏家提供
图片并惠允使用。

点，但心咒显然易于持记。

西藏在前宏期亦已译出白伞盖经[1]，见诸敦煌藏文文献[2]。此经属事续（bya rgyud）如来部，克主杰（1385—1438）《密续部总建立广释》介绍了四种藏译本（相当于德格版甘珠尔 Tōh. 590—593）并简要指出其间差别：Tōh. 590 与 591 为同本异译，后者经题中出现 mchog tu grub pa "最胜成就"字样，事项最为完备；这两种译本较早、为世尊在忉利天善法堂所说，从它们衍生出略本二种，其一（Tōh. 593）述缘起、为天界的重要教说，其二（Tōh. 592）无缘起、人世少知[3]。而按照现代的文本分析方法，则认为 Tōh. 592 最早，是其他三种文本的原型，多数敦煌藏文白伞盖经都属于这个版本[4]。

石滨裕美子注意到，白伞盖经咒具有两个层面的功效：对于个人，以及对于国家和地方[5]。这为白伞盖经咒信仰研究指出了非常好的视角。法国学者王微（Françoise Wang-Toutain）指出其在汉传、藏传佛教语境中的不同表现及其间互动，特别强调了白伞盖信仰与仪式中《楞严经》的重要作用，纠正了理解上的多种错误与偏差，她的卓越研究堪称

---

〔1〕 120 颂，著录于 9 世纪初编撰的《登迦目录》349 号（'Phags pa de bzhin gshegs pa gtsug tor nas byung ba'i gdugs dkar mo can gzhan gyis mi thub pa "圣如来顶髻中出无能胜白伞盖"）、《旁塘目录》332 号（'Phags pa gtsug tor gdugs dkar po "圣白伞盖佛顶"）。见 Adelheid Herrman-Pfandt, *Die LHan Kar Ma: Ein früher Katalog der ins Tibetische übersetzten buddhistischen Texte*, Wien: Verlag der Österreichischen Akademie der Wissenschaften, 2008, S. 197 - 199.

〔2〕 才让：《敦煌藏文密宗经典〈白伞盖经〉初探》，《敦煌学辑刊》2008 年第 1 期，第 1 ~ 13 页。相关文书编号详见 *Die LHan Kar Ma*, S. 197; 英藏文本可参见 Jacob Dalton and Sam van Schaik, *Tibetan Tantric Manuscripts from Dunhuang, A Descriptive Catalogue of the Stein Collection at the British Library*, Leiden - Boston: Brill, 2006.

〔3〕 mKhas grub rje: *rGyud sde spyi'i rnam par gzhag pa rgyas par brjod*, 此据 *Introduction to the Buddhist Tantric Systems*, transl. by F. D. Lessing & Alex Wayman, 2nd ed., Delhi, 1978, pp. 116 - 117. 同文还涉及相关的注释、仪轨、成就法等等著作。一说除这四种入藏的译经而外，尚有一种仅见于 17 世纪末至 18 世纪初抄写成的浦扎（phug brag）版甘珠尔，笔者未能访及。

〔4〕 *Die LHan Kar Ma*, S. 198. 其中特别指出 S^T364.3 或与 Toh. 591 相当。

〔5〕 Ishihama Yumiko, "The Image of Ch'ien - lung's Kingship as Seen from the World of Tibetan Buddhism," *Acta Asiatica: Bulletin of the Institute of Eastern Culture* 88 (Tokyo 2005), p. 55.

里程碑[1]。本文拟从一则新发现的白伞盖心咒石刻谈起，就若干基础概念加以辨析，对既有研究成果拾遗补阙，以期更准确地理解白伞盖信仰的多层面内涵与历史发展进程。

一 新发现的吐蕃时期白伞盖信仰遗迹

2010—2013 年，四川甘孜石渠在考古调查中发现三处吐蕃时期的石刻群遗存，保存状况良好，展示了吐蕃时期佛教信仰与美术的面貌，也有助于探讨唐蕃交通与文化关系，这一重大收获入选 2013 年全国十大考古新发现[2]。其中须巴神山石刻群第 5 幅（图 2）分上下两部分，上部主体分四行，经辨识镌刻的是以藏文转写的梵文真言，可还原为：

‖ tad yathā oṃ anale anale vīśade vīśade vaira vaira vajradha(ri) bāndha bāndhani vājrapāṇi phaṭ svāhā hūṃ hruṃ bāndha phaṭ svāhā ‖ [3]

第四行末还刻有四字藏文：srung shig srung shig：："护佑！护佑！"此石刻以下隔一段岩石有四行发愿文，提及赞普赤松德赞（hri srong lde btsan，755—797 年在位）父子以此功德，祈愿无边世界众生有情度脱苦痛[4]。

至于须巴神山文字石刻的时代及缘起，由于这些石刻铭文多次提及"赞普〔赤松德赞〕父子"，熊文彬根据实地考察推定下限为赞普最后在位的 797 年[5]。赤松德赞时期吐蕃国力盛极一时，不但曾夺取陇右、一度攻陷长安，而且还开始建立僧团、翻译佛经。赞普四子，长子早夭、生卒年不详，次子牟尼赞普（Mu ne btsan po）生于 762 年。赞普去世后几个儿子相继被杀，直到幼子赤德松赞（Khri lde srong btsan. 798—815 年在位）即位。张延清将这批石刻的年代进一步确定在建中四年（783）唐蕃清水会盟之

---

〔1〕 Françoise Wang–Toutain, "Sitatapatra (Baisangai fomu; gDugs dkar po)：Interactions between Chinese and Tibetan Buddhism," 载谢继胜、罗文华、景安宁主编《汉藏佛教美术研究——第三届西藏考古与艺术国际学术讨论会论文集》，上海古籍出版社，2009 年版，第 397～420 页（汉译见罗文华译：《白伞盖佛母：汉藏佛教的互动》，《故宫博物院院刊》2007 年第 5 期，第 98～120 页）；Idem, "La Déité au Parasol Blanc: Rituels de protection et histoire du 'Śūraṃgama sūtra de la Grande Uṣṇīṣa du Buddha' , " in Jean–Luc Achard (ed.), *Études tibétaines en l' honneur d' Anne Chayet*, Genève: Librairie Droz, 2010, pp. 327 – 364.

〔2〕 见四川省文物考古研究院、石渠县文化局：《四川石渠县新发现吐蕃石刻群调查简报》，《四川文物》2013 年第 6 期，第 3～15 页。

〔3〕 按照 Wylie 转写规则（另反写的元音 i 符号表示为 I），原石刻藏文可逐字转写为：

第1行 ‖ tad dya tha om a na le a 第2行 na le bĪ sha de bĪ sha de bē ra bē ra ba dzra dha (ri) 第3行 bān dha bān dha nI bādzra bā nI phat swa ha hūṃ hruṃ bān dha phat 第4行 swa ha'a ‖

此外，第一行后部之上刻小字真言，第一、第二行间有刻痕尚新的小字真言。

〔4〕 左端有所风化残损（参见《四川石渠县新发现吐蕃石刻群调查简报》，第 6 页）：第5行…y(o) n g(i) s bt- shan pho khri srong lde brtsan yab 第6行… .mog mtho bar smon to‖ 旵 ‖ mtha'yas mu 第7行…(m) ya(l) ba'I 'jIg rten na sems can thaṃs cad sdug bsngal 第8行…las bsgrald te bla na myed pa'i chos ++ nam…

〔5〕 四川省文物考古研究院、故宫博物院：《石渠县新发现大规模吐蕃摩崖石刻群》，《中国文物报》2013 年 10 月 13 日，第 6、7 版。

后[1]。须巴神山第 5 幅石刻是前宏期白伞盖经咒年代相对确定的一个样本，虽然只有心咒的部分，仍非常重要。赤松德赞年幼时信奉苯教的权臣颁布法令称："（佛教）宣扬来世报应之说均为虚假，不可信，而今生避免鬼神之迫害，只有求助于苯波教。"[2] 在这种情形下，能"降伏一切鬼魅"（gza' thams cad 'joms par byed pa）的白伞盖经在吐蕃的译传，对于佛教取代苯教、巩固地位应该有着积极的现实意义。

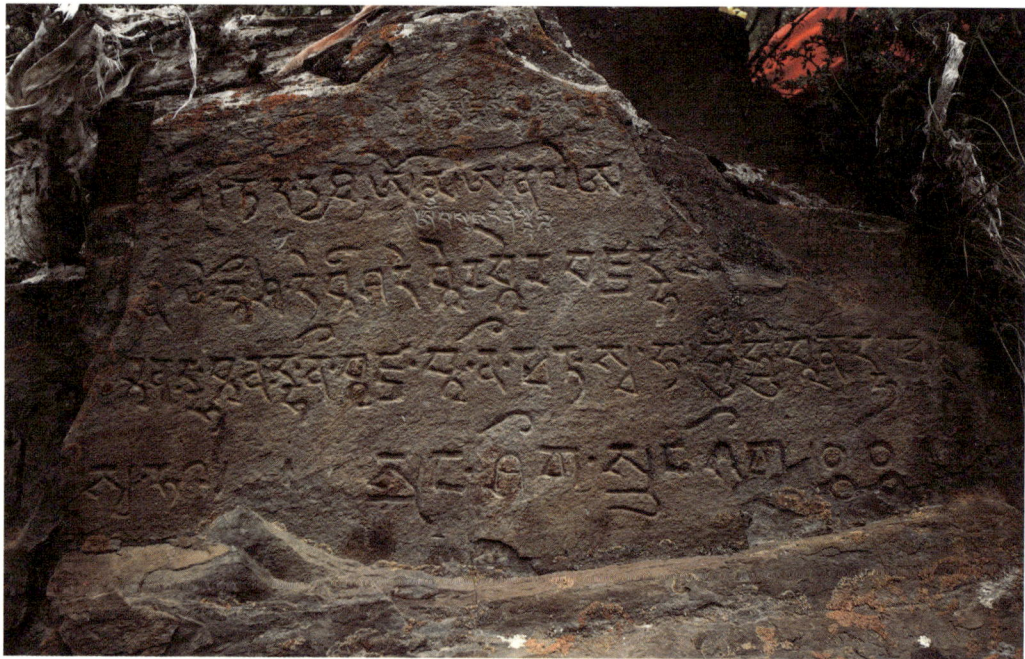

图 2　白伞盖陀罗尼
四川石渠须巴神山摩崖石刻。约 40×75 厘米。8 世纪末。笔者摄。

　　由于白伞盖真言最强大的功能在于护身辟邪，因此在持咒时特别强调"拥护于我、拥护于我"（bdag la srungs shig srungs shig），这正是须巴神山在真言后续刻四字的企图。实践中西藏盛行白伞盖护轮的做法并流传至今，即书印或长或短的白伞盖真言，随身佩戴以求庇佑；念诵白伞盖真言能降伏一切部多鬼魅，断诸神咒术，除兵贼、水火、地动等诸难，消各种病痛，是最通行的禳解法事之一[3]，与前引洪迈记载的此真言神通类似。从须巴神山石刻可以看到，白伞盖真言初出现时即与赞普父子联系起来。"由香雄抄写、校订"（shang zhun kyis bris l zhus）的敦煌藏文本《白伞盖经》（Pt. 388）同样提到"愿守护吐蕃之神赞普、我及一切有情"（bod gyi lha btsan po dang bdag dang sems

---

〔1〕 此据四川大学中国藏学研究所第一场藏学学术沙龙综述稿，http://www.zangx.com/cms/news/guonei/2014 - 09 - 30/722.html.

〔2〕 东噶·洛桑赤列：《论西藏政教合一制度》（藏文版），民族出版社，1981 年版，第 21 页。转引自尕藏加：《吐蕃佛教——宁玛派前史与密宗传承研究》，宗教文化出版社，2002 年版，第 48 页。

〔3〕 以地动为例：1702 年（阳水马年）、1703 年（阴水羊年）为西藏地震作白伞盖度母禳解经偈文，黄布凡译自《噶厦档案》，载西藏自治区科学技术委员会、西藏自治区档案馆编译《西藏地震史料汇编》第 1 卷，西藏人民出版社，1982 年版，第 19 页。另可参见同书第 101、129、214 等页。

chad gun la srung shig srung shig)[1]。然而，其神通主要在于护佑个人平安寿算[2]，并没有直接强调护国的层面，这一点应予留心。

藏译本《白伞盖经》可划分为 11 个部分，其中有四个部分为咒，分别以(3) oṃ ṛṣi gaṇa，(6) oṃ asita，(8) tad yathā oṃ anale anale，(10) tad yathā oṃ hūṃ ṣṭoṃ bandha bandha 起首[3]。通常指 oṃ asita 为心咒，tad yathā oṃ anale anale 为近心咒[4]。四咒在敦煌藏文文书中出现最多、也经常单独抄写的正是 anale anale 咒，称作［'phags pa］gdugs dkar po'i snying po "〔圣〕白伞盖心咒"。须巴神山石刻与敦煌文书遥相呼应，印证了早期白伞盖经咒信仰中的特点。

二　白伞盖心咒的三种种字

最能代表一种咒法精髓、心要的是其心咒，进一步追溯白伞盖心咒的构成可推进认识的深入。通常 svāhā 标记一咒的结尾，若以此为线索，集中在 9—10 世纪的须巴神山吐蕃石刻和敦煌汉藏文本中的白伞盖心咒可分为前后两段。8 世纪不空音写本及相应的悉昙字梵本《大佛顶大陀罗尼》均未用 svāhā 在两段间做明确分隔；嗣后真智、沙啰巴译本也没有强调，然而真智译本用换行的方式，实则鲜明地体现出这一划分。综览各种版本的心咒，咒文后段的基本格式一致然而字面不同，这种差别可能意味深长。

第一种版本是须巴神山石刻中出现的 hruṃ，尚属孤例，有待详察。目前仅知在白伞盖佛母一种化身的梵文成就法中可看到其真言出现 hruṃ 字样，情形类似[5]。

---

〔1〕　参见才让：《敦煌藏文密宗经典〈白伞盖经〉初探》，第 13 页。
〔2〕　须巴神山第 12 幅石刻第 9~11 行有如下字样（熊文彬录入并转写，《四川石渠县新发现吐蕃石刻群调查简报》，第 10~11、13 页）：

sngags dang 'tshig bchad 'di bris pa yon gyis btsad po yab sras tshe ring dang sems chan thams chad bla na myed byang chub du grub par smon to//

以书写此等密咒及偈颂之功德，祈愿赞普父子寿数绵长，有情众生于无上菩提获得成就。
〔3〕　王微：《白伞盖佛母：汉藏佛教的互动》，第 103 页。克主杰在讨论白伞盖系文本时指出（Introduction to the Buddhist Tantric Systems, pp. 116–117）：

阿阇梨勇行铠（slob dpon Śu raṃ ga wa rma）撰《注释》中将陀罗尼分为四种，即明咒（rig sngags）、总持（gzungs sngags）、心咒（snying po）及心中心咒（nye snying），并依此详述四种曼荼罗。此派阐释常被奉为圭臬，不过人们不能以为它正确无误。

此指《一切如来顶髻所出白伞盖注释》（De bzhin gshegs pa thams cad kyi gtsug tor nas byung ba gdugs dkar mo can zhes bya ba'i 'grel pa. Tōh. 2689)，勇行金刚(Śūraṃgamavajra) 造，桑噶译师帕巴喜饶(Zangs dkar 'Phags pa shes rab) 译。
〔4〕　《一切如来顶髻所出白伞盖注释》，德格版丹珠尔通帙第一七三，thu 327b, 329a.
〔5〕　《成就法鬘》No. ｜192《圣无能胜白伞盖母成就法》（Āryyasitātapatrāparājitāsādhanam）记：oṃ sitātapatrāparājite sarvvagrahān trāsaya trāsaya hana hana hruṃ hruṃ huṃ phaṭ svāhā ｜ 见 Benoytosh Bhattacharya (ed.)，Sādhanamālā vol. II, Baroda: Oriental Institute, 1968, p.365. 但是在目前经过厘定入藏的该成就法的藏译本中这两个字被 drum drum 所取代，见班智达不空金刚（paṇḍi ta Don yod rdo rje）共巴哩译师(Khams pa lo tsā ba dge slong Ba ri) 译 gZhan gyis mi thub ma'i gdugs dkar mo can zhes bya ba'i sgrub thabs，德格版丹珠尔通帙第一七九，mu 56a. 丹珠尔中无能胜白伞盖成就法还有多本，真言均用 drum drum，故不一一赘述。

　　第二种版本是 hūṃ drūṃ，为辨事佛顶的一字〔真言〕[1]，此外 drūṃ 一字还有 trūṃ/ṭrūṃ 两种变体形式，兹不详考。不空音写本作"貀嚕唵_{三合}"，慈贤音写本作"訥嚕唵_{三合}"[2]，真智译本作"嘶隆_{二合}"，楞严咒和《白盖经》作"咄嚕吽_{三合}"，对音都相当清晰。敦煌发现的于阗化婆罗谜字梵文本（Ch. c. 001 / IOL Khot 47）作 truṃ 和 dhr-ruṃ[3]；敦煌藏文本（以 Pt. 0083 为例）作 druṃ，后世入藏的藏文译本亦属这个体系，可见此版本最为广泛。按活动于 9 世纪中期的日本真言宗僧人南忠在《注大佛顶真言》（承和十四年，847）里对白伞盖陀罗尼的分段，心咒正属于辨事佛顶段（详下），用于除难、结界、结缚[4]。辨事佛顶一名广生佛顶、大转轮佛顶等，置胎藏界曼荼罗释迦院。若据仪轨，其印咒如下[5]：

　　　　结一切辨事佛顶印：二手内相叉，竖二光如幢[6]。诸供养物及浴水洗净土等，并用此真言。加持、辟除、去垢、结界皆用此真言，左旋辟除，右旋结界。真言曰：

　　　　娜谟三满多勃驮南_{引、二}唵_{引、二}　吒嚕唵_{二合、三}　满驮娑嚩_{二合、引}诃_{引、四}（namaḥ samantabuddhānāṃ oṃ trūṃ bandha svāhā）

　　第三种版本是 bhrūṃ，见于悉昙梵字本[7]。《注大佛顶真言》[8]、大佛顶法所用楞严心咒作"蔹啉_{二合、引}"（参见下文图 3），音同"部林"bhrūṃ，为此类型的代表。此为金轮佛顶种字[9]，同时也是"三世一切诸佛最上秘密心咒"、"一切佛菩萨真言用咒"、"极乐往生助行一字咒"，凭此可"即身成佛"[10]。今人或认为 trūṃ 为正，bhrūṃ 不过悉昙字形致误而已[11]。若循此思路，藏文中 truṃ（ཏྲུཾ）/ druṃ（དྲུཾ）与 hruṃ（ཧྲུཾ）字形也接近；另外藏文将 bhruṃ 转写作，如丢失ᦵ即成ᦵ。此说固然有其合理的因素、应予考虑，但又未必全面：梵咒的传承不仅仅是辗转传抄这么简单，它应用于持诵真言的宗教实践，口口相传，读音可以在一定程度上保证书写的正确。最有力的证据之一是，南忠已注意到此字存在不同传承，他在记录"蔹啉_{二合、引}"时在字下夹注，考订如下：

------

〔1〕〔日〕南忠：《注大佛顶真言》，《大正藏》卷六十一，第 603 页小字夹注、第 606 页。
〔2〕根据慈贤所使用的汉语音系，"讷"可对应 nut/dus/dur 等，林家妃：《慈贤音译梵咒所反映的汉语音系——以梵本〈般若波罗蜜多心经〉、〈大随求陀罗尼〉、〈佛说如意轮莲花心如来修行观门仪〉和〈妙吉祥平等观门大教王经略出护摩仪〉为中心》，台湾"国立中央"大学 2014 年硕士学位论文，第 108、116 页。
〔3〕H. W. Bailey, *Khotanese Text V*, Cambridge University Press, Indo-Scythian Studies, 1963, pp. 373 - 374.
〔4〕《注大佛顶真言》，《大正藏》卷六十一，第 605 ~ 606 页。
〔5〕《一字顶轮王念诵仪轨》，《大正藏》卷十九，第 311 页。
〔6〕一说二手内缚，立合二中指、屈上节，如剑之形，加持四处。〔日〕成贤：《薄双纸》"初重第二"，《大正藏》卷七十八，第 624 页。
〔7〕《大正藏》卷十九，第 105 页。
〔8〕《大正藏》卷六十一，第 606 页。
〔9〕此外，炽盛光佛顶、尊胜佛顶、大佛顶、摄一切佛顶轮王、大日、释迦等尊也可以此字作为种字。
〔10〕〔日〕斋藤彦松：《梵字勃嚕唵 Bhrūṃ 信仰の研究》，《印度學佛教學研究》卷 28 第 2 号（1980 年），第 331 ~ 332 页。
〔11〕果滨《楞严咒"种子字"考》认为，种子字是 trūṃ，因悉昙梵文字形接近的缘故而到 1680 年日僧净严编集藏经时误传作 bhrūṃ. 可以参考 bhrūṃ 一字字形与发音在日本的演变，见斋藤彦松：《梵字勃嚕唵 Bhrūṃ 信仰の研究》，第 329 ~ 331 页。

古云警俱。于此一字有多样，此所书者是先人所传之样也。又有比叡前大师（按：即最澄，767—822）所请来金刚智三藏（671—741）《大佛顶》梵本样。又后和尚（按：指圆仁，794—864）所请来《炽盛光佛顶仪轨》有二样：一同金刚三藏样，二是正样也。此二样者，异形同字、一字异样故。今更加书之。但先人所传之样未详。亦字声不成，已阙噜音也。或有大（人）用辨事佛顶一字，"呼吽咄噜吽"者是也。[1]

唐密中大日如来两种种字：a 对应胎藏界大日，vaṃ 为金刚界大日，而藏传佛教中则作 oṃ。这里不同的种字代表了不同的法门。准此事例，对白伞盖心咒出现三种种字——drūṃ、bhrūṃ 以及 hruṃ——更合理的解释是，它们可能反映了对此咒的不同认识，并由此反映出传承等方面的差异。目前来看，用 drūṃ 者属于白伞盖陀罗尼经体系，源自辨事佛顶[2]；用 bhrūṃ 者属于大佛顶法体系（详下），或系唐密的发挥与创造[3]。

三 "白伞盖"、"楞严"与"大佛顶"

从接受角度观察，在汉地白伞盖陀罗尼视同楞严咒的现象十分普遍。王微发现，敦煌报恩寺旧藏北宋太祖开宝四年（971）雕版版画"大佛顶如来放光明白伞盖悉怛多钵怛啰大佛顶陀罗尼"悉昙梵字轮（法国国家图书馆藏，Pelliot Sanskrit 1. 参见下文图 6）摘引的叙述此陀罗尼功德的汉文段落出自《楞严经》，尽管梵字陀罗尼出自不空音写本[4]。活动于辽道宗时期（1056—1101）的释道殿所引"白伞盖陀罗尼经"显系《楞严经》文[5]；所引"白伞盖〔陀罗尼〕颂"[6]在房山石经中置于不空音写本前作为"启请"，其中第一句即称"启讽放光大佛顶，如来万行首楞严"，与《楞严经》的关系昭然若揭。西夏桓宗天庆七年（1200）编定的《密咒圆因往生集》所列"大佛顶白伞盖心咒"[7]实出楞严咒，系以楞严咒起首句与咒心连缀而成。

除"楞严"而外，另一种与白伞盖经咒紧密相关的指称是"大佛顶"。与晚期喜称"大白伞盖"[8]不同的是，早期"大"字往往冠于"佛顶"之前。唐代文本及遣唐日僧的记载常称白伞盖经为"大佛顶陀罗尼/真言"；专门抄录楞严咒的敦煌汉文写本称之为

---

〔1〕《注大佛顶真言》，《大正藏》卷六十一，第 603 页。

〔2〕也有作 ṭruṃ "吒噜吽"等的情形，同样属于辨事佛顶（广生佛顶），可以参考。

〔3〕清田寂云罗列了这两种种字各自对应的众尊神与出处文本，可以参看，见《大仏頂陀羅尼について—特に成菩提院の古写本に注意して—》，《印度学仏教学研究》第 26 卷第 2 号（1978 年），第 563 ~ 564 页。

〔4〕王微：《白伞盖佛母：汉藏佛教的互动》，第 109 ~ 111 页。

〔5〕（辽）释道殿集：《显密圆通成佛心要集》，《大正藏》卷十六，第 1000 页："白伞盖陀罗尼经云：若有宿习、贪心等不能除灭，应当一心诵我神咒。如摩登伽女与阿难是曩劫恩爱，以我咒力，爱心永断，成阿罗汉。彼是淫女，无心修行，神咒冥资，速证无学；何况本心求菩提者。"

〔6〕同上书，第 1002 页（两处）。

〔7〕（西夏）释智广、释慧真编集，金刚幢译定：《密咒圆因往生集》，《大正藏》卷四十六，第 1008 页。

〔8〕举一有趣的例子：凿刻于 13 世纪末的浙江杭州飞来峰第 52 龛白伞盖佛母像龛额磨刻"一切如来顶髻中出大白伞盖佛母"名号，然在目前可以寻到的汉文文献中，最密合的是真智译本，只是其中无"大"字。

"大佛顶神咒"[1]；《大佛顶经》也往往指《楞严经》，如从引文判断，道殿口中的"大佛顶陀罗尼经"即《楞严经》[2]，其"颂"即上文提及的"白伞盖陀罗尼颂"，可见这三个术语相互之间的紧密联系。

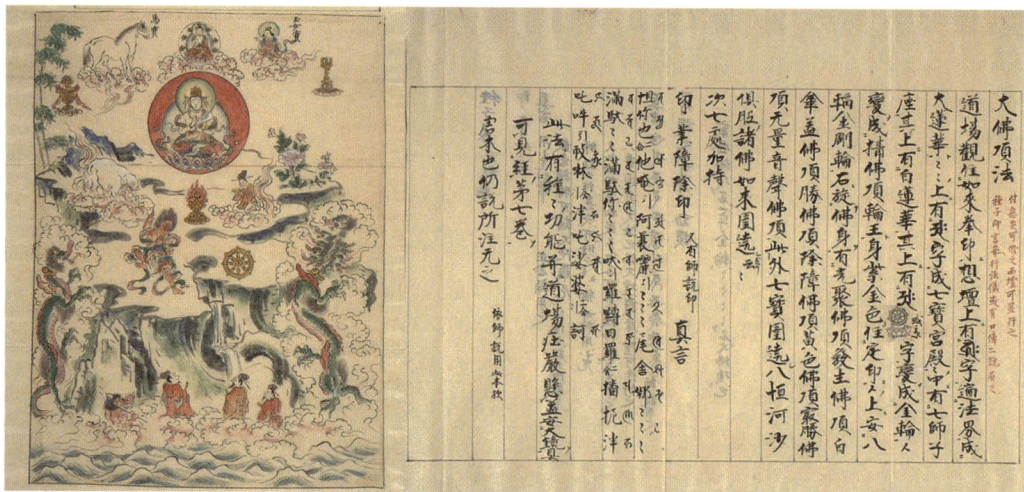

图3　大佛顶法及图　《真言宗图像部》第二"佛顶部"（局部）
延庆二年（1309）仁和寺印玄本，元禄十五年（1702）抄绘。日本龙谷大学藏。

从大佛顶延伸开来，附带提及大佛顶法。大佛顶法依据多种经典，本文强调其中《楞严经》的元素。核其法所奉真言（参见图3），正同于唐密所传的大佛顶真言的各个版本。大佛顶法主尊分金刚部大日金轮与胎藏部释迦金轮两种；而楞严则主张两部不二，在图像即呈现为大日金轮为主尊，顶上描绘定印的释迦金轮，八佛顶（图像不见）与转轮王七宝围绕。一字金轮佛顶在诸佛顶中为最尊，犹如轮王中之金轮王，其曼荼罗的一大特征就是周围安置轮王七宝；大佛顶法对金轮佛顶法的借鉴，可由此直观感知。另外记种字为"㪍啉二合"（原文右侧附记悉昙梵字 bhrūm），同于金轮佛顶一字真言，如前所述其法所本甚明。

四　伞盖、白伞盖经咒与白伞盖佛顶/母

在最早的那些印度佛教图像中，佛的足迹象征他的神圣存在，菩提树下金刚座上，伞盖表示特别的尊崇（图4）[3]。佛教艺术中举凡描绘佛（图5）菩萨、大成就者上师

---

〔1〕 对这一现象的总结见王微：《白伞盖佛母：汉藏佛教的互动》，第103页及脚注6。

〔2〕《显密圆通成佛心要集》，《大正藏》卷十六，第1002页；所引《楞严经》文字见《大正藏》卷十九，第137页。

〔3〕 对伞盖的概括性介绍见全佛编辑部编：《佛教的法器》，中国社会科学出版社，2003年版，第30～35页。另见〔英〕罗伯特·比尔著，向红笳译：《藏传佛教象征符号与器物图解》，中国藏学出版社，2007年版，第4～5页；作为持物的伞盖见同书，第181页。该书第一章即讲解八瑞相，首先即列宝伞，足可见伞盖在佛教象征符号体系中的重要地位。

高僧、奉佛贵族，往往会用伞盖将他们在人群中醒目地勾勒出来，具体表现方式或有变化，这个图像传统一直得以保存[1]。伞盖如此常见，自应审视它在白伞盖信仰中有何特殊之处。伞盖、白伞盖真言与白伞盖母崇拜之间固然存在种种紧密的联系，然而在目前学界的研究中尚存在若干误区，有必要在一些基础问题上加以探索。下分别扼要述之。

图4 象征佛成道的菩提树下金刚座
石灰岩，印度阿玛拉瓦蒂大塔鼓座石板浮雕。
公元前1世纪。大英博物馆藏，
OA 1880.7.9-79. 笔者摄。

图5 忉利天降下
持伞者为帝释天。印度，800年前后。
片岩，高58.4厘米。大英博物馆藏，
1963,0216.1.© Trustees of the British Museum.

（一）误区一："白伞盖佛顶/母为白伞盖陀罗尼的人格化"

须巴神山白伞盖心咒文字石刻并无相应的人格化形象相伴，揭示了当时白伞盖信仰的一大特点。在开宝四年白伞盖大佛顶陀罗尼轮上，中央的尊神（图6）戴宝冠、结智拳印、跌坐莲花，似金刚界大日如来或一字金轮佛顶（例见上文图3主尊），与目前所知白伞盖佛顶/母均不同，则可能到宋初此经仍无固定的人格化形象[2]。这并非白伞盖信仰的特殊情况，从性质类似的文物如大随求陀罗尼轮来看，也呈现出类似的特点：其

---

　　[1] 至于地方性或时代性的变化，例如在藏西艺术中，用伞盖与帷幔两个元素的结合表示尊敬，二者互相强化象征意义。见 Deborah E. Klimburg-Salter, "Style in Western Tibetan Painting. The Archaeological Evidence," *East and West* vol. 46 nos. 3-4 (Dec. 1996), p.330.

　　[2] 王微文中展示了其他三件插图本（P.4519, S.6348, Pt.389），不过属于多种经咒合集，不能直接印证其中白伞盖一种真言与尊神形象的关系，此处从略。但必须指出，这种情况下文图的选择与对应仍须深入探究。

中心图像变化丰富，即便是中唐开始出现推测可能与大随求明王/菩萨有关的八臂形象，也不能视同后世所奉大随求佛母[1]。

不但经咒的传持与尊像的出现并不同步，而且白伞盖佛顶也不能视为白伞盖陀罗尼的人格化。若据房山石经金皇统（1141—1149）刻不空音写本，此陀罗尼具名[2]：

佛说大佛顶如来广放光明聚现大白伞盖遍覆三千界摩诃悉怛多钵怛啰二合金刚无碍大道场最胜无比大威德金轮帝祖仁祖反仡啰二合施都摄一切大明王揔集不可说百千旋陀罗尼十方如来清净海眼微妙秘密大陀罗尼

其中提到白伞盖（摩诃悉怛多钵怛啰）、金轮[3]、光聚（帝祖仡[4]啰施 tejorāśi）等佛顶之名。经名类似的还有《大佛顶如来放光悉怛多般怛罗大神力都摄一切咒王陀罗尼经》[5]，分"大威德最胜金轮三昧咒品"（此品名联缀于经名后）、"诸菩萨万行品"（令人联想《楞严经》全名的类似字眼）等六品，咒名作"佛顶如来放光摩诃悉怛他般多罗摄一切咒王最胜金轮帝殊罗金刚大道场陀罗尼"，字面同样涉及多位佛顶尊。

而从内容上辨析，按南忠科判，白伞盖陀罗尼被认为是五佛顶真言的聚合：

此陀罗尼以五佛顶明为一大真言，分为四段：一、金轮佛顶段；二、普通成就佛顶段；三、白伞盖佛顶并光聚佛顶段；四、辨事佛顶段。[6]

藏译本中未见此种划分法，其中四种咒与南忠所分四段有所关联但并不完全对应：例如，oṃ ṛṣi gaṇa 咒相当于南忠所谓金轮佛顶段"说咒"，oṃ asita 咒相当于白伞盖并光聚佛顶段"说咒除难等"，流行最广的白伞盖心咒 tad yathā oṃ anale anale 实则辨事佛顶

〔1〕 包括西安出土中唐焦铁头本、成都出土晚唐本、洛阳出土后唐天成二年（927）释知益本、莫高窟藏经洞北宋太平兴国五年（980）李知顺本等。详尽的图例与分析见李翎：《大随求陀罗尼咒经的流行与图像》，《普门学报》第45期（2008年），第127～167页，特别是第150～153。必须注意的是，（唐）不空译《普遍光明清净炽盛如意宝印心无能胜大明王大随求陀罗尼经》卷下以长篇偈颂详尽而明确地规定，身份、愿求不同的人，书写大随求陀罗尼之法亦不同，例如"若是苾刍带，（中）应画持金刚"。在一件咒符墨样（斯坦因收集，Ch. 00187）上，中央竖书"僧带」者于咒心」中画作一」金刚神"，即大随求陀罗尼轮这种做法的明证，见 Paul Copp, "Altar, Amulet, Icon: Transformations in *Dhāraṇī* Amulet Culture, 740 – 980," *Cahiers d'Extrême-Asie* 17 (2008), pp. 253 – 254, fig. 7. 因此，大随求与白伞盖的情形不可简单相提并论。本文只着眼于中心所画可能是大随求真言、大随求八印人格化的明王形象的例子。

〔2〕 中国佛教协会、中国佛教图书文物馆编：《房山石经》27 辽金写经，华夏出版社，2000年版，第390页。按此名尚属孤例，未见于他本。

〔3〕 不空译有《最胜无比大威德金轮佛顶炽盛光消灾吉祥陀罗尼经》（此据房山石经本，即《大正藏》第963号"炽盛光大威德消灾吉祥陀罗尼经"），亦在"金轮佛顶"前冠"最胜无比大威德"字样。

〔4〕 此字疑衍，"仡啰二合"通常对音 gra。

〔5〕《大正藏》卷十九，第947号（底本为延久三年、1071年日本東寺三密藏本）。一名"大佛顶别行法"。据林敏研究，此文本成立于唐玄宗开元年间（718—735），与《楞严经》、《陀罗尼集经》（654）、《随求即得大自在陀罗尼神咒经》（693）有关连，敦煌文书中现发有14本。见《〈大仏頂別行法〉の基礎的研究》，载国際仏教学大学院大学编《仙石山論集》第3号（2006年），第122～80页；《〈大仏頂別行法〉の諸本について》，《印度學佛教學研究》第55卷第2号（2007年），第32～35页。

〔6〕《注大佛顶真言》，《大正藏》卷六十一，第602页。

图6 悉昙梵字大佛顶如来放光明白伞盖悉怛多钵怛啰大佛顶陀罗尼轮（中心部分）
敦煌报恩寺藏经，法国国家图书馆藏，全件 40×31.5 厘米。
Retrieved from http://gallica.bnf.fr/ark:/12148/btv1b8300274t.

段之咒，这与上文所述心咒种字为辨事佛顶种字吻合；hūṃ ṣṭoṃ 咒未见完整对应[1]。

　　既然白伞盖经是由对五佛顶尊之真言与神通的叙述聚合而成，则不难判断其中之一白伞盖佛顶不可能代言整部陀罗尼经。相形之下，白伞盖母与白伞盖经咒的关系密切而直接。不过，白伞盖佛母的创造与白伞盖真言的流行是在不同时间段出现的现象，她（也包括大随求佛母、尊胜佛母等神祇）错过了唐密兴盛的年代；白伞盖母由多种神格汇合而成[2]，因此，虽然渐行渐近，白伞盖母信仰与白伞盖陀罗尼信仰并非密合，其间的界线应了然于心。

　　特别地，不空音写本白伞盖经对本尊有如下描述（还原为梵文并附汉地诸本对照）[3]：

　　　bhagavāṃ stathāgatoṣṇīṣa sitātapatra[一] mahāvajroṣṇīṣa[二] mahā[三] pratyuṅgire
mahāsahasrābhuje sahasraśirṣai koṭīśatasahasranetre abheṃdya jvālitātạ aka mahāvajrodara
tribhuvanamaṇḍala

　　　[一] 悉昙字等本均无此"白伞盖"字样。
　　　[二] 悉昙字等本均无此"大金刚顶髻"字样。
　　　[三] 楞严咒无 mahā- 字样。

敦煌《白盖经》（此据 P.3916）相应意译如下：

　　　世尊如来顶髻白盖金刚顶髻能转诸障之母，大千臂、大千头、百千俱胝眼，无

────────────

　　[1] 此外，大白伞盖佛母恒常持心咒检出与光聚佛顶真言几乎相同，并直接出现"帝佐啰引瑟"（tejorāsi）字样，见博文《〈楞严咒〉的本尊探析》，http://blog.sina.com.cn/s/blog_63f7dfa00100j1l4.html. 光聚佛顶真言可见于不空译《菩提场所说一字顶轮王经》"示现真言大威德品第二"（《大正藏》卷十九，第 196 页）、《白伞盖大佛顶王最胜无比大威德金刚无碍大道场陀罗尼念诵法要》（同上书，第 399 页）等处。
　　[2] 关于白伞盖母图像志形成与演变的探讨可参见拙稿《11—15 世纪佛教艺术中的神系重构（二）——以白伞盖母为中心》（未刊）。
　　[3] 《一切如来白伞盖大佛顶陀罗尼》，《房山石经》27，第 392 页（塔下九二五五）。

别异火焰金刚杵三界宽广坛场内。

南忠判此属普通成就佛顶段，"一叹本尊奇特相、二明所住坛场"[1]。众多的白伞盖母化身形象多见于各种晚出的成就法或注疏，而这段白伞盖经内的直接描述值得特别留心。众所周知的确存在千头千臂百千俱胝眼大白伞盖佛母，是藏传佛教最神异的形象之一，但未见于早期的造型艺术遗存或文献记载，目前所见清乾隆时期（1735—1795）的作品最值得重视。从这一时间差来看，作为白伞盖陀罗尼本尊形象的白伞盖佛母形成的时间仍需追溯。

（二）误区二："白伞盖佛母是白伞盖佛顶的女性化形式"

辨明前一问题，可知白伞盖佛顶与佛母是不同层面的概念，第二个常见问题可迎刃而解，试稍加阐述。唐密中仅有"白伞盖佛顶（菩萨）"、"（一切如来）白伞盖顶（轮王）"，作为五佛顶或八佛顶之一，未见单独崇拜。日僧圆行（799—852）从唐请到"《白伞盖佛顶仪轨》一卷"[2]，即《白伞盖大佛顶王最胜无比大威德金刚无碍大道场陀罗尼念诵法要》[3]，此轨亦述光聚、办事（应与前述"辨事佛顶"相当）、金轮、普通成就、白伞盖五佛顶印言，与白伞盖经类似，非独崇白伞盖佛顶一尊，不可不辨。仪轨名中特别提及"白伞盖"字样，也是譬喻佛法广大遍覆：

是大白伞盖，遍覆于大千。神变难思议，虚空无障碍。

诸佛咸称赞，名大佛顶王。因此证菩提，能转无上法。[4]

白伞盖佛顶为二臂、男尊形象，种字 laṃ，其真言 laṃ sitātapatra uṣṇīṣa svāhā [5]（名

图 7　恶趣清净曼荼罗（局部）（左：白伞盖佛顶；右：八吉祥中持伞盖女；中：两尊在全图上的位置示意）。9—10 世纪。法国国家图书馆（Bibliothèque nationale de France）藏，
Pelliot chinois 3937. 纸本、墨书，43×59.8 厘米。
Retrieved from http://gallica.bnf.fr/ark:/12148/btv1b8300005w.

---

〔1〕《注大佛顶真言》，《大正藏》卷六十一，第 603 页。
〔2〕〔日〕圆行撰：《灵严寺和尚请来法门道具等目录》"新请来真言经法"，《大正藏》卷五十五，第 1072 页。
〔3〕尾题作"白伞盖佛顶瑜伽秘要略念诵"，《大正藏》卷十九，第 975 号。〔日〕成贤（1162—1231）撰《薄双纸》称之为"白伞盖佛顶轮念诵法"并注明"圆行请来"（《大正藏》卷七十八，第 656 页），对比引文当此即圆行目录中提到的《白伞盖佛顶仪轨》。
〔4〕《白伞盖大佛顶王最胜无比大威德金刚无碍大道场陀罗尼念诵法要》，《大正藏》卷十九，第 398 页。
〔5〕例见《大毗卢遮那成佛神变经》卷第二"菩提幢密印幖帜曼荼罗品之二"，《大正藏》卷十八，第 121 页。

号咒）或 oṃ mama hūṃ nīḥ[1]（现通称坚甲咒）在白伞盖经中可找到近似的形式，但不是主要的咒语。在恶趣清净曼荼罗中，白伞盖佛顶位于东北、从白色 sruṃ 字而生（图7左）[2]。

随着密教对女性力量的崇拜，佛教神系的重构过程中女性神祇的大量出现。梵文 dhāraṇī "总持、陀罗尼" 一词本身是阴性形式，遂出现十二陀罗尼化身十二女神[3]。人们往往认为尊胜佛顶（一名最胜佛顶、除障佛顶）女性化成佛顶尊胜佛母，这种认识难免有简单之嫌，二者的形象特征、象征意义均不同，尊胜佛母可视作尊胜陀罗尼的人格化，尽管7世纪陀罗尼已经译汉，但描述佛母形象的文本则晚出，图像继而出现在10—11世纪左右，并于11—12世纪传播到西藏、西夏等地[4]。白伞盖佛顶与白伞盖母的关系与之类似而更加复杂。首先，从对白伞盖陀罗尼的指称上看，《白盖经》仅称作 "如来顶髻白盖无有能及甚能调伏陀罗尼"，与较早的藏文本 Tōh. 592 所称 de bzhin gshegs pa'i gtsug tor nas byung pa'i gdugs dkar po can gzhan gyis mi thub pa phyir zlog pa chen mo 相当，并不同于后来的版本中径直在经咒称谓中使用阴性名词，如沙啰巴汉译本遵藏文本称咒为 "一切如来顶髻中出白伞盖佛母余无能敌大回遮母"。失译藏文本 Tōh. 590 经题末尾出现 rig sngags kyi rgyal mo chen mo "明咒大女王" 字样，自藏译夏时题目忠实地翻译为 𗘞𗤁𗠁𗗙𗀔[5]。然而，回鹘译本发愿文仍称之为 arviš –lar iligi sitadaptri sudur –uγ "咒王白伞盖经"[6]。

其次，白伞盖陀罗尼赞叹 "本尊奇特相" 的文字，悉昙字本的注释可连缀如下：

世尊如来顶髻白盖大甚能调伏者，千臂大神，千头神也，百千俱胝眼神，无别异火焰金刚杵三界宽广坛场之内[7]。

与前引敦煌《白盖经》译文相比，文意大致相同，然些微的差别却甚是重要：这里本尊的称谓无 "金刚顶髻"，最重要的是无 "之母" 字样，即并未明确、或者说并未特意关注性别[8]。

在一件尼泊尔约1071年（NS 191, Śaṅkaradeva 治下）Kiraṇasiṃha 造《般若经》写本上（Asiatic Society, Kolkata, A.15），书叶 Folio 168r 插图标注 sitātapatrabhaṭṭārakaḥ, Ji-

〔1〕例见《大日如来剑印》，《大正藏》卷十八，第196页。

〔2〕〔日〕田中公明：《敦煌 密教と美術》，京都法藏馆，2000年版，第76页。

〔3〕B. Bhattacharyya, *The Indian Buddhist Iconography, mainly based on The Sādhanamālā and Cognate Tāntric Texts of Rituals*, Calcutta: Firma K. L. Mukhopadhyay, 1968 (repr.), pp. 338 – 342.

〔4〕参见 Lokesh Chandra, "Comparative Iconography of the Goddess Uṣṇīṣavijayā," *Acta Orientalia Academiae Scientiarum Hungaricae* T. 34, Fasc. 1/3 (1980), pp. 125 – 137；贾维维：《榆林窟第三窟顶髻尊胜佛母曼荼罗研究》，《故宫博物院院刊》2014年第2期，第52~71页。学界清晰地梳理了佛顶尊胜陀罗尼的译传与尊胜佛母的图像志类型，不过，在尊胜佛顶与尊胜佛母的关系方面未见着力。

〔5〕𗤁指 "女性、巧女、阴性也"，李范文编著：《简明夏汉字典》，中国社会科学出版社，2012年版，第209页。中国藏学研究中心魏文博士不惮繁琐，惠告有关此经西夏文本的各种图文信息并答疑释难，谨致谢忱。

〔6〕"König der magischen Formeln", Zieme, op. cit., S. 204.

〔7〕《大佛顶如来放光悉怛他钵怛啰陀罗尼勘注》，《大正藏》卷六十一，第608页。

〔8〕中国藏学研究中心罗鸿博士惠示，梵文对应千臂、千头、百千俱胝眼的词使用的是阴性、呼格。

nah Kim 研究时特别提请注意其中"白伞盖"一词（sitātapatra）使用的是阳性词尾[1]。另外图像表现的是十一面多臂形像，这件"白伞盖神尊"男像为图像志研究开拓了广大空间[2]。这两个例子表明，11—13 世纪对白伞盖陀罗尼本身及其人格化身的性别仍存在不同的认识。

对白伞盖母观念与图像的形成大有进一步追溯的必要，目前尚无法给出明确的判断，但至少在约 11 世纪编定的《成就法鬘》（Sādhanamālā）、巴哩译师（Ba ri lo tsā ba Rin chen grags, 1040—1112。1102—1110 年间曾任萨迦座主）编集的《巴哩百法》（Ba ri brgya rtsa）、12—13 世纪《密答喇百法》（Mi tra brgya rtsa）中都出现了白伞盖母相关成就法，可大致推知至迟 11 世纪白伞盖母的观念逐步形成，12 世纪其图像随藏传佛教的扩散而传播开来（例见图 11）。

（三）误区三："白伞盖佛顶/佛母举伞盖为标帜"

实际上无论对白伞盖佛顶还是对佛母来说，伞盖都不是必须的持物。简言之，白伞盖佛顶或双手作印契如盖；或身金色、持莲花；或双手持莲花、其中左手置花台上有白伞盖[3]。恶趣清净曼荼罗中他直接持伞（图 7），而法界语自在文殊曼荼罗中他作为八佛顶之一趺坐南方，左手按座上、右手持轮（图 8）。在白伞盖母的二臂、四臂、六臂、八臂等种种形象中，主要持物为伞盖的例子最为常见[4]。但这并不意味着伞盖不可或缺。以描绘各种白伞盖母形象较为集中的白居寺大塔一层第五间佛殿回遮殿（Zlog bye lha khang）为例，南壁壁画主尊五面八臂白伞盖母、西壁主尊三面六臂形象未见持伞盖。藏学家图齐《梵天佛地》一书的汉译者考察指出，今殿内塑像与图齐描述

图 8　法界语自在文殊曼荼罗
（局部：白伞盖佛顶像）。阿里东嘎石窟 1 号窟前壁门左侧壁画。约 11—12 世纪。笔者摄。

---

　　[1]　Jinah Kim, *Receptacle of the Sacred: Illustrated Manuscripts and the Buddhist Book Cult in South Asia*, Berkeley: University of California Press, 2013, pp. 100–101. 在出版社网站提供的图片上（web 3 – 6 on http://www.ucpress.edu/book.php?isbn=9780520273863#photos）可以清楚看到图注的后七个字。

　　[2]　bhaṭṭāraka 一词意为尊主、尊贵或可敬之人，用来指神、伟人、学问家，特别是佛教高僧和湿婆教僧侣，见 *Monier Williams Sanskrit-English Dictionary*, p.745.

　　[3]　参见《大正藏》卷十八第 159 页、卷十九第 198、230 页等处，兹不枚举。

　　[4]　参见 Lokesh Chandra, *Dictionary of Buddhist Iconography* vol. 11, New Delhi: International Academy of Indian Culture and Aditya Prakashan, 2004, pp. 3297 – 3307；久美却吉多杰编著，曲甘·完玛多杰译：《藏传佛教神明图谱·福神》，青海人民出版社，2012 年版，第 39~43 页。

不一致,当为重塑[1],这应是就四身胁侍的身色和持物而言。实际上,主尊无能胜白伞盖母塑像(图9)的持物也有可商榷之处。目前主左手空无持物,似欲与主右手同握伞柄(参见图10),但实际上两手手心并不在一条直线上。检点无能胜白伞盖母的成就法,始知二手应分持白色金刚杵与轮[2],这种做法从最初出现(例见图11)直至清代仍在恪守(图12)。由此可知,回遮殿主尊塑像现在主右手中的伞盖是后来才补上去的;而修补时的这种失误暗示我们,白伞盖佛母与(白)伞盖的关系在后世变得越来越理所当然,以至于匠师罔顾持物与手型明显不匹配的事实。

反过来,持伞盖的神也未必一定是白伞盖母——尽管这样的例子甚为罕见,但仍有见闻:例如十方佛中的宝伞胜佛(梵 Ratnacchattrodgata,藏 Sangs rgyas Rin chen gdugs 'phags)与善灭魔障佛(藏 Sangs rgyas bDud dang yid gnyis kun 'jom)[3],以及六臂或八臂的一种孔雀明王[4]。至于持伞盖供养的天神(例见图5)、菩萨或八吉祥中的持伞盖女(图7右图),则不在本文讨论的范围内。

图9 无能胜白伞盖佛母像 西藏江孜白居寺大塔。原创作于 1436 年后。彩装泥塑。谢继胜摄。

---

〔1〕〔意〕图齐著:《梵天佛地》第四卷"江孜及其寺院"第一册"佛寺总论",〔意〕魏正中、萨尔吉主编,上海古籍出版社、意大利亚非研究院,2010 年版,第 124 页脚注 1。

〔2〕*Sādhanamālā* vol. II, p. 365. 藏译本同,不赘。

〔3〕〔日〕逸见梅荣:《新装中國喇嘛教美術大觀》"諸尊身容表",东京美术,1981 年版,第 42 页。

〔4〕Antoinette K. Gordon, *The Iconography of Tibetan Lamaism*, New York: Columbia University Press, 1939, p. 73.

图 10　白伞盖佛母像　明代。青海乐都
瞿昙寺大钟楼顶层南壁壁画。笔者摄。

图 11　三面六臂白伞盖佛母像。木雕墨印版画。
西夏（12 世纪下半叶）。发现于内蒙古额济纳旗
黑水城遗址，俄罗斯科学院东方学研究所藏，
инв. № 2899 局部。

图 12　无能胜白伞盖佛母像（局部）
唐卡。清乾隆十一年（1746）
从阐福寺移至清宫养心殿仙楼佛堂挂供。
马云华：《清宫大白伞盖佛母信仰探析》，
《故宫博物院院刊》2007 年第 5 期，图三。

图 13　密答喇传圣白伞盖母像（局部）
阿里古格故城红殿壁画。
约 15 世纪中叶。笔者摄。

图14　七政宝（上栏）与八吉祥（下栏）局部　古格故城红殿壁画，位于图13下方。约15世纪中叶。笔者摄。

在持伞盖的白伞盖母诸形象中，密答喇所传三面八臂像左右主手分别持胜幢与伞盖（图13）。此二物均属八吉祥（见图14下栏），是道场重要的庄严具，形状、材料有类似之处，但在宗教实践中绝不会混同，顾名思义"胜幢"更强调征服、战胜。从伞、幢的对举引发一个有趣的话题，那就是中晚唐时期敦煌安伞旋城佛事活动中竖伞幢的环节。李翎、马德特别关注了820年前后（赤祖德赞在位时期）吐蕃占领敦煌时期（786—848）盛行的安伞旋城佛事活动。当时置伞供祈的佛事活动延续了8世纪敦煌的习俗，并由民间形态转换为政府形态，从而引导民间再一次掀起白伞盖信仰的热潮[1]。实物遗迹尚有待找寻，目前可从多种安伞竖幢的相关文书中获知大概。这些文书多以不同形式提及白伞盖经咒/楞严咒——佛顶〔心咒〕[2]、佛顶密言，或间接提到《楞严经》缘起故事——阿难（梵 Ānanda "庆喜"）被幻术所迷、将毁戒体。如前所述当时应未形成白伞盖母观念，因此不出意料没有涉及白伞盖像，只提及礼拜释尊，庄严梵释四王、龙神八部。但出人意料的是，仪式活动中幢更为显要[3]：

　　夫除灾静（靖）难者，莫善于佛顶蜜（密）言；集福迎休（祥）者，事资于行城念诵。……请二部之僧尼，建白憧（幢）于五所……行城将殄于妖氛，竖幢[4]用臻乎福利。（S.2146(10)《置伞文》。前部又见于 P.2854[15] 残《竖幢伞文》）

　　夫睹相兴善者，无出于应化之身；穰（禳）灾怯（祛）祸者，莫过乎佛顶心咒。……今者敦煌之府内竖白法之胜幢，设佛顶于四门，使黑业之殄扫。（S.2146[11]《置伞文》）

　　夫迎祥展庆，心（必）赖于胜幢；扫荨除灾，要资于儿[5]力。故使善住闻其增寿，庆喜赳获本心，魑魅畏之逃刑（形），天魔怖而求救。……是以三阳令月，

---

〔1〕　李翎、马德：《敦煌白伞盖信仰及相关问题》，第78～85页。

〔2〕　王微指出，敦煌藏文文书 Pt.463 背面白伞盖心咒题为 bud ting sin ci'u，即音译汉语"佛顶心咒"。《白伞盖佛母：汉藏佛教的互动》，第111页。

〔3〕　黄征、吴伟编校《敦煌愿文集》汇总多件置伞文，岳麓书社，1995年版，第451～462页。笔者摘引时个别文字根据原件图像进行了校改。

〔4〕　《敦煌愿文集》此处拟补"伞"字，第451页注二。从文字骈对来看不妥。

〔5〕　此处"儿"指"神儿"（藏 lha sras），即吐蕃圣神赞普。

启三福于释尊；四季初辰，竖四门之利。（S.2146[12]《置伞文》）

夫禳灾却难者，莫越于正觉雄尊；至（致）福迎祥者，实资于真乘、于密印。是以善住裹见，德（得）大总持；阿难被迷，遇佛顶而得悟。……是以竖胜幢于五处，标立相于四门。（P.2255V[7]）

迎百福以竖胜幢，殄千殃而旌白伞。（P.2854[7]《竖幢伞文》）[1]

由上引文可见，此活动中胜幢、白伞并举，或者内、外（四门）五处俱立幢，惟独没有仅置伞的例子。学者们多已指出白伞盖经与此活动的关系，必须留意白伞盖经各种文本于此描述的都是将陀罗尼悬于"高幢"（《白盖经》）、"安置于幢顶上作广大供养已，将幢置大城门上、或宫宅之中"（沙啰巴译本）、rgyal mtshan gyi rtse mo la btags te "系于幢顶"（Toh. 592），可知树幢之举甚得文本原旨，反而是"旌白伞"未见依据，不能排除满足文字骈对需要的可能性。目前所见明确将类似佛事与伞盖相联系是在元世祖时期（见下文），由宝盖取代胜幢成为白伞盖经咒及其神通的载体，可视为元代拓展这一法事活动时出现的重大创举。

五 书经咒于伞盖——白伞盖信仰汇成一例

上文辨释种种认识上的偏差，意在厘清经咒、尊神与持物和象征物的关系，同时也关心这三者之间如何相互联结起来，最终汇成白伞盖信仰。这里以伞盖和白伞盖经咒为例，最有名的史迹当即元世祖建白伞盖游皇城事：

世祖至元七年（1270），以帝师八思巴之言，于大明殿御座上置白伞盖一，顶用素段（缎），泥金书梵字于其上，谓镇伏邪魔、护安国刹。自后每岁二月十五日，于大〔明〕殿启建白伞盖佛事，用诸色仪仗社直，迎引伞盖，周游皇城内外，云与众生祓除不祥，导迎福祉。[2]

元世此活动并行于大都及上都，偶有罢行亦旋即恢复。如至正十四年（1354）正月丁丑：

（顺）帝谓脱脱曰："朕尝作朵思哥儿好事，迎白伞盖游皇城，

图15 "唐慧日永明宗照智觉禅师之塔"。
Sidney D. Gamble Photographs, David M. Rubenstein Rare Book & Manuscript Library, Duke University.

---

[1] 另S.4544、S.6417[7]、P.2237[8]《安散（繖）文》有几乎相同的文字，兹不赘引。

[2]《元史》卷七十七"志第二十七下·祭祀六·国俗旧礼"。

实为天下生灵之故。今命刺麻选僧一百八人，仍作朵思哥儿好事，凡所用物，官自给之，毋扰于民。"[1]

此活动极壮观，多领域学者均曾着力探讨。惜史籍记载不能面面俱到，例如，关于白伞盖顶面泥金书写的梵字内容并不见明文提及。既然顺帝曾将该仪式称作"朵思哥儿（藏 gdugs dkar "白伞盖"）好事"，而元廷"岁时祝釐祷祠之常，号称好事者……有曰睹思哥儿，华言白伞盖咒也"[2]，似应即书白伞盖咒，至少包括该咒在内。

除了敦煌置伞文而外，在塔等高显处书写白伞盖经咒的做法还有其他佐证。天竺胜诸冤敌节怛哩巴（Jetāripa. 活动于 10 世纪）上师造、明初持咒沙门莎南屹啰（藏 bSod nams grags）自藏译汉的《圣像内置总持略轨》中开篇即提到：

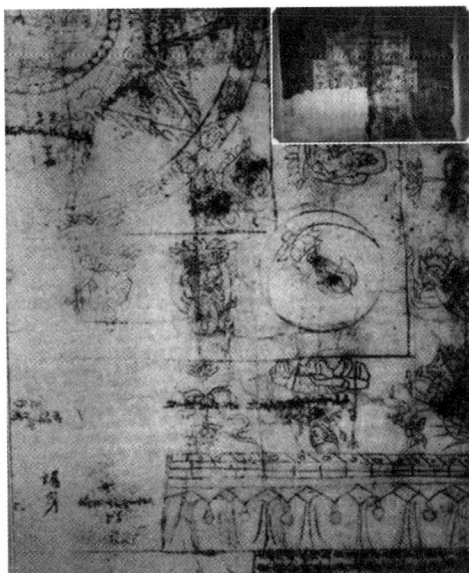

图 16　《大佛顶如来顶髻白盖陀罗尼神咒经》等经咒会抄（中心曼荼罗图样局部；右上角为全件）。发现于莫高窟，大英图书馆（British Library）藏，Or. 8210/S. 6348. 采自黄永武主编：《敦煌宝藏》第 45 册，新文丰出版公司，第 254～268 页。

夫欲造大菩提塔或尊胜塔等八塔之时，其内所安总持神咒，应如是书，即应从上至下次第书之也。谓法轮（按：此指相轮）之内应当书写顶髻转轮及佛顶髻白伞盖咒。[3]

此外造骨塔时安白伞盖真言如之；铸塑佛像时则应安于其顶内[4]。这种安排也呼应了《楞严经》中书写白伞盖咒可安支提上的记载（见下文）。明万历三十五年（1607），大壑禅师（1576—1627）在杭州净慈寺东重建净土、法眼两宗祖师释延寿（904—975）塔院。此塔院毁于上世纪 50 年代，Sidney D. Gamble（1890—1968）于 1917—1919 年间拍摄的老照片（图 15）遂成珍贵记忆。遗憾的是照片不能周全反映上下梵字石刻，不过塔身上枋的 sitātapatra 字样清晰可辨。

敦煌文书 S. 6348 保存情况不够理想，左下部位约残损 1/4。它的中心位置勾描方形曼荼罗图样，或亦恶趣清净曼荼罗。周边汉文小字密集墨书《白盖经》和大悲咒、诸星母陀罗尼等内容。曼荼罗金刚墙垣外并非简单的界线，而是模仿敦煌石窟中洞窟壁画藻井边缘中常见的图案（见图 16 底部），而藻井边饰又模仿的是华盖盖沿所悬珠宝、铃铛、交络、彩幡、网幔，殊应留心。尤其从晚唐至宋、西夏时期，敦煌石窟群中出现若

---

[1]《元史》卷四十三"本纪第四三·顺帝六"。

[2]《元史》卷二百二"列传第八十九·释老"。

[3]《大乘要道密集》第四册，北京大学出版社，2012 年版。

[4] 同上。

图 17　曼荼罗图。莫高窟天王堂穹顶壁画。曹氏归义军时期。
采自彭金章：《神秘的密教》，华东师范大学出版社，2010 年版，图 2 - 11 - 2。

干在覆斗顶藻井绘曼荼罗图的例子[1]，也有穹顶彩画曼荼罗者如莫高窟天王堂寺（图17）[2]。修密法设坛时，往往需于坛上张设伞盖，这种伞盖因无柄而称"天盖"（以区别于图5所示长柄从下方支撑的伞盖）。天盖的形制与图案则由密法种类决定[3]。敦煌石窟群中顶部绘画曼荼罗图的洞窟在窟内地面中央往往尚存土坛遗迹，可证窟顶壁画当天盖之用。从这个角度看，S.6348 中心线描就是天盖的样稿，而它同时还是在天盖这种特定类型的伞盖上书写白伞盖等经咒的珍贵遗例，尽管这里用的是汉字。参考图17，我们可以把图16投射为写绘有曼荼罗和白伞盖等经咒的坛上天盖。

　　另一个直观的例子是铸于明永乐十六至十八年（1418—1420）[4]的永乐大钟（北京大钟寺古钟博物馆藏），白伞盖经咒一共出现五次之多（图18）：在上 U 形悬挂结构

────────

　　〔1〕 已公布而为人熟知者如莫高窟第 14、161 窟，榆林窟第 3、4、10 窟等等。另外莫高窟 464、465 窟、东千佛洞第 2 窟等窟顶表现五方佛，而四周未见强调织物垂饰纹样，与本文讨论的情形稍有区别。

　　〔2〕 对天王堂绘塑所反映的密法的最新研究成果见阮丽：《莫高窟天王堂图像辨识》，《敦煌研究》2013年第 5 期，第 40 ~ 50 页。另可参见寇甲、赵晓星：《莫高窟"天王堂"初探——吐蕃统治敦煌时期的密教研究》，《兰州大学学报》（社会科学版）第 35 卷第 2 期（2007 年），第 55 ~ 60 页。

　　〔3〕 最基本的类型如灌顶戒坛上的三昧耶天盖、金刚界大坛之金天盖、胎藏界大坛之胎天盖，参见《佛教的法器》，第 34 ~ 35 页。

　　〔4〕 关于永乐大钟的铸造年代尚存不同看法，此据高凯军：《关于永乐大钟若干问题的探讨》，《中国历史文物》2004 年第 2 期，第 66 页。

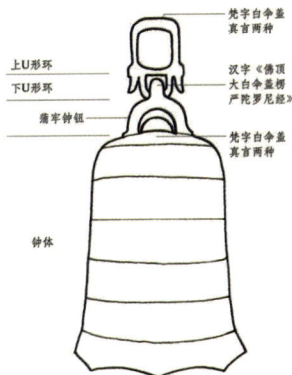

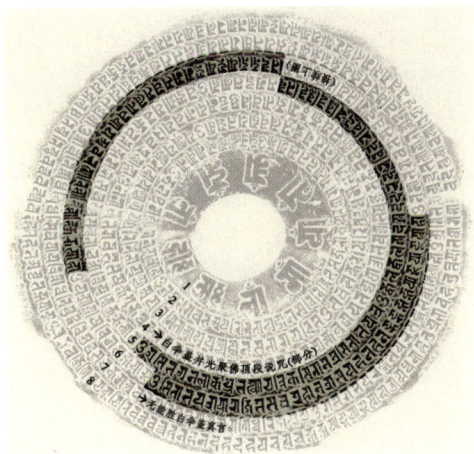

图 18　永乐大钟上梵汉白伞盖经咒位置示意图
图 19　永乐大钟上 U 形环正表面铭文拓片（局部：两种白伞盖真言）。底图据《永乐大钟梵字铭文考》，图版 IX – X 拼接。
图 20　永乐大钟顶部外表面铭文拓片（局部：两种白伞盖真言）。底图据《永乐大钟梵字铭文考》，图版 XXXI。

顶部、也是整件钟的最高处开始，铸无能胜白伞盖真言[1]与《密咒圆因往生集》所谓大佛顶白伞盖心咒[2]（图 19）；在蒲牢钟钮的靠上位置、也是全钟汉字铭文的最高处，为《佛顶大白伞盖楞严陀罗尼经》；在钟体外壁钟顶咒轮第 5、6 两圈中有白伞盖并光聚佛顶段除难说咒（即藏译本 oṃ asita 咒）前部[3]与再次出现的无能胜白伞盖真言[4]（与上 U 形环的版本字面稍有区别），二者之间隔莲花顶髻无垢如来心真言（图 20）。此梵钟煌煌大观，对其上铭文的选择、顺序与方位安排还需要全面的探讨，这里要强调的是钟上无论汉文还是梵字的部分，都在最顶上的位置出现（甚或反复出现）不同内容的白伞盖经咒，其重要性凸显。明正统十二年（1447）四月铸造的北京法海寺铜钟上半部也按环形排列梵文陀罗尼，其中包括白伞盖咒并附汉文题名[5]。在清东陵乾隆裕陵地宫内，在第一室西壁上半部最高处刻梵文白伞盖长陀罗尼，第二券顶部刻汉字音写的同一陀罗尼[6]。伞盖和穹顶同样意在营造保护性空间，在没有直接的文物实证的情况下，根据坛城天盖、塔、梵钟、地宫等例子中白伞盖经咒所处空间的形状及其出现的位置（尤其是图 6、16 和 20），可以想象元代御座上金书梵字白伞盖可能的布局与内容。概言之，

---

　　〔1〕　考订见拙文《飞来峰元代石刻造像内容叙录》，载谢继胜等《江南藏传佛教艺术——杭州飞来峰石刻造像研究》，中国藏学出版社，2014 年版，第 111 ~ 113 页。梵文识读释义见张保胜：《永乐大钟梵字铭文考》，北京大学出版社，2006 年版，第 15 ~ 16 页。

　　〔2〕　梵文识读释义见《永乐大钟梵字铭文考》，第 16 ~ 18 页。

　　〔3〕　梵文识读释义见同上书，第 71 ~ 73 页。

　　〔4〕　梵文识读释义见同上书，第 73 ~ 74 页。

　　〔5〕　苗天娥：《法海寺青铜梵钟辨析》，《北京文博》2008 年，第 33 页。钟图像参见《北京文物精粹大系》编委会、北京市文物事业管理局编：《北京文物精粹大系·古钟卷》，北京出版社，2000 年版，第 54 ~ 57 页。

　　〔6〕　王微：《白伞盖佛母：汉藏佛教的互动》，第 98 页。

元代的金书梵字白伞盖为坛上天盖书写咒言与胜幢上系白伞盖咒这两种做法的结合。

结　语

经题中出现的"白伞盖"或其梵音"悉怛多钵怛啰"字样最初为譬喻，未必确指某一神尊。白伞盖信仰以白伞盖经咒为核心，随后出现对白伞盖佛母的尊崇，并逐渐将伞盖这一象征物纳入其中。这是一个发展的过程；对白伞盖经咒（"好事"）的信仰，至元代达到一个新的高峰，但此时固然有白伞盖佛母造像[1]，却远达不到同等热烈的程度。在浩荡的白伞盖游皇城仪式活动中，虽然不能排除出现白伞盖佛母像的可能性，但至少可以判断造像绝非主角——正史记载和各种诗文并未明确言及抬其像游行。因此，白伞盖真言和佛事活动的盛大与流行，并不能在美术史上同步证明白伞盖佛母像的出现及其信仰的流行。总结起来，在白伞盖、白伞盖真言、白伞盖佛母之间，存在千丝万缕的紧密联系，但其间既不能划等号，也并非"一荣俱荣"的连带关系，而是各有侧重。在藏传佛教体系中，更强调的是护身的功能；而在汉传语境里，在护身之外，护国的功能尤其值得重视。庇护一己，持诵真言或以真言佩身均可；而庇护一国一方，则需要书之于伞幢。作为白伞盖经/楞严咒的载体，伞盖地位逐渐提高，直至成为元代游皇城仪式中的主体。

白伞盖经咒信仰研究还面对很多未解之谜。例如，在敦煌藏文文书当中，白伞盖心真言往往抄在藏文《般若心经》（'Phags pa shes rab kyi pha rol du phyin pa'i snying po）之后（或背面）[2]。《置伞文》（S.2146[12]）也提及"般若神儿诸佛所师，大众□城一切普诵"。永乐大钟蒲牢钟钮桥型梁顶部东侧起汉字铭文为《佛顶大白伞盖楞严陀罗尼经》，西北为心经、大悲总持经咒，西南为佛顶尊胜总持心咒。民国时期，金刚上师诺那（1865—1936）在内地普传藏传佛教时，仍将真智译本（真言部分以藏文转写并附罗马字、汉字发音）与玄奘译《心经》结集刊行（上海觉圆精舍1933年版）。形式上虽然有了很大变化，但内在应该有着一脉相承的宗教意涵。再如，敦煌文书S.6348、P4519会抄白伞盖经与观音、大随求、诸星母、度母等多种咒颂，在当时的宗教活动中这些文本之间亦必存在紧密联系，而四周经咒与中心恶趣清净曼荼罗的结合尤其引人深思。单从白伞盖角度着眼，由于恶趣清净曼荼罗以佛顶尊为重要成员，佛顶信仰或即其间的联结点。

佛顶信仰与转轮王（cakravartiraja）信仰结合为"佛顶轮王"或称"顶轮王"时，

---

〔1〕 例见大都白塔瓶身装藏版画（此据元释祥迈撰《圣旨特建释迦舍利灵通之塔碑文》，见同氏《辨伪录》卷第五，《大正藏》卷五十二，第780页）、飞来峰第52龛石刻造像、碛砂藏版印扉画等等。

〔2〕 王微：《白伞盖佛母：汉藏佛教的互动》，第111页。在敦煌汉文文献中所见大乘经典附抄真言的情形，二者之间通常存在紧密而直接的联系，如《金刚般若波罗蜜多经》后抄"大身真言"（即金刚般若心咒）、《阿弥陀经》后抄"阿弥陀佛所说咒"。见李小荣：《敦煌密教文献论稿》，人民文学出版社，2003年版，第308～313页。

就兼具了宗教与政治两重意涵，为转轮圣王、护国思想奠定了基础[1]。佛顶信仰发展的另一相关形式即多佛顶聚合而成的大佛顶法，再度与白伞盖经/楞严咒联系到一起。这样我们得以理解为何白伞盖母形象的创造晚于白伞盖经咒的流行，而白伞盖经咒护国、护方的功能为何在特定的时空得以流行，成为一个时代的盛大景观。在这个发展过程中，对白伞盖经咒、白伞盖母和伞盖的崇拜最终聚合而成白伞盖信仰。

最后还要再次指出，在讨论汉地的白伞盖信仰时，《楞严经》始终是不容忽视的维度。《楞严经》在叙述楞严咒之后讲述其种种功德，其中：

> 若诸国土州县聚落饥荒、疫疠，或复刀兵、贼难、斗诤，兼余一切厄难之地，写此神咒安城四门，并诸支提或脱阇（梵 dhvaja "幢"）上，令其国土所有众生奉迎斯咒，礼拜恭敬，一心供养；令其人民各各身佩，或各各安所居宅地，一切灾厄悉皆销灭[2]

虽然白伞盖经也提到"若有疫疠及六畜疫，或有灾祟，或外怨贼来想侵恼者，或于城门、聚落、村邑或多人处、或旷野处安置高幢，悬此如来顶髻白盖无有能及甚能调伏陀罗尼"[3]，但是从"四门"、"所有众生奉迎斯咒"等措辞来看，可以推测敦煌安伞旋城的法事更多受到《楞严经》的直接影响。因此，在相关探讨中，尽管楞严咒与白伞盖经被认为同一，但从流行程度和奉行方式来看，仅强调白伞盖经本身是远远不够的。永乐大钟梵字铭文楞严咒心（即"大佛顶白伞盖心咒"）的出现也暗示着，在元明清三代内地流传藏传文本的同时，汉传楞严经咒并没有丧失它固有的崇隆地位。正是缘于这种宗教传统的强大，1752—1763 年间在乾隆皇帝的主持下，致力于将《楞严经》从汉文辗转译为满文、蒙古文和藏文[4]。

再者，上文图13 三面八臂圣白伞盖母下方绘制轮王七宝（图 14 上栏），目前还很难说这种安排后面是否有深意；但元代的白伞盖佛事无疑上升到国家仪式的高度，与转轮圣王思想有着直接的联系。在这样的个案中，如果不从作为佛顶轮王的"大佛顶"的角度来审视，是无法准确把握其内涵与历史渊源的。必须关注《楞严经》这一汉地重要经典发挥的影响，理解它与大佛顶法的关系，才能真正理解汉藏等多元文化在历史上的交互作用。

作者单位：中国社会科学院民族学与人类学研究所

收稿日期：2014 – 11 – 19

---

[1] 参见罗炤：《龙门石窟擂鼓台的几个问题》，载中国考古学会、沈阳市文物考古研究所编《庆祝宿白先生九十华诞文集》，科学出版社，2012 年版，第 261 页；张文卓：《从转轮王到顶轮王——佛教轮王思想盛行的政治因素剖析》，《青海社会科学》2013 年第 3 期，第 137~141 页。另注意"佛顶轮王"不同于十忿怒尊中上方护神 Uṣṇīṣacakravarti（藏 gTsug tor can）。

[2] （唐）般刺蜜谛译：《楞严经》卷七，《大正藏》卷十九，第 137 页。

[3] 此据敦煌本《白盖经》，沙啰巴、真智等译本大意相同。

[4] 参见孔令伟：《〈楞严咒〉与〈大白伞盖陀罗尼经〉在乾隆〈大藏全咒〉中的交会——兼论乾嘉汉学之风的"虏学"背景》，载沈卫荣主编《汉藏佛学研究——文本、人物、图像和历史》，中国藏学出版社，2013 年版，第 640~650 页；柴冰：《多语种背景下〈首楞严经〉文本的译传》，载同上书，第 627~639 页；同氏：《藏满蒙汉四体合璧〈御制楞严经序〉对勘及研究》，载沈卫荣主编《大喜乐与大圆满——庆祝谈锡永先生八十华诞汉藏佛学研究论集》，中国藏学出版社，2014 年版，第 328~349 页。

三教图像所见明代三教观

宋仁桃

　　佛教传入中国之初，先是依附于中国传统的思想文化。传播者不断地援儒家、道家思想入佛教，并论证三教的一致性，藉此发展佛学。魏晋以后宣传三教合一思想的人物渐多。隋唐时期，儒、释、道形成了鼎足之势。唐中期开始出现三教融合趋势。宋元时期"三教合一"呈现出发展态势。明代特别是明晚期三教融合完全成熟，"三教合一"已经成为中国文化发展的基本趋势，被社会各阶层人士按照自己的理解所接受。清代延续了明代三教合一的发展。但儒道释三教在融合的大态势下，又保留了各自的独立性，站在本家或本派的立场上，从不同角度排斥和吸融其他二教，共同促成了三教合一的文化现象。

　　三教融合的思想发展到明代，已基本奠定了以佛教为中心的三教合一观。表现在绘画艺术上，即是反映三教融合思想的图像的盛行。本文即选取几幅具有代表性的三教图，通过解读创作的背景、画家个人情况，以及图像的功用，动态地考察明人特别是皇帝（明代）的三教融合中心观的微妙变化。

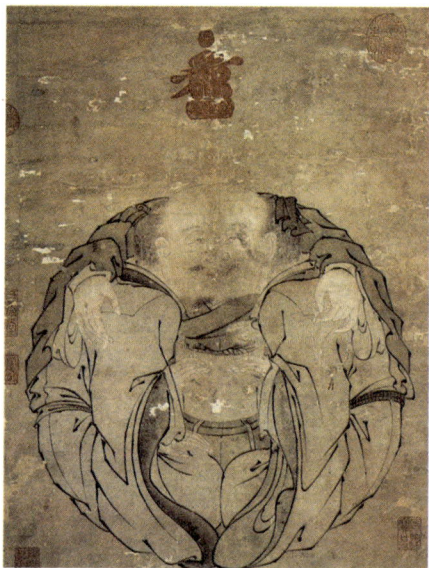

图1　《一团和气图》

一　从《一团和气图》到《三教图》

　　第一幅是明宪宗于即位之初（1465）所绘《一团和气图》（图1），该幅纸本设色，纵48.7厘米，横36厘米，现藏故宫博物院。款署"成化元年六月初一日"，钤"广运之宝"。诗堂有明宪宗朱见深御题"一团和气赞"。该图所绘人物粗看似笑面弥勒盘腿而坐，体态浑圆，细看却是三人合一。左为一着道冠的老者，右为一戴方巾的儒士，二人各执经卷一端，团膝相接，相对微笑。中间为弥勒佛，手搭两人肩上，露出光光的头顶，手捻佛珠。作品构思绝妙，人物造型诙谐，用图像揭示了释道二教融入佛教的"三教合一"的主题思想。

　　第二幅是由宫廷画家于成化二十一年（1485）绘制的《宪宗元宵行乐图》长卷

图 2　《宪宗元宵行乐图》（局部）

（图 2），此卷绢本设色，纵 37 厘米，横 624 厘米，卷首钤印"丰年赏玩之宝"，现藏国家博物馆。该幅长卷表现的是正月十五皇宫内外欢度元宵节的情景。其中一部分描绘了宫外游行表演，队伍的前端就有代表儒释道的人物形象：第一位着红色道袍，头戴道冠，长髯下垂，右手举长剑，左手托钵；第二人头扎方巾，肩扛一支与人等高的大毛笔；第三人则像弥勒佛，大头、袒胸露肚，面带笑容。这三人分别代表着道士、儒士、僧人，但是三人位置代表着三教的排序则是道居于儒前，佛教殿后。

　　第三幅是丁云鹏绘制的《三教图》轴（图 3）。该帧纸本设色，纵 115.6 厘米，横 55.7 厘米，现藏故宫博物院。图左下款署"善男子丁云鹏敬写"，钤"丁云鹏印"、"南羽氏"两款印章，画上有眉公陈继儒题记。此图表现的是儒释道三圣人坐在菩提树下共同探究玄理的情景。从画面构图来看，红衣罗汉置于画面中心，端坐于绿柏与菩提树下，凸鼻、虬须、法相庄严慈祥，他双目低垂，安详而平静，从他紧锁的眉头可以看出已沉于思索之中。孔子坐于右侧的岩石上，束峨冠，蓄长须，衣蓝色暗花长袍，正在发表言论。老子坐于左侧岩石上，长眉疏发，穿褐色布袍、云头红履，注视着孔子，似乎准备随时发问。此画中的宗教人物服饰的红色、蓝色与赭色，赋色沉稳和谐。山石树木勾勒添色，小青绿设色，文静典雅，营造了一种静谧清淡的意境，引人入胜。从画中人物尺寸来看，佛教人物衣着红袍置于画面的中心，非常醒目，人物尺寸也最大；儒居于佛祖右侧，人物形象尺寸较大；道偏居左下，尺寸更小。传统礼法尚左，原本道家居左应属尊位，但是绘者将其置于左下角，尺寸最小，这固然有构图审美的需要，却也传达着道教在三教中位次最低这一深意。

　　以上《一团和气图》和《三教图》的构图表现形式，反映了明代三教合一思想是以佛教为中心的，虽然《元宵行乐图》表现的三教顺序与此二图有别，但严格来讲，该图重点在表现元宵佳节宫内外欢庆场面，并不是纯粹的以三教关系为题材的图像。

二　三教图像题材溯源

　　从《一团和气图》中"御制一团和气图赞"可以发现，反映三教关系的题材源出南朝"虎溪三笑图"。

图3　《三教图》

朕闻晋陶渊明乃儒门之秀，陆修静亦隐居学道之良，而惠远法师则释氏之翘楚者也。法师居庐山，送客不过虎溪。一日，陶、陆二人访之，与语，道合，不觉送过虎溪，因相与大笑，世传为三笑图，此岂非一团和气所自邪？试挥彩笔，题识其上：

"嗟世人之有生，并戴天而履地。既均禀以同赋，何彼殊而此异？唯凿智以自私，外形骸而相忌。虽近在于一门，乃远同于四裔。伟哉达人，遐观高视；谈笑有仪，俯仰不愧。合三人以为一，达一心之无二。忘彼此之是非，蔼一团之和气。噫！和以召和，明良其类。以此同事事必成，以此建功功必备。岂无斯人，辅予盛治？披图以观，有概予志。聊援笔以写怀，庶以警俗而励世。"

成化元年六月初一日

此赞说明《一团和气图》与《三笑图》在文化蕴意上的渊源。关于"三教图"主题的图像最早可以追溯至南朝时之《虎溪三笑图》。画家将代表释道儒形象的慧远法师、陆修静、陶渊明三人绘入一图，其后世人不时以《虎溪三笑图》为范本绘三教图用来表达三教关系[1]。据《宣和画谱》和《益州名画录》（《画史丛书》）记载，晚唐孙位作《三教图》，五代石恪作《儒佛道三教图》，惜未传世。据传南宋马远有《三教图》，画老子、释迦牟尼、孔子三人。画上释迦中坐，老子立于旁，孔子则作礼于前。宋朝周密在《齐东野语·三教图赞》云："理宗朝，有待诏马远画《三教图》。释氏则跏趺中坐，老聃俨立于傍，吾夫子乃作礼于前。"惜未能流传下来。上海博物馆收藏着一幅明代仇英临摹宋人《三教会棋图》，应是对宋代原作的忠实模仿[2]。该图应出自宫廷画家或文人之手，对弈的双方是儒士与道士，儒士居主位，背倚画屏，画相为正面，也略大于道士与禅师。道士居客位，侧面。禅师半侧面，皱眉作观望思索状。可见文人笔下的《三教会棋图》是倾向于突出儒士自己的，有意"矮化"道、释二家。

以上《三教图》虽有失传，但现存的唐宋时的混合造像窟也从另一方面部分地反映

〔1〕 参见李淞：《跨过"虎溪"——从明宪宗〈一团和气图〉看中国宗教艺术的跨文化整合》，北京论坛（2008）论文选集《文明的和谐与共同繁荣——文明的普遍价值和发展趋向》，北京大学出版社，2009 年版。

〔2〕 中国古代书画鉴定组编：《中国美术分类全集·中国绘画全集》第 14 卷，浙江人民美术出版社，1999 年版，图版 84。

了三教融合的情况。李渊曾下诏各地在供奉三圣人时"令老先，次孔，末后释空"。如唐代四川坛神岩的佛道混合造像窟中老君居中，释迦牟尼居右。但宋代四川大足妙高山的三教合一石窟中，佛居中，道居左，儒位右。宋徽宗对僧院里供奉圣人，佛像居中、老君居左、孔圣居右的现象很不满，敕道士位居僧上。这说明在佛家心中，佛教居三教之首，但信道的皇帝则认为道教最尊。金代居士李屏山在《鸣道集说》中也强调"三教合一"要以佛为主，将佛教置于儒、道之上。

以上情况表明，自唐宋以来三教和谐已是宗教发展的大趋势，但三教合一的石刻造像以谁为主尊，是由供养环境和供养人的信仰决定的。至明朝，这种情况仍然没有改变。明代儒释道三教之间虽仍时有矛盾，但已经没有大规模的激烈的争斗。随着三教融合的形式愈加明显，孔子、释迦、老子并祀于一堂在明代已蔚然成风。明永乐三年（1405），朝廷颁布禁令，禁祀孔子于释老之宫，尽管朝廷一再申禁，然三教合流已是大势所趋，禁令往往徒具虚文。如四川"三仙洞"明代三教合一窟遗迹[1]，位于安岳高升乡洞库村彭家坡大成山腰北面岩壁上，第6号窟是儒释道三教造像合一窟，窟正壁从右往左依次为：文殊、大势至、孔子、老君（居中）、释迦佛、观音、普贤。该窟的左壁镌刻天启元年（1621）九月初三日的造像碑，碑文保存完整："中镌老君圣像，左右儒释正像。两傍列天神罗汉、雷霆、仙侣，无不备具。盖融会三教为一天矣……"碑文最后刻修碑的年代、书者和捐助人等。

这些流传下来或已佚的石刻和图画，都以三教融合为题材，但所表现出的三教关系却不稳定，可因作者和赞助者的喜好而有中心的不同，而这点不同恰恰反映了三教趋同存异的思想。

三 《一团和气图》到《三教图》的微妙变化

儒释道三教既缺一不可，教化目标又一致，故应和谐相处。这种看法成为晚唐以来大多数社会人士的共识。至明朝时，三教融合趋势更加明显。但是三教之间仍然存在着以谁为主之争。如袾宏说过："三教则诚一家也矣，一家之中，宁无长幼尊卑亲疏耶？"[2] 儒、释、道三教各奉其祖居中，他圣居次。然从整个社会影响力来看，以佛为尊的思想已经基本得到了官方和世人的信奉。《一团和气图》正是三教融合思想下的突出表现。

明太祖朱元璋开国之初就制定了三教并用的方略，其《三教论》云："于斯三教，除仲尼之道祖尧舜，率三王，删诗制典，万世永赖。其佛仙之幽灵，暗助王纲，益世无穷，惟常是吉。常闻天下无二道，圣人无两心。三教之立，虽持身荣俭之不同，其所济给之理一。然于斯世之愚人，于斯三教有不可缺者。"[3] 其意虽三教并用，崇三教合一，但三教之间仍有主次之分。三教人物的关系是一个敏感的话题，尤其是在公共礼仪场

---

〔1〕 胡文和：《中国道教石刻艺术史》（下册），高等教育出版社，2004年版，第73~75页。

〔2〕 《正讹集·三教一家》，《大藏经补编》，第23册，（台北）华宇出版社，1984年版，第290页。

〔3〕 《明太祖文集》卷一〇，文渊阁四库全书本，第1223册，第108页。

所，佛、道更是在意出场与站立的顺序。明初刘球（1392—1443）说："今世以中为尚，以左为尊，故祠堂神位之列皆尚中而尊左。"宋元以来，佛教势力大涨，道教受到压制，到了明代这种状况并无太大的变化，道教的社会势力呈消退之现象，从政治角度看，皇室对道教的支持力度比起先前降低了，管束却大大加强了，其突出表现就是"正一天师"的地位呈现下降趋势。兼之明太祖朱元璋出身佛门，故虽然因明代有不少皇帝个人热衷于道教的长生之术，而致道教势力在特定时期有所增长，但总的来说，其势力已大不如佛教。而儒家成为儒教后，地位不升反而有所下降。故明代所谓的三教合一，基本框架已经形成：佛居首位，道居次，儒殿后。但因创作者个人喜好之故，三教位次也会出现变化。

朱元璋崇佛胜过崇道，这可能与他本人当过和尚的经历有关。他于洪武元年（1368）取消了正一教主张"天师"的称号，改授其为"真人"，秩二品[1]。后来诸帝中则多有特别崇奉道教者，尤以宪宗、世宗为著。虽然这些崇信道教的皇帝并没有恢复道教首领"天师"称号，也仅仅是从利用道教转为个人信奉，但仍然对明朝的国家政治生活产生了强大的冲击。

位置体现关系。绘画作品中人物重要性的区分除了与大小尺寸有关外，还与构图位置有关。在一组人物图像中，其相对位置居中、居左还是居右，不是随意安排的，其位次是与社会生活中的排序相对应的。

明宪宗所绘的《一团和气图》，作于成化元年，以佛道儒三人合成一尊弥勒像，形象地表达了统治者对三教一家的需要。明宪宗朱见深（1447—1487），明朝第八代皇帝，明英宗长子，初名朱见浚。景泰三年（1452）被废为沂王，天顺元年（1457），英宗复辟，又被立为皇太子，改名朱见深。于天顺八年（1464）登基，成化二年为于谦平冤昭雪，恢复景帝帝号，又能体谅民情，励精图治。在位末年，好方术。宪宗上位之初，新旧两党势力朝上廷下矛盾颇多，社会政治形势诡谲复杂。此帧《一团和气图》正是在这样的社会背景下绘制的，欲借三教合一期望缓和紧张的政治氛围，以达政治和谐安定之目的。而以佛教为中心则是延续了三教图的主题精神，也吻合了明代思想发展和儒、释、道三教社会势力的消长。该图绘制成功后，产生了深远的社会影响，其后朱载堉将其刻在少林寺石碑上，其以佛教为中心，包容儒道，追求三教和谐的用意不言自明。而以《一团和气图》为题材的作品广为流布，如故宫博物院现藏有青玉"一团和气"插屏等文物，当时民间还出现了以此为题材的民俗画，用来表达和睦喜气的美好愿望。

而《元宵行乐图》作于成化二十一年，道先、儒后、释殿后的三教位次变化则可能与宪宗晚年的心境有关。因万贵妃的迫害，导致悼恭太子夭折后，宪宗面临无人继位之境，他曾担心地感叹"老将至而无子"[2]，故开始羡慕道教的不老长生术，对道教的态度开始和缓。在宫内赐宴张天师，并赐以"止一嗣教大真人金印"，继而又加赐玉印，亲书"大真人府"四字为天师府第门额。宪宗还加封"金阙、玉阙真君为上帝，遣

〔1〕《明太祖实录》卷三四"洪武元年八月甲戌"，《明实录》第 2 册，台北"中央研究院"历史语言研究所 1962 年校印本，第 601 页。

〔2〕《明史》卷一一三，成化十一年。

（万）安祭于灵济宫"。金阙、玉阙即五代时的徐知证、徐知谔兄弟，为明成祖所加封号，在道教诸神灵中的地位并不算很高。宪宗这时居然加封为"上帝"，使其地位大为提升。尽管该幅并非严格意义上的"三教图"，但三教位次却很好地传达了宪宗本人此时的心态。从《一团和气图》到《元宵行乐图》，画面中三教位置的变化，体现了宪宗思想的细微转变：由治理天下而至达寄兴个人。

明代晚期绘制的《三教图》则更吻合以《虎溪三笑图》为母题的立意和基本构图。从署名和钤印看，绘者是明代画家丁云鹏，字南羽，号圣华居士，休宁（今安徽休宁）人，瓒子，詹景凤门人，隆庆、万历年间著名画家。丁云鹏于明世宗嘉靖二十四年出生，卒年不详，历世宗嘉靖、穆宗隆庆、神宗万历、光宗泰昌朝，曾供奉内廷十余年。据载，天启五年（1625）他80余岁时尚在作《白马驮经图》。丁云鹏善白描人物、山水、佛像，无不精妙，尤其以人物、佛道最负盛名，如《伏虎尊者图》轴（现藏安徽省博物馆），《白马驮经图》轴（现藏台北"故宫博物院"），《洗象图》轴（现藏中国美术馆）。又与董其昌、詹景凤诸人交游，故流传作品多有董其昌、陈继儒等人的题赞[1]。

此帧《三教图》虽未注明绘制年代，但从风格看应该是穆宗、万历年间画家后期的成熟之作。以佛教为中心的构图来表达三教融洽的关系，除却以"虎溪三笑图"为母题，以及画家本人是信佛的"善男子"缘故外，穆宗以后的社会环境更有利于佛教的发展也是一个重要因素。就其经历和所处时代来看，明世宗和明神宗是明代最信奉道教的两位皇帝，而穆宗借鉴世宗晚年痴迷道教带来的朝政废弛，登基之初便采取了一些限制道教的措施。据《明穆宗实录》等文献记载，隆庆元年（1567），第四十九代天师张永绪被中止世袭"天师"号，二年，被剥夺"正一真人"号[2]。在神宗万历时期，道教势力虽有所抬升，但在政治上始终未获足够的重视，其势远不如其他二教。其间仅张国祥恢复了被隆庆帝废掉的"正一大真人"封号，赐金印，秩二品。又命修续道藏。到神宗万历五年（1577），张国祥历经周折始恢复"正一真人"号，却失去了朝觐权，后来虽有过朝觐机会，但是并不受重视[3]。

该幅图画留有眉公陈继儒题记"谈空空于释部，剖玄玄于道流，此孔氏别传也"。陈继儒（1558—1639），明代文学家、书画家，字仲醇，号眉公、麋公，华亭（今上海金山）人。其工诗善文，兼能绘事，尤擅墨梅、山水。屡奉诏征用，皆以疾辞。陈继儒所处的嘉靖、万历年代是官僚集团之间斗争最为激烈复杂的时期，所以三教图的绘制本身就迎合了和谐统一的政治需要。题记的意思是：佛家谈空，道家论玄，佛道儒三教合一，三教虽在经典和形式方面不同，虽三而一也矣。合一并不意味着三教已完全融为一体，事实上，儒、释、道三教在合一的进程中各自持有对"道"的切入点和基本立场，它们在三教融合的时代潮流中始终努力维系着各自的传统特征。

丁云鹏绘制的《三教图》，构图上似无中心，三圣促膝交谈，其乐融融，但其人物

---

〔1〕 关于丁云鹏的生平，史料的记载较为简略，可参见《陈眉公集》、《图绘宝鉴续纂》、《明画录》、《詹东图玄览编》、《国朝书画家笔录》、《宋元明清书画家年表》等。

〔2〕 《明穆宗实录》卷七、卷十六，《明实录》第49册，第215～216、434～435页。

〔3〕 《明神宗实录》卷六〇，《明实录》第52册，第1368页。

尺寸与色彩都凸显出佛教高于儒道的思想。此幅画在主题上继承了三教图的文化内涵，重在弘扬三教合一的思想，以佛教为中心的构图表现形式，是晚明社会思想发展的必然表现和三教关系的如实反映。

尽管明朝后期明神宗本人颇为宠信道教，但随着儒、佛、道三教的合流，儒、佛、道世俗化的深入，晚明社会产生了一股"狂禅"风潮。在放逸自是、虚无主义思想的笼罩下，"心"成为绝对权威，儒、释、道三教虽不同源，却可殊途同归于"心性之理"上。三教同归心性之论，实则是以佛家的理念为三教的取舍标准，反映在艺术创作上，就是以佛教为中心。

结语

以上图像反映出明代以佛教为中心的三教关系及其在不同背景下的微妙变化。《一团和气图》表现了当时社会局势需要三教同心合而为一。《元宵行乐图》中道居首，表达的是皇帝个人的兴趣所在，体现了明宪宗内心需求的细微转变。丁云鹏绘《三教图》时，三教在社会和政治上的势力关系已基本稳定，除了作品本身艺术美学的构图效果需要，画中人物尺寸大小也说明道教地位已在三教中沦为最末。明代诸生的三教合一说和晚明禅学思想的发展，均表现出扬佛而抑儒道的特点。从《一团和气图》到《三教图》，反映出三教合一思想已从宋代佛教屈从儒道，在明代向以佛教为中心转变，在艺术上表现为三教图以佛教居中、道教居左、儒教居右的构图之恒久性。

三教合一，是在中国古代社会多元文化冲突的背景下，适应社会需要而产生的社会思潮，旨在透过和谐三教关系从而和谐整个社会秩序。自三教合一说流行以来，中国三教关系一直相当融洽，很少出现大规模的激烈的宗教斗争。这对于我们身处今天这个更加多元化的时代，如何处理多元文化关系，具有现实意义。

作者单位：故宫博物院
收稿日期：2014－10－19

从仇英《清明上河图》看明中期苏州的商业文化生活

刘明杉

一 艺术品进入生活的助缘——商业价值观的形式

中国儒家传统价值观鼓励士人建功立业，扬名立身。而明中期以后，王阳明"心学"流行，人们开始注重现世享乐。泰州学派创始人王艮提出"百姓日用即道"的观念，将传统理学家视为万恶之源的"欲"，看成天经地义的"道"。李贽在《焚书》中称："穿衣吃饭，即是人伦物理"[1]，"圣人亦人耳，既不能高飞远举，弃人间世，则自不能不衣不食，绝粒衣草而自逃荒野也，故虽圣人不能无势利之心"[2]，"种种日用，皆为自己身家计虑，无一厘为人谋者，及乎开口谈学，便说尔为自己，我为他人，尔为自私，我欲利他……反不如市井小民，身履是事，口便说是事，作生意者但说生意，力田作者但说力田，凿凿有味，真有德之言，令人听之忘厌倦矣。"[3] 此时登科及第不再是文人实现人生理想的唯一出路，经商致富同样可以实现人生价值，这是明中期以后儒家传统价值观在商品经济社会条件刺激下异变的结果。此时文人士大夫和富商巨贾纷纷经营产业，积累了大量的财富。"宪、孝两朝以前士大夫，尚未积聚。如周北野佩，其父舆，为翰林编修。北野官至郎中，两世通显，而其家到底只如寒士。曹定庵时中，其兄九峰时和举进士，有文章。定庵官至宪副，弟信亦京朝官，与李文正结社赋诗，门阀甚高，其业不过中人十家之产。他如蒋给事性中、夏宪副寅、许金宪璘，致仕家居，犹不异秀才时。至正德间，诸公竞营产谋利，一时如宋大参恺、苏御史恩、蒋主事凯、陶员外骥、吴主事哲，皆积至十余万，自以为子孙数百年之业矣。"[4] 对于这种行为，李贽解释道："如好货，如好色，如勤学，如进取，如多积金宝，如多买田宅为子孙谋，博求风水为儿孙福荫，凡世间一切治生产业等事，皆其所共好而共习，共知而共言者，是真迩言也。……但我之所好察者，百姓日用之迩言也。"[5] 穿华服、尝美食、耽声色、游侠邪等行为，被看成符合天性的正当需求。"近数十年来，士习民心渐失其初，虽家诗书而户礼乐，然趋富贵而厌贫贱。喜告讦，则借势以逞，曲直至于不分；奢繁华，则曳缟而游，良贱几于莫辨。礼逾于僭，皆无芒刺，服恣不衷，身忘灾逮。"[6] 正因为追

---

[1] （明）李贽：《焚书》，中华书局，1974 年版，第 10 页。
[2] （明）李贽：《李氏文集》，中华书局，1958 年版，第 544 页。
[3] （明）李贽：《焚书》，第 82～83 页。
[4] （明）何良俊：《四友斋丛说》卷三十四"正俗一"，上海古籍出版社，2012 年版，第 225 页。
[5] （明）李贽：《焚书》，第 110 页。
[6] （明）叶春及：《惠安政书》，福建人民出版社，1987 年版，第 39～40 页。

逐物欲的价值观得到社会认可，致使明初所定的以伦常等级观念为基础的社会秩序走向解体。

明人有关古董样式与格调的著作，最早有曹昭的《格古要论》，成书于洪武二十一年。共三卷十三论，上卷为古铜器、古画、古墨迹、古碑法帖四论；中卷为古琴、古砚、珍奇（包括玉器、玛瑙、珍珠、犀角、象牙等）、金铁四论；下卷为古窑器、古漆器、锦绮、异木、异石五论。明中期以后，富商巨贾以僭越礼制的奢华消费为手段，炫耀身份、地位，彰显自身价值，以赢得社会认可。他们模仿文人士大夫的穿着和谈吐，设置书房、收藏古玩字画等，把文化消费视作与文人士大夫竞争的方式。文人士大夫深感来自富商巨贾的挑战，为克服内心的不安感，他们纷纷著书立说，宣扬文人对物和精致生活的审美标准，试图以审美品位控制文化消费的话语权，从而维护自身现有的社会地位。商人渴望摆脱受歧视的传统社会身份，将经济实力转化为社会地位；而文人则把持文化消费话语权，与商人展开激烈的竞争。这种现象既是社会变革的前提，也是社会变革的结果。从消极方面看，导致整个社会弥漫在竞尚豪奢、金钱至上的风气之中；而从积极方面看，则促使思想、文学、出版、艺术、工艺美术等各项文化领域及其相关商业进入到大发展的黄金时期。

这种积极意义在商品经济发达的江南地区表现得尤为突出，该地区包括苏州、松江、常州、镇江、江宁、杭州、嘉兴、湖州八府和太仓直隶州，是明代城市化程度最高、消费文化最为盛行的地区。其中，苏州是明中期以后时尚文化的发源地，"姑苏人聪慧好古，亦善仿古法为之，书画之临摹，鼎彝之冶淬，能令真赝不辨。又善操海内上下进退之权，苏人以为雅者，则四方随而雅之，俗者，则随而俗之，其赏识品第本精，故物莫能违。又如斋头清玩、几案、床榻，近皆以紫檀、花梨为尚，尚古朴不尚雕镂，即物有雕镂，亦皆商、周、秦、汉之式，海内僻远皆效尤之，此亦嘉、隆、万三朝为盛。至于寸竹片石摩弄成物，动辄千文百缗，如陆子冈之玉马，小官之扇，赵良璧之锻，得者竞赛，咸不论钱，几成物妖，亦为俗蠹"[1]。苏州的绘画、文玩、雕竹、玉器及嵌螺钿、八宝嵌漆等众多艺术商品，不仅为社会精英这一小众群体所独享，还引导了大众的消费意识，激发了大众的消费热情，搭建了艺术商品的多重消费平台，形成购销两旺的艺术市场，很多工艺美术大师在市场的淘练中脱颖而出，而此时艺术商品的创作风格和审美格调，也影响了此后的一个多世纪。

二　仇英《清明上河图》的学术价值

现藏辽宁省博物馆的仇英《清明上河图》，详尽描绘了明中期苏州的商业、文化活动和民俗风貌，是当时社会的真实写照。这幅长卷既是传世仇英同题材诸本中艺术水平最高的一幅，也是研究明代中后期苏州社会生活的重要资料。明代商业在规模、商人数量、活动范围和资本积累上远超前代，商业文化也独具特色，影响深远。商业与消费，

---

〔1〕（明）王士性：《广志绎》卷二"两都"，中华书局，1981 年版，第 33 页。

重塑了明中期以后苏州等江南城市的社会结构，其社会关系正如仇英在《清明上河图》中所描绘的那样，呈现出一种积极的动态变化。明初朱元璋为稳定社会秩序，一直推行"明尊卑，别贵贱"的儒家礼制，房屋、服饰、器用等生活资料都有严格的等级用制。而明中期以后，整个社会掀起了僭越礼制之风，身份不再是划分社会阶层的唯一标准，而是身份、金钱、品味，即政治资本、经济资本、文化资本三者并重，于是消费需求和生活方式成为衡量某人或某阶层社会地位的重要指标。正德以后，皇权不断衰弱，对其绝对权威性的挑战甚至来自官场斗争。"锡爵尝语宪成曰：'当今所最怪者，庙堂之是非，天下必欲反之。'宪成曰：'吾见天下之是非，庙堂必欲反之耳！'"[1] 东林党领袖顾宪成此言，代表了当时部分士大夫不以君主的是非为是非，而以天下的是非为是非的政治观点。此类政见发酵到民间，渗入到社会生活领域的方方面面，就是人们开始对明初确立的等级秩序进行挑战，最常见的手法就是竞炫豪奢，展示贵贱无辨的生活状态。

　　明初是典型的自给自足的小农经济社会，太祖朱元璋实行严格的路引政策，以限制人口自由流动，将人们牢牢束缚在土地上。而明中期以后，江南商业城市迅速崛起，较丰厚的经济收入和自由的生活状态，吸引了大量破产农民涌入城市，导致城市人口骤增、规模不断扩大。如松江地区"隆、万以来，生齿浩繁，民居稠密，幸享承平，足称富庶，倘兵燹陡发，驱民入城，无论乡镇，即四郊外十里许，计男妇不下二十余万矣"[2]。这给土地造成极大压力，"东南之境，生齿日繁，地苦不胜其民，而民皆不安其土"[3]。此时江南的商业城市中出现了很多新兴行业，大致分为两类：一是与市民阶层休闲活动相关的服务性行业；二是混迹城镇，以各类手段谋生的游民。正如归有光所说："古者四民异业，至于后世，而士与农、商常相混。"[4] 姚旅在《露书》中提出："《枫窗小牍》载王禹称上疏云：'古有四民，今有六民。'谓'古者农即兵也，今执戈之士不复事农，四民之外又一民也。佛教入中国，度人修寺，不耕不蚕而具衣食，五民之外又一民也'。余以为今有二十四民：借籍三清，专门符水，六民之外，道家又一民也；钱权子母，药假君臣，七民之外，医者又一民也；灼龟掷钱，自谓前知，蓍草梅花，动称神授，驾言管辂，笼络孔方，八民之外，卜者又一民也；手抱五行，口生七政，九民之外，星命又一民也。姑布稚孩，麻衣糟粕，十民之外，相面又一民也；寻龙第一，青乌无双，十一民之外，相地又一民也；技擅攻城，智能略地，十二民之外，弈师又一民也；额瞬眉语，低昂在夫口头，赤手空囊，珠玉推于半壁，十三民之外，驵侩又一民也；生长烟波，惯听风水，身寂岸飞，千里坐至，十四民之外，驾长又一民也；缓行如桎梏，飞步若甜饴，任不借一双，踏河山百二，十五民之外，异人又一民也；论斗不论星，论君不论民，始于五虎，终以翻龙，十六民之外，篦头又一民也；臭过鲍

---

〔1〕（明）谷应泰：《明史纪事本末》卷六十六"东林党议"，见《历代纪事本末》，中华书局，1997年版，第2391页。

〔2〕（明）范濂：《云间据目抄》卷五"记土木"，江苏广陵古籍刻印社，1983年版，第125～126页。

〔3〕（明）徐光启：《农政全书》卷十二"水利总论·西北水利·西北水利议"，中国水利水电出版社，2013年版，第567页。

〔4〕（明）归有光：《震川先生集》卷十三"白庵程翁八十寿序"，上海古籍出版社，2007年版，第319页。

鱼，香云龙桂，钱乙何亲，赵甲何薄，十七民之外，修脚又一民也；捏手捏脚，揣前揣后，十八民之外，修养又一民也；藏龟真传，瘦马捷法，粉胸翠足，螺黛朱唇，机关日练，媚态横施，簧纲满前，贪坑无底，十九民之外，倡家又一民也；彼何人斯，居夫簾子，翠袖罗裙，曰男如女，两两三三，拔十得五，二十民之外，小唱又一民也；改头换脸，世态备描，悲令人悲，怒令人喜，廿一民之外，优人又一民也；吞刀吐火，度索寻橦，聚众山于目前，种瓜蓏于顷刻，廿二民之外，杂剧又一民也；游闲公子，侠骨豪民，家藏剑客，户列飞霞，激游矢若骤云，探囊金如故物，里羡其杂，官何敢问，廿三民之外，响马巨窝又一民也。宋侈之民，今隆十八。凡此十八民者，皆不稼不穑，除二三小技其余，世人奉之若仙鬼，敬之竭中藏，家悬钟鼓，比乐公侯，诗书让其气候，词赋揖其下风，猗与盛哉！"[1] 他们混迹城市之中，虽然政治、经济地位普遍不高，却日益壮大为新兴的社会力量，其影响力不可低估。

苏州画家唐寅在《江南四季歌》中描述了家乡的四季生活景象：

> 江南人住神仙地，雪月风花分四季。满城旗队看迎春，又见鳌山烧火树。千门挂彩六街红，凤笙鼍鼓喧春风；歌童游女路南北，王孙公子河西东。看灯未了人未绝，等闲又话清明节；呼船载酒竞游春，蛤蜊上巳争尝新。吴山穿绕横塘过，虎邱灵岩复元墓，提壶挈榼归去来，南湖又报荷花开；锦云乡中漾舟去，美人鬓压琵琶钗。银筝皓齿声继续，翠纱污衫红映肉；金刀剖破水晶瓜，冰山影里人如玉。一天火云犹未已，梧桐忽报秋风起；鹊桥牛女渡银河，乞巧人排明月里。南楼雁过又中秋，悚然毛骨寒飕飕；登高须向天池岭，桂花千树天香浮。左持蟹螯右持酒，不觉今朝又重九；一年好景最斯时，橘绿橙黄洞庭有。满园还剩菊花枝，雪片高飞大如手；安排暖阁开红炉，敲冰洗盏烘牛酥。销金帐掩梅梢月，流酥润滑钩珊瑚；汤作蝉鸣生蟹眼，罐中茶熟春泉铺。寸韭饼，千金果，鳖裙鹅掌山羊脯；侍儿烘酒暖银壶，小婢歌兰欲罢舞。黑貂裘，红毾毲，不知蓑笠渔翁苦！[2]

怡人的自然条件和优越的人文环境，使苏州成为明中期以后经济发达、人口稠密的商业中心城市，许多苏州市民依靠手工艺制作谋生。据《明熹宗哲皇帝实录》徐宪卿奏被灾疏称："苏郡之民，游手游食者多，即有业不过荤玉点翠织造机绣等役。"[3] "器用属金扇有毛金、红地金、雨雪金、熏金；扇骨粗者出齐门，其精工者有马勋、蒋三，大小圆头，玉台直根，王梅溪雕边，传为珍玩……席出虎丘，其次出浒墅；铜香炉出郡城福济观前，间有名手仿造宣铜乳炉，鳅耳、鱼耳、戟耳、马蹄、法盏，压经井口等款，以药煮藏金、栗壳等色；麻手巾，出齐门外陆墓；蒲鞋细边深面款制，极雅。又一种秋凉鞋，出嘉定；竹箸，阊门外有削箸墩；藤枕，治藤为之出齐门外，粗者出梅里；蜡牌出郡城桃花坞；木梳有黄杨、石楠二种；斑竹器出半塘，椅、桌、香几、书架、床榻之类，填以银杏板，制造极精；书画卷轴出阊门专诸巷，赝笔临摹，止供贩鬻；提琴、弦子、笙、箫、管、笛，吴人善音律，故制器亦精；绢器，内用坚厚隔帛，饰以绫锦，制

〔1〕（明）姚旅：《露书》，福建人民出版社，2008 年版，第 202~203 页。
〔2〕（明）唐寅著，周道振、张月尊辑校：《唐伯虎全集》，中国美术学院出版社，2002 年版，第 35 页。
〔3〕《明熹宗哲皇帝实录卷之四十六（梁本）》"天启三年九月庚辰"条。

香盒、台几及扇砚、图书、窑器等匣；昆刀出昆山，文房剪裁之属，装贮匣内，有七事件、二十八宿等名；竹笔筒出嘉定，刻成人物山水，朱小松擅名；又臂阁、酒盏及竹根大虾蟆中藏，小者百枚，以为猜枚之戏；纸帐以泾县棉纸制成，画大枝梅花；羊毫笔，其法传自吴兴。狼毫水笔，尤健；金线，以粉纬为骨，外用切金条，捻成竹丝盘盒。"[1]"至于民间风俗，大都江南奢于江北而江南之奢又莫过于三吴。自昔吴俗习奢华，乐奇异，人情皆观赴焉。吴制服而华，以为非是弗文也；吴制器而美，以为非是弗珍也。四方重吴服，而吴益工于服；四方贵吴器，而吴亦工于器。是吴俗之侈者愈侈，而四方之观赴于吴者，又安能挽而俭也。"[2] 吴地所制服饰、器用等手工业产品工艺奢华，引得四方竞相效仿，虽然致使奢侈之风愈演愈烈，而客观上却催生了一批匠心独运的工艺美术大师。据张岱《陶庵梦忆》卷二："宜兴罐以龚春为上，时大彬次之，陈用卿又次之。锡注以王元吉为上，归懋德次之。夫砂罐，砂也；锡注，锡也。器方脱手，而一罐一注价五六金，则是砂与锡与价，其轻重正相等焉，岂非怪事！一砂罐、一锡注，直跻之商彝周鼎之列而毫无惭色，则是其品地也。"[3] 工艺美术大师是市民阶层中艺匠的代表，而琳琅满目、分工精细的手工艺商品，在苏州城内的专卖店中多有销售，仇英《清明上河图》对此场景进行了细腻的描绘。

仇英字实父，一作实甫，号十洲，太仓人，居苏州，弘治、嘉靖时人。存世画作有《汉宫春晓图》、《桃园仙境图》、《赤壁图》、《玉洞仙源图》、《桃村草堂图》、《剑阁图》、《松溪论画图》等。他是彩绘漆匠出身，才艺超群。师从苏州画家周臣，打下了坚实的绘画功底。曾以画匠身份，长期客居著名鉴藏家项元汴、周六观家中临摹古画，创作了大量精品。据清人吴升《大观录》记仇英《沧溪图卷》上跋："檇李项子京收藏甲天下，馆饩十余年，历代名迹资其浸灌，遂与沈唐文称四大家。"[4] 这一经历使他终成"摹唐宋人画，皆能夺真"[5] 的高手。仇英所绘题材大致分为摹古之作、传统题材、现实生活三类，《清明上河图》是其现实生活题材的代表作。绢本，平涂设色，色彩沉重厚实。全长9.8米，卷末署款"仇英实父制"。全卷采用青绿重彩工笔技法，利用中国画散点透视原理，将重点景物有机结合，以山川、河湖、城墙、桥梁等景致分割画面，使之张弛相间，连贯自然。绘男女老幼、士农工商各色人物二千二百余人，以简练的线条描绘人物动态，通过对其动作、神态、服饰等方面的详尽描绘表现身份。画卷流传有序，先经晚明著名鉴藏家项元汴珍藏，清乾隆年间入内府，经《石渠宝笈》续编著录。1922年，末代皇帝溥仪以赏赐其弟溥杰之名，陆续将包括此画在内的1300余卷书画珍品盗运出宫，先在北京醇亲王府和天津静园、张园短暂收藏。1932年，这批书画被溥仪带到伪满洲国都城——长春（当时称新京），置伪皇宫"小白楼"中。1945年8月，溥仪携带包括此画在内的部分书画乘小型军机逃往日本，途经沈阳机场时，被东北人民民

〔1〕（清）陈梦雷编纂、蒋廷锡校订：《古今图书集成·职方典》卷六八一"苏州府部汇考 13 苏州府物产考·器用属"，中华书局、巴蜀书社，1985 年版，第 13905~13906 页。

〔2〕（明）张瀚：《松窗梦语》卷四"百工纪"，中华书局，1985 年版，第 79 页。

〔3〕（明）张岱：《陶庵梦忆》卷二"砂罐 锡注"，紫禁城出版社，2011 年版，第 43 页。

〔4〕（清）吴升：《大观录》卷二十，上海古籍出版社，2002 年版，第 840 页。

〔5〕（清）徐沁：《明画录》，华东师范大学出版社，2009 年版，第 16 页。

主联军和苏联红军截获。这批书画先由东北人民银行代管，后归东北博物馆（今辽宁省博物馆）。

仇英《清明上河图》画卷以田园牧歌式的景象开篇，以一段水上仙台收束，所绘天平山、运河、古城墙及标志性建筑皆清晰可辨，既有街巷、桥梁、河道、码头、民居、店铺、舟楫、戏台、校场等场面，又有婚娶、宴饮、雅集、演艺、田作、赶集、买卖、渔罟、占卜等细节。唐寅在《姑苏杂咏》中吟道："长洲茂苑占通津，风土清嘉百姓驯；小巷十家三酒店，豪门五日一尝新。市河到处堪摇橹，街巷通宵不绝人；四百万粮充岁办，供输何处似吴民？"[1] 仇英用画笔将这一生活风貌生动地记录下来。该画卷结构基本保留了宋人张择端《清明上河图》的景物和情节顺序；与之不同的是，仇英所绘城墙为石砌而非土筑，建筑、商铺也与张版不同，可见仇英《清明上河图》是袭用张择端《清明上河图》主题，旨在将明中期苏州城"翠袖三千楼上下，黄金百万水东西。五更市贩何曾绝，四远方言总不齐"[2] 的繁华景象入画的创新之作。整幅画卷以京杭大运河苏州段贯穿全城，画面依运河沿岸风光逐次展开，绘画了苏州城的河运繁忙景象，展现了运河在当时苏州商业构建和城市生活中发挥的重要作用。全卷描绘了各个阶层的文化娱乐方式，既有村口上演的草台社戏和县学门口的木偶戏，又有豪贵燕集，邀请班社至家中演出的场面；既有郊外乡绅精雅的住宅和房室陈设，又有"士大夫富厚者，以治园亭、教歌舞之隙，间及古玩"的生活景象；还有反映明中期以后尚奢婚俗的迎亲场面；通景分布身着不同服饰、不同身份人士骑马、坐轿、骑驴、步行、推独轮车、挑担等出行状态；绘画了"专门内伤杂症"药室、"男女内外药室"、"小儿内外方脉药室"等专科医疗机构，以及"道地药材"和"万应膏药"等药铺场景，反映了明中期苏州市民的医疗状况；由于此时服饰、器用等被广泛僭越使用，促使打造银器铺、金银首饰铺、家具作坊、成衣铺、典当铺等各类店铺涌现在苏州城大小商业街巷之中。而京货店、南货店的售卖场面，则是运河物流南北通畅的体现；从画中所绘私塾、县学、社学等教育机构都设在繁华的商业街上，可知这些学校的学生中应有不少商人子弟。自正统元年起，政府将南方七省的税粮改征白银，"金花银"的推行促进了田赋的货币化。弘治五年，户部尚书叶淇建议将"开中"贸易货币化，准许盐商直接以白银向政府购买盐引，取代以往将粮食运到边疆军队换取盐引的做法。政府将税收方式改为征银，使人们必须通过商业途径换取白银，用以完纳赋税和实现市场交易。画中倾银铺内的生意场面，正是明中期白银货币化的有力图证。画卷对城里的豪贵深宅、郊外的乡绅小院以及青楼妓馆等屋内的陈设进行了细致的描绘，多为细桌上放香炉、花瓶、插屏等器，墙上悬挂书画，家具考究，铺陈文雅；画中描绘的"精裱诗画"店、"诗画古玩"店和多个古玩地摊场景，无不买卖兴隆。仇英将苏州社会弥漫的时尚文化和商业氛围定格在《清明上河图》上流传至今，因此该画卷既是中国古代绘画史上承前启后的风俗巨作，也是研究明代中后期社会生活和文化史的有力图证。

---

〔1〕（明）唐寅著，周道振、张月尊辑校：《唐伯虎全集》，第54页。

〔2〕（明）冯梦龙：《警世通言》卷二十六"唐解元一笑姻缘"，人民文学出版社，1992年版，第415页。

三 仇英《清明上河图》的商业文化内涵

江南地区南有钱塘江，北有长江，内有运河、太湖等水系。永乐七年六月初二日，苏州知府况钟在《修浚田圩及江湖水利奏》中谈到："近见苏、松、嘉、湖四府地方，内有太湖、傍山湖、阳城湖、沙湖、尚湖、昆承湖六处地方，广阔约量三千余里。"[1]众多中小河流与大运河纵横交错，构成纵贯南北的水运交通网。江南各府由水网连为一体，形成富庶的商业城市圈，"天下之赋，半在江南；而天下之水，半归吴会"[2]。运河是苏州城市繁荣的必要条件，隋代开凿的大运河北段，至元代已废弃。明成祖朱棣迁都北京后，又开始疏浚运河。在从永乐九年起的五年时间里，16.5万民工清理了山东境内的河床，并修造新渠、河坝和水闸，水道重新投入使用。"陆路脚力之费，数倍于舟，且又劳碌"[3]，大运河的贯通，有效促进了商业网络向南直隶北部、河南和山东的大运河腹地延伸。仇英《清明上河图》描绘了很多由纤夫拉拽或在河中行驶的航船和彩绘的华丽官船。它们以苏州城为起点或目的地，繁忙地装卸着货物。这些彩绘官船并非只运输官方物资，负责漕运的水手为求免税之利，往往还挟带货物或替人捎货。"原来大凡吴、楚之地作官的，都在临清张家湾雇船，从水路而行，或径赴任所，或从家乡而转，但从其便。那一路都是下水，又快又稳；况带着家小，若没有勘合脚力，陆路一发不便了。每常有下路粮船，运粮到京，交纳过后，那空船回去，就揽这行生意，假充座船，请得个官员坐舱，那船头便去包揽他人货物，图个免税之利，这也是个旧规。"[4]官船与私人货船在苏州城内外运河上交织往返，仇英将其收入画中，化为一道商业物流风景线。（图1）

画卷开篇沿运河从苏州郊外的风景起笔，过虹桥、至城门入市区，直至西部城郊，但见青山幽远、绿树吐芽，桃花盛开。一牧童横笛牛背，吹着小曲儿穿过树林。一名放着风筝、几名嬉戏玩耍的童子，四只羊儿散牧在草地上。近景是潺潺的溪水，远景是扬帆的航船。村口的简易草台上演着社戏，台下挤满男观众，只有稍远的围栏外有些女子，一人扛着凳子进场，准备观看。醵钱演戏是民间班社的营利方式，俗称"春台戏"。一位戴幞头、穿长袍的文士过桥，童子携琴随后。背着行囊、推着独轮车或挑着货物的路人匆匆进城，其中一位文士骑马前行，童子携行李跟随。不远处桃花盛开、绿树掩映，牧童们在草地上嬉戏，他们放牧的马、牛、羊正休憩、吃草。远景江边，纤夫们吃力地将客船拖上岸。一座清雅的乡绅小院前，是一行吹吹打打、正在进城的迎亲队伍，热闹的景象吸引着童子们在院门口驻足观看。明中期以后，冠寿礼、婚礼、葬礼等人生仪礼，在名目、开销、程序、仪式及陪嫁妆奁、丧具营葬等方面尽显奢华，"婚嫁丧葬，

---

〔1〕 （明）况钟：《况太守集》卷九"兴革利弊奏疏卷下"，江苏人民出版社，1983年版，第94页。

〔2〕 （明）陈士镛：《明江南治水记》，中华书局，1985年版，第5页。

〔3〕 （明）冯梦龙：《醒世恒言》卷十"刘小官雌雄兄弟"，人民文学出版社，1992年版，第219页。

〔4〕 （明）冯梦龙：《醒世恒言》卷三十六"蔡瑞虹忍辱报仇"，第808页。

图 1　运河繁忙景象

堂室饮食，衣服舆马，动辄费数十万"[1]，苏州甚至出现"婚丧过侈，至有须产嫁女，贷金葬亲者"[2]。画卷中走在迎亲队伍最前面的是手举金瓜等"旗锣伞扇"的仪仗队，紧随其后的是鼓呐喧天的乐队，接着是担酒牵羊的婚宴队，花轿后面还有一人举着大礼盒。花轿式样华丽，轿顶彩绘如意云头，蓝绸作幔、四角各悬一挂红绸花，前后轿杆各两名轿夫、旁有一名女子侍轿，这一热闹排场的迎亲景象，是明中期以后尚奢婚俗的真实反映。在院中小楼的二层露台上，可见三个龙泉窑梅子青釉卷云纹瓷绣墩儿，台边围一周朱栏，一层书房内摆放一张画案，其上有书一函、香炉一具、花瓶一支。此处所绘的是一位乡绅的住宅，房室修筑和陈设装饰十分考究。此时即使普通人家，亦以精装房室为尚。如《初刻拍案惊奇》卷二"姚滴珠避羞惹羞　郑月娥将错就错"一章中，叙述了姚滴珠被汪锡拐骗到囤子，"上得岸时，转弯抹角，到了一个去处。引进几重门户，里头房室甚是幽静清雅。但见：明窗净几，锦帐文茵。庭前有数种盆花，座内有几张素椅。壁间纸画周之冕，桌上砂壶时大彬。窄小蜗居，虽非富贵王侯宅；清闲螺径，也异寻常百姓家"[3]。

---

〔1〕　张海鹏、王廷元：《明清徽商资料选编》，黄山书社，1985 年版，第 363 页。

〔2〕　（明）《长洲县志》卷一"风俗"，见《中国古代社会生活史料三编42》，香港蝠池书院出版有限公司，2014 年版，第 18999 页。

〔3〕　（明）凌濛初：《初刻拍案惊奇》卷二"姚滴珠避羞惹羞　郑月娥将错就错"，华夏出版社，2013 年版，第 23 页。

　　迎亲队伍前，一位戴方巾、穿长袍的儒士路遇僧友，双方互致问候。不远处，两名农夫踏着龙骨水车，将低处的江水提到田中灌溉，四名壮劳力正在田间管理，一名农妇前来送饭。此处河床变宽，但见江边纤夫拉船，彼岸行旅匆匆。近景绘青松翠柳间环绕的一座寺院，其重檐歇山顶大殿正脊两端是一对鸱吻、四面檐角上的垂脊兽排列井然，檐下斗拱繁密紧凑，大殿富丽堂皇。殿前三名仕女焚香拜佛，旁边钟楼里安放着一口纹饰精美的大铜钟，河面窄处架一小拱桥。远处茅屋中，一寒儒静坐读书，童子正在掩门。

图 2　远来客商

　　门外熙熙攘攘的大小商贩们匆匆进城，他们赶着驴、挑着担、推着独轮车。更有远道而来的行商，赶着八头骡子拉的超长大车，满载货物。船只纷纷靠岸，各色人等往来如织。（图 2）此时商人的经营状况和盈利多少，成为衡量他们成功与否的唯一标准。"徽人因是专重那做商的，所以凡是商人归家，外而宗族朋友，内而妻妾家属，只看你所得归来的利息多少为重轻。得利多的，尽皆爱敬趋奉；得利少的，尽皆轻薄鄙笑；犹如读书求名的中与不中归来的光景一般。"[1] 将赚钱多少与博取功名相提并论，是此前中国社会从未有过的价值评判标准。如商人汪信之立誓"不致千金，誓不还乡"[2]，竟

---

　　〔1〕（明）凌濛初：《二刻拍案惊奇》卷三十七"叠居奇程客得助　三救厄海神显灵"，上海古籍出版社，2012 年版，第 536 页。

　　〔2〕（明）冯梦龙：《喻世明言》卷三十九"汪信之一死救全家"，人民文学出版社，1992 年版，第 626 页。

与文人所立的科场誓言一般。此处绘青幔小轿中一年长儒士吩咐仆人掀开轿帘，接受一名青年文士的拜见。近景柳树边绘两位士人各带一名携物随从，骑马交谈着出城郊游。明中期以后，士人骑马、坐轿已很普遍。"尝闻长老言：'祖宗朝，乡官虽见任回家，只是步行。宪庙时，士夫始骑马。至弘治、正德间，皆乘轿矣。'昔孔子曰：'以吾从大夫之后，不可徒行也。'夫士君子既在仕途已有命服，而与商贾之徒挨杂于市中，似为不雅，则乘轿犹为可通。今举人无不乘轿者矣。董子元云：'举人乘轿，盖自张德瑜始也。方其初中回，因病不能看人，遂乘轿以行。众人因之，尽乘轿矣。'然苏州袁吴门尊尼与余交，其未中进士时，数来下顾，见其只是带罗帽二童子跟随，徒步而来。某以壬辰年应岁贡出学，至壬子年谒选到京，中间历二十年，未尝一日乘轿。今监生无不乘轿矣。大率秀才以十分言之，有三分乘轿者矣。其新进学秀才乘轿，则自隆庆四年始也。盖因诸人皆士夫子弟，或有力之家故也，昔范正平乃忠宣公之次子，文正公之孙也。与外氏子弟结课于觉林寺，去城二十里。忠宣当国日，正平徒步往来，人不知为范丞相子。今虽时世不同，然亦恐非所以教子弟也。"[1] 又绘小贩在道边设茶棚，路人卸担坐旁歇脚。远景绘点将台，兵士们正在台前校场上进行骑射训练。砖石砌成的虹桥横跨运河两岸，众多商船在此卸货，两艘彩绘官船穿行其间。虹桥上挑担者、联袂乘马者、鸣珂而行者、赶驴运货者摩肩接踵。

虹桥上有一卦摊儿，问卜或代写书信的四位顾客围在算命先生桌前。据叶盛《水东日记》卷一："三五年前，翰林名人送行文一首，润笔银二三钱可求，事变后文价顿高，非五钱一两不敢请，迄今犹然，此莫可晓也。"[2]《喻世明言》卷五中也描述了武将常何求人写奏折的情节，"取白金二十两，彩绢十端，亲送到馆中，权为贽礼"[3]。当然虹桥上这位落魄先生没有这么幸运，他只是将所学作为生存技能，混迹市井之中糊口谋生。在挑担小贩前，一青年男人正给幼子购买零食。桥上一固定摊位出售木偶、靴子、瓷器等商品，还有打着"零剪绫罗"、"参苓补糕"、"各色细果"、"果品"、"茶食"、"兑换纹银酒器"幌子的固定摊位。在"兑换纹银酒器"店，可以将银制品按重量、成色等，兑换出相应的银两，用于市场流通。依明初礼制，商贾之家禁用银器。而正德以后，富贵人家设宴往往竞炫排场，导致银器的使用量猛增。冯梦龙描写商人之妻王巧儿留薛婆吃饭，"只见两个丫鬟轮番的走动，摆了两副杯箸，两碗腊鸡，两碗腊肉，两碗鲜鱼，连果碟素菜，共一十六个碗。……三巧儿又取出大银钟来，劝了几钟……"[4] 银器的广泛使用，催生了这行生意。又绘一"各样金银首饰"摊位，此时女子首饰华丽、僭越成风，即使普通人家的女子，也购置超规格的首饰，往往"家才儋石，已贸绮罗；积未锱铢，先营珠翠"[5]。加之江南商业城市"其在今日，则大有不然者。盖以四方商贾陈椽其间，易操什一起家；富者辄饰宫室，蓄姬媵，盛仆御，饮食佩服与王者埒。又

〔1〕（明）何良俊：《四友斋丛说》卷三十五"正俗二"，上海古籍出版社，2012年版，第231~232页。

〔2〕（明）叶盛：《水东日记》卷一"翰林文字润笔"，中华书局，1980年版，第3页。

〔3〕（明）冯梦龙：《喻世明言》卷五"穷马周遭际卖塠媪"，第108页。

〔4〕（明）冯梦龙：《喻世明言》卷一"蒋兴哥重会珍珠衫"，第16页。

〔5〕（明）顾起元：《客座赘语》卷二"民利"，上海古籍出版社，2012年版，第45页。

输赀为美官，结纳当涂也，今舆马都甚。妇人无事，居恒修冶容，斗巧妆，镂金玉为首饰，杂以明珠翠羽，被服绮绣祖，衣皆纯采，其侈丽极矣。此皆什九商贾之家，间右轻薄子弟，率起效之"[1]。商人在经商地置业购产，蓄姬纳妾的行为，拉动了相关消费的增长，画卷中绘苏州闹市多设金银首饰商铺或摊位，与此世风不无关系。另顾炎武《肇域志·南直隶苏州》其后复记："新郭、横塘，比户造酿，烧糟发客。横金、下保、水东人并为酿工，苏属州县以及南都皆用之。又习屠贩，每晨刲豕入市。新郭、横塘、仙人塘一带，多开坊榨豆油。"[2] 画卷描绘虹桥下是挂有"本店宰赁猪羊"幌子的固定摊位，河两岸是瓷器店、编筐店、春米店、饭馆等，还有打出"清香美酒"店招的酒店，这一场景与顾炎武书中所述之生活景象接近。"华亭熟酒，甲于他郡，间用煮酒、金华酒。隆庆时，有苏人胡沙汀者，携三白酒，客于松，颇为缙绅所尚，故苏酒始得名。年来小民之家，皆尚三白，而三白，又尚梅花者、兰花者，郡中始有苏州酒店，且兼卖惠山泉，自是金华酒与戈阳戏，称两厌矣"[3]，可见苏酒不仅在当地，对周边城市也有影响。（图3）

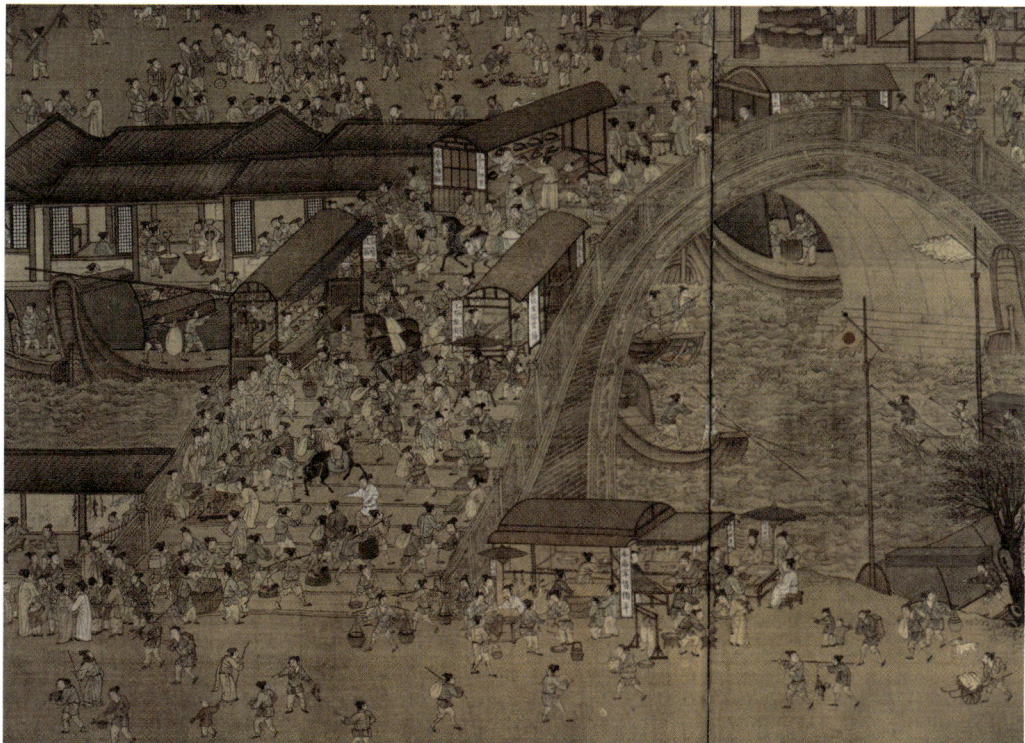

图3　熙熙攘攘的虹桥

〔1〕（明）张宁、陆君弼纂修：（万历）《江都县志》卷七"提封志·谣俗"，见《中国华东文献丛书》第一辑"华东稀见方志文献"第九卷，学苑出版社，2010年版，第84～85页。
〔2〕（清）顾炎武：《肇域志》，上海古籍出版社，2004年版，第261页。
〔3〕（明）范濂：《云间据目抄》卷二"纪风俗"，江苏广陵古籍刻印社，1983年版，第111页。

在"主雇木行"铺前方，一名头顶七级浮屠的和尚在饭馆附近化缘，显得十分醒目。运河两条支流绕城而走，小拱桥上人员往来。在桥旁柳树边，人群正围观摔跤表演；过小拱桥有个铁匠铺，旁边是悬挂"裸货行"、"上等白细布发客"幌子的店铺。明代的手工业制度，从明初的住坐匠、轮班匠制，到成化时的输银代役制，再到嘉靖八年的"班匠银"制，已渐备独立性。明中期以后，江南农家普遍兼营各类副业，手工业生产走向商品化。据正德《松江府志》载："俗务纺织，他技不多。而精线绫三梭布、漆纱方巾、剪绒毯皆为天下第一。梅花灯笼拨罗绒纹绣，亦他方所无。前志云：百工众技与苏杭等要之，吾乡所出皆切于实用，如绫、布二物，衣被天下，虽苏杭不及也。纺织不止乡落，虽城中亦然。里媪晨抱纱入市，易木棉以归，明旦复抱纱以出，无顷刻间，织者率日成一匹，有通宵不寐者。田家收获，输官、偿息外，未卒岁，室庐已空，其衣食全赖此。"[1] 纺织等家庭手工业成为农户收入的重要来源。画中城墙下围栏内的空间也被用上，这里有个"京货店"固定摊位，旁边是算命先生的卦摊，打出"命谈子平"、"周易课占"两个幌子。运河穿城而入，船只往来，运货繁忙。城下有两名兵丁把守，门楼上高扬着白色的旗帜，行人鱼贯出入。右侧是防守城门的公所街门，前面兵器架上放着枪、刀、矛、石弹等武器，竖立着"左进右出"、"盘诘奸细"、"固守城池"告示牌。街道上行人熙熙攘攘，有远道而来的骆驼商队、肩担手提的市井商贩，还画了两位官员骑着马在街头偶遇，双方鞍前各有一马夫牵缰持鞭，马后各一名随从手持华盖，年青者向年长者见礼等细节。城内房屋鳞次栉比，街道两厢为商业区，多数商铺门口高悬着标识自家经营范围的店招幌子。

此时吴风正引领着流行时尚界，人们将苏州的生活方式和商品称为"苏意"或"苏样"。据何良俊《四友斋丛说》载："松江近日有一谚语，盖指年来风俗之薄，大率起于苏州，波及松江。二郡接壤，习气近也。谚曰：'一清诳，圆头扇骨揩得光浪荡；二清诳，荡口汗巾折子挡；三清诳，圆青碟子无肉放；四清诳，宜兴茶壶藤扎当；五清诳，不出夜钱沿门跄；六清诳，见了小官递帖望；七清诳，剥鸡骨董会摊浪；八清诳，绵绸直裰盖在脚面上；九清诳，不知腔板再学魏良辅唱；十清诳，老兄小弟乱口降。'此所谓游手好闲之人，百姓之大蠹也。官府如遇此等，即当枷号示众，尽驱之农。不然，贾谊首为之痛哭矣。"[2] 而男子在形象上也越发脂粉气，徽商吴朝奉"头带一顶前一片后一片的竹简巾儿，旁缝一对左一块右一块的蜜蜡金儿，身上穿一件细领大袖青绒道袍儿，脚下着一双低跟浅面红绫僧鞋儿。若非宋玉墙边过，定是潘安车上来"[3]。另一徽商"头戴时新密结不长不短骔帽，身穿秋香夹软纱道袍，脚穿元色浅面靴头鞋。白绫袜上，罩着水绿绉纱夹袄，并桃红绉纱裤子。手中拿一柄上赤真金川扇，挂着蜜蜡金扇坠，手指上亮晃晃露着金戒指。浑身轻薄，遍体离披，无风摇摆，回头掣脑的踱将过

〔1〕（明）陈威、顾清纂修：（正德）《松江府志》卷四"风俗"，见《原国立北平图书馆甲库善本丛书》第 314 册，国家图书馆出版社，2013 年版，第 56 页。
〔2〕（明）何良俊：《四友斋丛说》卷三十五"正俗二"，上海古籍出版社，2012 年版，第 234 页。
〔3〕（明）凌濛初：《初刻拍案惊奇》卷二"姚滴珠避羞惹羞　郑月娥将错就错"，第 25～26 页。

去"[1]。在"男女内外药室"旁边，是一家"成衣"铺，江南缙绅和富商巨贾在"成衣"铺中竞相订制，乃至"或中人之产，营一饰而不足，或卒岁之资，制一裳而无余，遂成流风，殆不可复"[2]。吴服质料昂贵，色彩鲜丽，装饰华美，样式富于变化，在当时的流行服饰界起着引领潮流的作用。如小说《二刻拍案惊奇》卷三十九中描写："苏州新兴百柱帽，少年浮浪的无不戴着装幌。南园侧东道堂白云房一起道士，多私下置一顶，以备出去游耍，好装俗家。"[3]《喻世明言》卷一描写徽商陈大郎的装束："头上戴一顶苏样的百柱骔帽，身上穿一件鱼肚白的湖纱道袍，又恰好与蒋兴哥平昔穿着相像。"[4] 蒋兴哥是在广东经商的湖广襄阳人，陈大郎是去襄阳买米豆的安徽新安人，而二人都着"苏样"衣冠。

画卷绘一家屋内挂"太古冰弦"匾额的"斫琴"铺，旁边是一家具作坊，一名工匠正在制作春凳，屋里放着已完工的架子床和圆角柜。明中期以后，家具在材质、样式和制作工艺上越发讲究，不论何种身份的人，都以设置书房为尚，而家具是其中的必备之物。范濂在《云间据目抄》卷二中写道："隆万以来，虽奴隶快甲之家，皆用细器，而徽之小木匠，争列肆于郡治中，即嫁装杂器，俱属之矣。纨绔豪奢，又以棍木不足贵，凡床厨几桌，皆用花梨、瘿木、乌木、相思木与黄杨木，极其贵巧，动费万钱，亦俗之一靡也。尤可怪者，如皂快偶得居止，即整一小憩，以木板装铺，庭蓄盆鱼杂卉，内列细棹拂尘，号称'书房'，竟不知皂快所读何书也。"[5] 据崇祯《嘉兴县志》称："至于器用，先年俱尚朴素坚壮，贵其坚久。近则一趋脆薄，苟炫目前。侈者必求花梨、瘦柏，嵌石填金，一屏之费几直中产，贫薄之户亦必画几、熏炉、时壶、坛盏，强附士人清态。无济实用，只长虚器，风之靡也非一日矣。"[6] 无论贫富，室内家具、器用都追求配套，以示清雅。继续前行是一家"成造金银首饰、酒器俱全"铺，受攀比之风影响，一些人甚至透支消费或使用仿冒品来撑面子。如小说《醋葫芦》中描写："张煊就拿出四五锭真纹银子——都是预先吩咐小易牙挪借来的，又有许多低假金银首饰酒器，摆上一桌。"[7] 又如《二刻拍案惊奇》卷二十六："大凡穷家穷计，有了一二两银子，便就做出十来两银子的气质出来。"[8] 此处绘一片华丽的建筑群，彩绘门楼上悬挂"学士"、"世登两府"匾额。这里是县学，即供生员读书的学校。童试录取后准入县学，以备参加高一级的考试，谓之"进学"、"入学"或"入泮"，士子称"庠生"、"生员"，俗称"秀才"。"两府"指北京（顺天府）和南京（应天府）。县学门口正演木偶戏，一

---

〔1〕（明）天然痴叟：《石点头》第四回"瞿凤奴情愆死盖"，春风文艺出版社，1998年版，第87页。

〔2〕（清）叶梦珠：《阅世编》，中华书局，2007年版，第202页。

〔3〕（明）凌濛初：《二刻拍案惊奇》卷三十九"神偷寄兴一枝梅 侠盗惯行三昧戏"，第575页。

〔4〕（明）冯梦龙：《喻世明言》卷一"蒋兴哥重会珍珠衫"，第8页。

〔5〕（清）范濂：《云间据目抄》卷二"纪风俗"，见《笔记小说大观》第13册，江苏广陵古籍刻印社，1983年版，第111页。

〔6〕（明）罗炌修、黄承昊纂：（崇祯）《嘉兴县志》卷十五"里俗"，书目文献出版社，1991年版，第633页。

〔7〕（明）伏雌教主：《醋葫芦》第十一回"都氏瓜分家财 成飙浪费继业"，中国文史出版社，2003年版，第135～136页。

〔8〕（明）凌濛初：《二刻拍案惊奇》卷二十六"懵教官爱女不受报 穷庠生助师得令终"，第395页。

些男人携子观看。对面是悬挂"上料八百高香"店幌的香铺。焚香是文人精致生活的重
要内容，所配器用也有标准："今吴中制有朱色小儿，去倭差小，式如香案，更有紫檀
花嵌，有假模倭制，有以石镶，或大如倭，或小盈尺，更有五六寸者，用以尘乌思藏鏒
金佛像、佛龛之类，或陈精妙古铜，官、哥绝小炉瓶，焚香插花，或置三二寸高、天生
秀巧山石小盆，以供清玩，甚快心目。"[1] 在旁边的居民区中，私塾里的先生正为童子
们授业，而高悬"青楼"匾额的房室内，三名女子弹着琵琶、吹着洞箫、拍着牙板正在
演奏。明中期以后，江南地区狎妓之风盛行，青楼妓馆遍布大小城镇，苏州山塘是著名
的青楼集中地。据黄省曾《吴风录》记载："至今吴中士夫，画船游泛，携妓登山，而
虎丘则以太守胡缵宗创造台阁数重，增益胜眺，自是四时游客无寂寥之日，寺如暄市，
妓女如云。"[2] 此处绘妓女屋内一角的陈设细节，一张条案上置花瓶、香炉、茶碗若干。
据冯梦龙《喻世明言》卷十二中的一段描写："明窗净几，竹榻茶炉。床间挂一张名琴，
壁上悬一幅古画。香风不散，宝炉中常爇沉檀；清风逼人，花瓶内频添新水。万卷图书
供玩览，一枰棋局佐欢娱。"[3] 可见当时妓女也以精雅的室内陈设自抬身价。

向街里走，"各样描金漆器"作坊旁的"精裱诗画"店非常忙碌，两位文人模样的
顾客还坐在凳上等候，就又有人携立轴前来。街口是一家"小儿内外方脉药室"，街里
为悬"纱帽京靴不误主雇"匾的"儒履朝鞋"店，旁边是"染坊"。（图4）此处有一

图4　染坊、小儿内外方脉药室、精裱诗画、香铺、县学等

〔1〕（明）高濂：《遵生八笺》，巴蜀书社，1988 年版，第 617～618 页。
〔2〕（明）黄省曾：《吴风录》，清顺治间李际期宛委山堂重修本，第 1 页。
〔3〕（明）冯梦龙：《喻世明言》卷十二"众名姬春风吊柳七"，第 190 页。

深宅大院，粉墙内可见高悬"武陵台榭"匾额的歇山阁楼，阁楼里围屏榻上坐着三位正在观看表演的士人，前方女子翩翩起舞，旁有女乐吹奏弹唱，描绘的是豪贵燕集，邀请班社至家中演出的场面。此时戏曲、杂剧盛行，尤其是发源于南曲的传奇名剧叠出，出现了许多演剧和歌舞的班社。据顾起元《客座赘语》："南都万历以前，公侯与缙绅及富家，凡有宴会，小集多用散乐，或三四人、或多人唱大套北曲，乐器用筝、䈂、琵琶，三弦子，拍板。若大席，则用教坊打院本，乃北曲四大套者，中间错以撮垫圈、舞观音，或跳队子。后乃变而尽用南唱歌者，只用一小拍板，或以扇子代之，间有用鼓板者。今则吴人盖以洞箫及月琴，声调屡变，益为凄惋，听者殆欲堕泪矣。大会则用南戏，其始止二腔，一为弋阳，一为海盐。弋阳则错用乡语，四方士客喜阅之。海盐多官语，两京人用之。后则又有四平，乃稍变弋阳而令人可通者。今又有昆山，较海盐又为清柔而婉折，一字之长，延至数息，士大夫禀心房之精，靡然从好，见海盐等腔，已白日欲睡，至院本北曲，不啻吹篪击缶，甚且厌而唾之矣。"[1] 嘉靖以后昆山腔逐渐替代海盐腔，成为南方盛行的曲调。高阁下太湖石边架一秋千，五名仕女正在游戏。顺着悬挂"环翠"匾额的长廊凉亭向上望去，又见一高阁，四位文人正在品茗，两童仆侍立，一童仆蹲坐旁边正煮泡茶之水。挂"环翠"匾额的屋内陈设豪华，门口八仙桌上放置着香炉、花瓶等器，后面是一座巨型屏风。中景绘巧妙建在河中的纵横廊榭，河水流过拱形的桥洞。头戴方巾、身着粉袍的主人正与访客欣赏院中美景，墙外桃花盛开。旁边会客厅内可见三把圈椅，一张画案，案上有花瓶、香炉和水丞，案后挂一幅水墨兰竹图。（图 5）仇英所绘这一场景，与沈德符在《万历野获编》中记述"嘉靖末年，海内宴安。士大夫富厚者，以治园亭、教歌舞之隙，间及古玩"[2] 的士大夫生活状况相符。其实依洪武二十六年制，官员营造房屋不许歇山转角，重檐重拱及绘藻井，前厅、中堂、后堂、家庙的间数和架数、门窗的颜色和装饰等，也依品级各有规制。"庶民庐舍，洪武二十六年定制，不过三间，五架，不许用斗拱，饰彩色。三十五年复申禁饬，不许造九五间数，房屋虽至一二十所，随其物力，但不许过三间。"[3] 而"嘉靖末年，士大夫家不必言，至于百姓有三间客厅费千金者，金碧辉煌，高耸过倍，往往重檐兽脊如官衙然。园圃僭拟公侯，下至勾阑之中，亦多画屋矣"[4]。此时士大夫追求"目极世间之色，耳极世间之声，身极世间之安，口极世间之谈"[5] 的生活状态，明初朱元璋所定礼制已形同虚设，等威无辨。

在秋千架两侧和远处高阁边，矗立着几块玲珑峻美的太湖石。据谢肇淛《五杂俎》载："洞庭西山出太湖石，黑质白理，高逾寻丈，峰峦窟穴，腾有天然之致。不胫而走四方，其价佳者百金，劣亦不下十数金，园池中必不可无之物。"[6] 室外庭园的豪华配置可见一斑。而室内铺陈在小说中有更多描写，如《金瓶梅词话》第三十四回："伯爵

〔1〕（明）顾起元：《客座赘语》卷九"戏剧"，上海古籍出版社，2012 年版，第 204 页。

〔2〕（明）沈德符：《万历野获编》卷二十六，中华书局，1959 年版，第 654 页。

〔3〕《明史》卷六十八"舆服四"，中华书局，1974 年版，第 1672 页。

〔4〕（明）顾起元：《客座赘语》卷五"建业风俗记"，第 114 页。

〔5〕（明）袁宏道：《袁中郎尺牍》"龚惟长先生"，台北广文书局有限公司，1989 年版，第 2 页。

〔6〕（明）谢肇淛：《五杂俎》（上），上海古籍出版社，2012 年版，第 47 页。

图 5 　深宅大院

走到里边书房内，里面地平上安着一张大理石黑漆缕金凉床，挂着青纱帐幔。两边彩漆
描金书厨，盛的都是送礼的书帕、尺头，几席文具，书籍堆满。绿纱窗下，安放一只黑
漆琴桌，独独放着一张螺甸交椅。书箧内都是往来书柬拜帖，并送中秋礼物帐簿。"[1]
深宅大院外墙又设一排商铺，先见一家"磁器"店，按冯梦龙《醒世恒言》所表："话
说江西饶州府浮梁县，有景德镇，是个马头去处。镇上百姓，都以烧造磁器为业，四方
商贾，都来载往苏杭各处贩卖，尽有利息。就中单表一人，叫做邱乙大，是个窑户一个
做手。浑家杨氏，善能描画。乙大做就磁胚，就是浑家描画花草人物，两口俱不吃空。
住在一个冷巷里，尽可度日有余。"[2] 画中这家"磁器"店的货源就来自江西景德镇。
继续前行是"官盐"店、"打造诸般铜器"作坊和招牌为"集贤堂"的书坊，主要售卖
"古今名人文集诗词"。江南民众的文化程度普遍较高，明代四大刻书中心苏州、杭州、
南京、建阳，其中三个在此地区。小说《醋葫芦》第十九回对这一文化消费有所涉及：
"又差个皂隶，到书坊中速取印行《汉史》一册。"[3] 另外，当时不少畅销书作家为书
坊创作传奇和色情小说，以获取稿酬。如科场中屡试不第的苏州文人冯梦龙以市民阶层
为读者对象，创作了大量的拟话本小说、剧本、民歌、笑话等，为书坊商人赚来滚滚利

〔1〕（明）兰陵笑笑生：《金瓶梅词话》第三十四回"书童儿因宠揽事　平安儿含愤戳舌"，人民文学出
版社，2000 年版，第 433～434 页。
〔2〕（明）冯梦龙：《醒世恒言》卷三十四"一文钱小隙造奇冤"，第 739 页。
〔3〕（明）伏雌教主：《醋葫芦》第十九回"都白木丑态可摹　许知府政声堪谱"，第 238 页。

润的同时，也从书商那里得到养家糊口的稿酬。文人与商人之间这种合作模式，是明中期以后出版业发达的体现。

成弘以来，江南出现了一些专事家庭手工业的乡镇。冯梦龙在《醒世恒言》"施润泽滩阙遇友"中刻画了主人公施复以一台绸机起家，逐渐积累资本，终于成为拥有三、四十台绸机的作坊主的经历，书中对丝织手工业重镇盛泽及当地丝绸集市牙行的交易情况进行了生动描绘："苏州府吴江县离城七十里，有个乡镇，地名盛泽，镇上居民稠广，土俗淳朴，俱以蚕桑为业。男女勤谨，络纬机杼之声，通宵彻夜。那市上两岸绸丝牙行，约有千百余家，远近村坊织成绸匹，俱到此上市。四方商贾来收买的，蜂攒蚁集，挨挤不开，路途无伫足之隙；乃出产锦绣之乡，积聚绫罗之地。江南养蚕所在甚多，惟此镇处最盛。有几句口号为证：东风二月暖洋洋，江南处处蚕桑忙。蚕欲温和桑欲干，明如良玉发奇光。缲成万缕千丝长，大筐小筐随络床。美人抽绎沾唾香，一经一纬机杼张。咿咿轧轧谐宫商，花开锦簇成匹量。莫忧入口无餐粮，朝来镇上添远商。"[1] 像施复这样发家致富的手工业者不在少数，"（苏州潘氏）起家机房织手，至名守谦者始大富，至百万"[2]。又据《吴江县志》载："绫绸之业，宋元以前，惟郡人为之。至明熙、宣间，邑民始渐事机丝，犹往往雇郡人织挽。成、弘以后，土人亦有精其业者，相沿成俗，于是盛泽、黄溪四五十里间，居民乃尽逐绫绸之利，有力者雇人织挽，贫者皆自织，而令其童稚挽花，女工不事纺绩，日夕治丝，故儿女自十岁以外，皆蚤暮拮据以糊其口；而丝之丰歉，绫绸价之低昂，即小民有岁、无岁之分也。"[3] 发达的纺织手工业带动了相关行业的迅猛发展，经营其下游产品的专卖店在仇英《清明上河图》中多有体现。除书坊旁的一家"纱罗段绢、官店"之外，还绘了"毡贼货行"、"红绿细绢线铺"、"汗巾手帕"店、"儒履朝鞋"店、"各样履鞋"店等，以及染坊、成衣铺、典衣铺等相关行业商铺。它们的兴盛，都必须以发达的纺织手工业为基础。

一些商贾具备相当高的文化修养和艺术造诣。"（汪）东瀛先生名贵，字道充，休治西亲义里人。其先由登源徙今居。……先生自幼奇伟不群，读小学、四书，辄能领其要。于是通习经传，旁及子史百家，至于音律之妙，靡不究竟。尤潜心于卫生堪舆之学，仰探轩岐之奥，默契曾扬之旨。通达世务，田里之休戚利病，当世之是非得失，莫不熟思详究。意薄进取，挟赀皖城，先达谢公辅奇其刚毅不挠，器度弘伟，日与讲论诗文，远近商游于兹者，咸师事之。"[4] "平江，洞庭人，施麟子，经读书能诗，隐身商贾，转贩金陵，寓金川门外之通江桥。"[5] 归有光赞商人詹仰之："为贾与为学者异趋也，今为学者，其好则贾而已矣，而为贾者，独为学者之好，岂不异哉！"[6] 这些文化商人往往经营典当行、书坊、字画店、香铺、花铺、古玩铺等雅生意。

〔1〕（明）冯梦龙：《醒世恒言》卷十八"施润泽滩阙遇友"，第373页。
〔2〕（明）沈德符：《万历野获编》，第713页。
〔3〕（清）倪师孟等纂：《吴江县志》卷三十八"生业"，见《中国方志丛书》华中地方、第163号，台北成文出版社有限公司，1975年版，第1132页。
〔4〕见《汪氏统宗谱》卷三十七"传"1346，张海鹏、王廷元：《明清徽商资料选编》，第441页。
〔5〕（明）余永麟：《北窗琐语》，国学扶轮社，1915年版，第9页。
〔6〕（明）归有光：《震川先生集》，上海古籍出版社，1981年版，第479页。

苏州百姓也有较高的文化艺术修养，据正德年间《姑苏志·风俗》记载："国朝又升为京辅郡，百余年间礼义渐靡，而前辈名德又多以身率先。……今后生晚学文词动师古昔，而不梏于专经之陋。矜名节、重清议，下至布衣韦带之士皆能擒章染翰。而间阎田亩之民山歌野唱亦成音节，其俗可谓美矣。"[1] 明中期以后，苏州涌现出大批诗人和书画家，其作品在街市的专营店中有售。仇英《清明上河图》中描绘了一家"诗画古玩"店内的买卖场面，店老板身穿白袍，文人打扮，正向两位文人顾客推荐一轴《墨竹图》。屋顶上方挂着各色鸟笼、剑、琴等物件；柜台内的货架上摆着各式古董瓶、香炉、书画和古籍，柜台上放着一件笔洗、一架山水插屏，皆书房必备之物，柜台外一名书生正让店员取货给他观看。古玩铺这种看货交易的景象，在江南各个商业城市中都很寻常。如李日华在《味水轩日记》中，记他平素光顾的一家杭州六桥鬻古肆，"又步至六桥，至项老店，与之雪藕而食。项老欣然出卷轴相评赏……项老，歙人。初占籍仁和为诸生，以事谢去，隐西湖岳祠侧近，老屋半间。前为列肆，陈瓶盏细碎物，与短松瘦柏、蒲草棘枝堪为盆玩者"[2]。做古玩生意的关键在于眼力，《海公案》第五十八回写道："小的当日原是开古玩店的，因为落了本钱，致此改行裱褙。"[3] 一旦买错物件儿，甚至有倒闭转行的风险。

另外，苏州一些职业画家还建立了自己的工作室。弘治十八年，36岁的唐寅因涉科场舞弊案返回家乡苏州，备受打击的他续娶沈氏之后，开始了卖画生涯。曹元亮在《伯虎唐先生汇集序》中载："遂筑室金阊门外，日与祝希哲、文征仲诗酒相狎。踏雪野寺，联句高山，纵游平康妓家；或坐临街小楼，写画易酒，醉则岸帻浩歌。三江烟树，百二山河，尽拾桃花坞中矣。"[4] 在他生意好时，求画者络绎不绝，"四方慕之，无贵贱贫富，日诣门征索。文辞诗画，子畏随应之，而不必尽所至。"[5] 由于顾客过多，不得不请老师周臣代笔。"唐六如画法受之东村，及六如以画名世，或懒于酬应，每倩东村代为之。今伯虎流传之画，每多周笔，在具眼者辨之。"[6] 唐寅的画一时很受欢迎，所以用卖画的收入建成桃花坞别墅，取名"桃花庵"，自号"桃花庵主"。又《尧山堂外纪》载唐寅"晚年寡出，常坐临街一小楼，惟求画者携酒造之，则酣畅竟日。虽任适诞放，而一毫无所苟"[7]。以上文献中所记的"临街小楼"，指的就是唐寅在苏州阜桥开设的工作室。然而唐寅晚年卖画的收入不稳定，当时市场上书画的价位不高，一旦无人买画或因病不能作画，生活就会陷入窘境。他曾写诗叹道："青衫白发老痴顽，笔砚生涯苦食艰。湖上水田人不要，谁来买我画中山。""荒村风雨杂鸣鸡，燎釜朝厨愧老妻。谋写

〔1〕（明）林世远、王鏊纂修：（正德）《姑苏志》卷十三"风俗"，见《原国立北平图书馆甲库善本丛书》第308册，第1098页。

〔2〕（明）李日华著，屠友祥校注：《味水轩日记》卷四，上海远东出版社，2011年版，第275页。

〔3〕（清）李春芳：《海公案》第五十八回"继盛劾奸矫诏设祸"，黑龙江美术出版社，2014年版，第202页。

〔4〕（明）唐寅著，周道振、张月尊辑校：《唐伯虎全集》，第528页。

〔5〕（明）祝允明：《祝枝山全集》卷十七"唐子畏墓志并铭"，中国书画会，清宣统二年石印本，第4页。

〔6〕（明）姜绍书：《无声诗史》卷二"周臣"，华东师范大学出版社，2009年版，第39页。

〔7〕（明）蒋一葵：《尧山堂外纪（二）》卷九十一"唐寅"，见《四库全书存目丛书》子部杂家类，齐鲁书社，1995年版，第419页。

二枝新竹卖，市中笋价贱如泥。""书尽诗文总不工，偶然生计寓其中。肯嫌斗粟囊钱
少？也济先生一日穷。"[1] 唐寅作为一名不擅理财、晚年又健康状况欠佳的职业画家，
完全依赖市场谋生还是比较艰辛的。

　　在经营"纱罗段绢"的"官店"与"古玩诗画"店之间，是一处社学。门上对联
"代是文明书，春当燕喜时"，意为"书香门第代代相传，春闱时分燕报喜讯"。门口的
圆石鼓和太狮少狮表明这里是文场之地，两名学童正观街景。由社学所在的位置不难看
出，入学者中当有不少商人子弟。王士性在《广志绎》中坦言："缙绅家非奕叶科第，
富贵难于长守，其俗盖难言之。"[2] 唐寅"其父德广，贾业而士行，将用子畏起家致
举，业师教子畏，子畏不得违父旨"[3]。因为商人之家若不能登科及第博取政治权力，
家业富贵往往易衰难守，所以他们竭力培养子弟读书。由于商人子弟家境较好，读书条
件优越，及第释褐者甚多，以致"非父兄先营事业于前，子弟即无由读书以致身通显。
……古者士之子恒之为士，后世商之子方能为士"[4]。

　　继续向前是"道地药材"铺和挂"倾销"招牌的倾银铺，倾银铺桌上放着一架天
平，两名银匠正为一旁坐等的两位顾客将大锭分成小锭或将散碎银镕成大锭。《醒世恒
言》卷三中有相关情节："（秦重）打个油伞，走到对门倾银铺里，借天平兑银。那银
匠好不轻薄，想着：'卖油的多少银子，要架天平？只把个五两头等子与他，还怕用不
着头纽哩。'秦重把银子包解开，都是散碎银两。大凡成锭的见少，散碎的就见多。银
匠是小辈，眼孔极浅，见了许多银子，别是一番面目，想道：'人不可貌相，海水不可
斗量。'慌忙架起天平，搬出若大若小许多法马。秦重尽包而兑，一厘不多，一厘不少，
刚刚一十六两之数，上秤便是一斤。……又想道：'这样散碎银子，怎好出手！拿出来
也被人看低了！见成倾银店中方便，何不倾成锭儿，还觉冠冕。'当下兑足十两，倾成
一个足色大锭，再把一两八钱，倾成水丝一小锭。剩下四两二钱之数，拈一小块，还了
火钱，又将几钱银子，置下镶鞋净袜，新褶了一顶万字头巾。"[5] 又《醒世恒言》卷十
六："家中别无银两，只得把那两锭雪白样的大银，在一个倾银铺里去倾销，指望加出
些银水。"[6] "选日合婚"算命馆旁的饭馆，高悬着蓝底红边酒幌"应时美酒"。此时在
酒家设宴也很奢华，"酒保见说，便将酒缸、酒提、匙、箸、盏、楪，放在面前，尽是
银器。……当下酒保只当是个好客，折莫甚新鲜果品、可口肴馔、海鲜，案酒之类，铺
排面前，般般都有"[7]。再绘挨着一户人家有一座小石拱桥，过桥者骑马、挑担，摩肩
接踵。过桥见一"灼龟"取兆算命馆，这是中国一种古老的算命方法，就是用火烧灸龟

　　〔1〕（明）唐寅著，周道振、张月尊辑校：《唐伯虎全集》，"风雨浃旬，厨烟不继，涤砚吮笔，萧条若
僧，因题绝句八首奉寄孙思和"，第109～110页。

　　〔2〕（明）王士性：《广志绎》卷四"江南诸省"，第70页。

　　〔3〕（明）祝允明：《祝枝山全集》卷十七"唐子畏墓志并铭"，第4页。

　　〔4〕张海鹏、王廷元：《明清徽商资料选编》，第386～387页。

　　〔5〕（明）冯梦龙：《醒世恒言》卷三"卖油郎独占花魁"，第54～55页。

　　〔6〕（明）冯梦龙：《醒世恒言》卷十六"陆五汉硬留合色鞋"，第320页。

　　〔7〕（明）冯梦龙：《警世通言》卷六"俞仲举题诗遇上皇"，第74页。

甲，视其裂纹以测吉凶。"传称武王伐纣，卜而龟焦。"[1] 司马迁《史记·龟策列传》载："灼龟观兆，变化无穷。"[2] 小说《型世言》中提到："却又作怪，上流头早漾下一个人来，似灼龟人家画的画儿，人坐在大龟背上模样……"[3] 这种上古时期流传下来的占卜方法，到明代还在使用，仇英将这一行业绘入画中。在"上白细面"店旁边，是外设小门、内建高阁的"典当"行，楼下一人挟包袱求当，高阁内三人围坐桌前，正为所收典当品的真伪和价值进行鉴定与评估，头戴方巾的先生应是老板。典当是当时江南艺术市场藏品流通的重要渠道之一，檇李藏家项元汴就经营这种生意，精到的眼力、雄厚的资金实力和拥有典当行这一便捷的入藏途径，使其成为藏品冠绝东南的大收藏家。旁边是挂"女工钢针梳具刷抿剪刀牙尺俱全"招牌的女性用品店、"雨具"店旁是"典衣"店。这时的人们追求华服，"那颜俊虽则丑陋，最好妆扮，穿红着绿，低声强笑，自以为美"[4]。"唤家童取出一皮箱衣服，都是绫罗绸绢时新花样的翠颜色，时常用龙涎庆真饼熏得扑鼻之香。"[5] 不但富贵公子，连街头小贩都有打扮自己的消费意愿。卖油郎见花魁娘子之前，"到典铺里买了一件见成半新半旧的绸衣，穿在身上，到街坊闲走，演习斯文模样"[6]。毕竟对多数人来说，"家无担石，而饮食服御拟于巨室"[7] 的消费方式是一种沉重的经济负担，他们需要典衣铺这样的平台降低自己的炫耀成本。"不知京里风俗，只爱新，不惜钱。比如冬天做就一身崭新绸绫衣服，到夏天典了，又去做纱罗的。到冬不去取赎，又做新的，故此常是一身新。"[8] 典衣铺作为从成衣制作行业中衍生出来的循环消费链，其经营模式在市场需求下应运而生，是人们消费智慧和消费技巧的体现。在苏州这样的经济发达城市，市场为不同阶层的消费者都提供了对应的消费平台。因此商业的繁荣程度与消费水平密切关联，只有人们对奢侈品的需求增长了，才会使市场突破生活必需品消费的限制，进而衍生出全新的消费模式。正如松江人陆楫在《蒹葭堂杂著摘抄》中所言："予每博观天下之势，大抵其地奢则其民必易为生，其地俭则民必不易为生者也"，"先富而后奢，先贫而后俭。奢俭之风，起于俗之贫富"，"是有见于市易之利，而不知所以市易者，正起于奢，使其相率而为俭，则逐末者归农矣。"[9] 陆楫认为奢侈并非浪费，而是一个商业社会刺激并拉动消费，促进经济繁荣的必要手段。（图6）

继续前行是"纸铺"、"毡毺货行"和"扇铺"，经过"恩荣"进士坊，对面还有"粮食米麦豆行"和"炭行"。中景绘一画馆，头戴方巾的男子正为顾客绘制肖像。画

〔1〕（明）杨慎：《升庵集》卷八十一"龟卜"，《景印文渊阁四库全书》第1270册，集部别集类，台湾商务印书馆股份有限公司，2008年版，第816页。

〔2〕（汉）司马迁：《史记》卷一二八"龟策列传"，上海古籍出版社，2011年版，第2433页。

〔3〕（明）陆人龙：《型世言》第三十四回"奇颠清俗类 仙术动朝廷"，齐鲁书社，2010年版，第218页。

〔4〕（明）冯梦龙：《醒世恒言》卷七"钱秀才错占凤凰俦"，第138页。

〔5〕同上，第144页。

〔6〕（明）冯梦龙：《醒世恒言》卷三"卖油郎独占花魁"，第57页。

〔7〕中国社会科学院中国古代社会生活史料编委会：《顺天府志》卷一"风俗"，见《中国古代社会生活史料四编26》，香港蝠池书院出版有限公司，2014年版，第12276页。

〔8〕（明）陆人龙：《型世言》第五回"淫妇背夫遭诛 侠士蒙恩得宥"，第30页。

〔9〕（明）陆楫：《蒹葭堂杂著摘抄》，中华书局，1985年版，第2~3页。

图 6　典当铺、典衣铺等

馆似乎就设在画师家中，其妻正欲掩门，幼子在一旁观摩熏习。关于这一行业，据《扬州画舫录》载："施胖子，山阴人。始从继父学写真，兼画美人。居扬州小秦淮客寓，凡求其画美人者，长则丈许，小至半寸，皆酬以三十金，谓之'施美人'。"[1] 近景绘一乘青幔两抬小轿，由旁边侍轿的女仆可知，轿内应是一位大户人家女眷。此处再绘挑担、推独轮车、抬货行走的众多小贩形象。前绘小石拱桥，桥边一长一少两名文人交谈着准备过桥。桥上是挑担小贩、携两子的妇女及背、挟行李的路人。远景廊下，三名文士在四出头官帽椅上闲坐聊天，八仙桌上放着花瓶、茶盏。临街一户人家正盖新房，工匠忙着搭架、锯木、覆瓦。中景绘"南货发贩"铺，比仇英《清明上河图》所绘此景年代稍晚的苏州驰名老字号南货铺，在万历年间开始创业，一直延续至清代。"苏州皋桥西偏有孙春阳南货铺，天下闻名，铺中之物亦贡上用。案春阳宁波人，明万历中年甫弱冠，应童子试不售，遂弃举子业为贸迁之术。始来吴门，开一小铺，在今吴趋坊北口，其地为唐六如读书处，有梓树一株，其大合抱，仅存皮骨，尚旧物也。其为铺也，如州县署，亦有六房，曰南北货房、海货房、腌腊房、酱货房、蜜饯房、蜡烛房，售者由柜上给钱取一票，自往各房发货，而管总者掌其纲，一日一小结，一年一大结。自明至今已二百三四十年，子孙尚食其利，无他姓顶代者。吴中五方杂处，为东南一大都会，群货聚集，何啻数十万家，惟孙春阳为前明旧业，其店规之严，选制之精，合郡无有也。国初赵吉士载入寄园，余澹心板桥杂记亦载之，近时袁简斋食单亦有其名，但未详耳。"[2] 此旁是"鲜明花朵"店，继续前行可见"红绿细绢线铺"、"打造锡器"店。银器毕竟奢侈，所以锡器还是苏州市民最常用的贵金属器皿。（图7）在小说《醒世姻缘传》中提到："薛家也叫匠人彩漆装奁，打造首饰，裁制衣裳，旋刮锡器。"[3] 此处又有一家具作坊，可见当时社会对家具的需求之旺。《醒世恒言》卷二十描写，木匠

〔1〕（清）李斗：《扬州画舫录》卷二"草河录下"，凤凰出版社，2013 年版，第 53 页。

〔2〕（清）钱泳：《履园丛话》"丛话二十四·杂记下"，上海古籍出版社，2012 年版，第 640～641 页。

〔3〕（清）西周生：《醒世姻缘传》第四十四回"梦换心方成恶妇　听撒帐早是痴郎"，岳麓书社，2014 年版，第 395 页。

"张权与浑家商议，离了故土，搬至苏州阊门外皇华亭侧边开了个店儿。自起了个别号，去那白粉墙上写两行大字，道：'江西张仰亭精造坚固小木家火，不误主顾。'"[1] 以"木料又干又厚，工夫精细，比别家不同"[2] 的经营理念吸引顾客。旁边是"主雇钉靴"店，据《大明太祖高皇帝实录》"洪武六年庚辰条"知其用途："命朝官制常服礼鞋，先是百官入朝，遇雨皆用钉靴，进趋之间，声达殿陛。侍仪司官以为不肃，请禁之。上曰：古者朝臣入朝有履，自唐以来始用靴，行之已久，不可猝变。宜令朝官为软底皮鞋，笼于靴外，出朝则释之。"[3] "装塑佛像"店旁边是"各样履鞋"店，在"专门内伤杂症"药室对面，又是一家"铜锡器皿"店。过一肉铺，是专门售卖雨伞、木屐、防风雨灯笼的店铺。世情小说中对这类杂货铺也有描述："金三老官门首开个木屐雨伞杂货铺。这金罕货也有一着可取，会得塌伞头、钉木屐钉，相帮老官做生意。"[4] 沿河架设一座木桥，与街道组成十字路口。一人正对路口摆古玩地摊儿，吸引两名文人过来淘宝。古玩是文人书房中的必需品，冯梦龙在《醒世恒言》卷三十中描写："当下

图7　文人待客　建房等

〔1〕 （明）冯梦龙：《醒世恒言》卷二十"张廷秀逃生救父"，第413～414页。

〔2〕 同上，第415页。

〔3〕 （明）胡广等纂修：《大明太祖高皇帝实录》"洪武六年庚辰"条，见《原国立北平图书馆甲库善本丛书》第155册，第391页。

〔4〕 （明）周清原：《西湖二集》卷十六"月下老错配本属前缘"，华夏出版社，2013年版，第179页。

李勉步入里边去看时，却是向阳一带三间书室，侧边又是两间厢房。这书室庭户虚敞，窗槅明亮，正中挂一幅名人山水，供一个古铜香炉，炉内香烟馥郁。左边设一张湘妃竹榻，右边架上堆满若干图书。沿窗一只几上，摆列文房四宝。庭中种植许多花木，铺设得十分清雅。这所在乃是县官休沐之处，故尔恁般齐整。"[1] "那书斋是司理自家看书的所在，摆设着书画琴棋，也有些古玩之类。"[2] 书房铺陈古玩的档次，被视为主人文化品位和社会地位的标志。因为文人士大夫非常重视对它们的搜罗，所以苏州城里古玩商铺和地摊很多，购销两旺。过桥之后，有"酒坊"、"万应膏药"铺、"六陈店"、"各色杂货"店、"朝山纸烛"店。河对岸还有"汗巾手帕"店、"重金雅扇"店等。除了挂幌子的固定店铺之外，沿街随处可见各式地摊。如"重金雅扇"店对面，就有一人挑担卖活鸭活鹅。书画雅扇是驰名全国的苏州特产，小说《醒世姻缘传》中写道："像甚么洒线桌帷，坐褥，帐子，绣被，绣袍，绣裙，绣背心，敞衣，湖镜，铜炉，铜花觚，湖绸，湖绵，眉公布，松江尺绫，湖笔，徽墨，苏州金扇，徽州白铜锁，篾丝拜匣，南京绉纱，这总里开出个单子来，都到南京买。"[3] 雅扇是时尚之士展示个人风采的标志性物件儿，富家子弟张荩去西湖游玩，"自己打扮起来，头戴一顶时样绉纱巾，身穿着

图8 重金雅扇店等

〔1〕（明）冯梦龙：《醒世恒言》卷三十"李汧公穷邸遇侠客"，第663页。

〔2〕（明）冯梦龙：《喻世明言》卷十七"单符郎全州佳偶"，第266～267页。

〔3〕（清）西周生：《醒世姻缘传》第八十四回"童奶奶指授方略 骆舅舅举荐幕宾"，第757页。

银红吴绫道袍，里边绣花白绫袄儿，脚下白绫袜，大红鞋，手中执一柄书画扇子。……左臂上挂着一件披风，右手拿着一张弦子，一管紫箫，都是蜀锦制成囊儿盛裹"[1]。当然不同的消费对象，使用的扇子也不相同。仇英不仅绘画了以文人为目标客户群的"重金雅扇"店铺，还描绘了以普通市民为目标客户群的经营蒲扇的店铺和街边摊。"重金雅扇"的主要消费对象是文人士大夫，而普通市民夏季消暑用的，多是"万应膏药"铺旁的蒲扇店和"道地药材"铺门口小贩出售的蒲扇，显示了不同阶层对同类商品的选择性差异。（图 8）

全卷收尾处绘画了河水环绕下金碧辉煌的瀛台和朱栏玉砌的高阁，在彩旗飘扬的龙舟画舫中，靓装仙女正划楫荡波。金色的重檐歇山顶楼阁雕梁画栋，鸱吻巍峨、垂脊兽排列有序。后面绘雄壮高耸的坛台，似为祀天祈福之所。环绕宫阙的河水寂不扬波，与宫墙外的闹市景致形成鲜明对比。这部分画面是仇英想象中的仙境，其作用是令全卷以绮丽壮阔的景象收束。

作者单位：中国社会科学院历史研究所

收稿日期：2014 - 11 - 16

---

〔1〕 （明）冯梦龙：《醒世恒言》卷十六"陆五汉硬留合色鞋"，第 321～322 页。

考古、文字与文献

琴书在正史艺文志中的发展

——以《汉书·艺文志》为中心

耿慧玲

一　序言

中国的目录学是一门极为成熟的学科。自先秦孔子删定《诗》、《书》并作序始[1]，目录在中国的学术功能，就已不仅仅是为了"驭繁为简"，或"编列序次"、"以博人览"的文献整理工作[2]，也非仅"仰屋著书，按目分类"[3] 的单一目的而已。不论其著作的体例是部类之后有小序，书名之下有解题；或为有小序而无解题；或为小序解题俱无，但都以"辨章学术，考镜源流"作为终极的目的[4]。因此，目录成为"学问之眉目，著述之门户"[5]。由于目录学者常以解题、分类、部次条别的方式，完成对学术

---

[1]《史记》卷四十七《孔子世家》："孔子之时，周室微而礼乐废，诗书缺。追迹三代之礼，序书传，上纪唐虞之际，下至秦缪，编次其事。……孔子晚而喜《易》，序《彖》、《系》、《象》、《说卦》、《文言》。"吕绍虞："孔子整理古代历史文献和古代诗歌，首先根据一定的标准，加以审慎的鉴别，然后将选取的篇章按照不同的情况，作出不同的处理。《书经》是按时代编次的。《诗经》是按性质和地域分类编次的，各篇又有一定的先后次序，如《诗经》的'《关雎》之乱以为《风》始，《鹿鸣》为《小雅》始，《文王》为《大雅》始'。各篇并有言其作意的序录。从目录学的角度来说，这一系列的工作，正是目录工作，这些工作方法，也正是目录学的基本方法。"见氏著《中国目录学史稿》，安徽教育出版社，1984 年版，第 3~4 页。

[2] 见章学诚《校雠通义·互著》："古人著录，不徒为甲乙部次计。如徒为甲乙部次计，则一掌故令史足矣，何用父子世业，阅年二纪，仅乃卒业乎？盖部次流别，申明大道，叙列九流百氏之学，使之绳贯珠连，无少缺逸，欲人即类求书，因书就学。"（台北）仰哲出版社，第 966 页。又，《校雠通义·原道篇》中说："著录部次，辨章流别，将承中大道，不徒为甲乙计数之需。"

[3] 参见余嘉锡《目录学发微》卷四："古之著目录者，皆在兰台、秘阁，执掌图书，故必兼计储藏之法，非如郑樵、焦竑之流，仰屋著书，按目分隶而已也。"巴蜀书社，1991 年版，第 126 页。

[4] "辨章学术，考镜源流"是章学诚在《校雠通义》中所提出的说法——"校雠之意，盖自刘向父子。部次条别，将以辨章学术，考镜源流。"他同时认为，要达到这个目的，就必须在类例、序录和部次条别等几个方面来努力，其主张见其《校雠通义》各章。余嘉锡在《目录学发微》中将目录书分为三类："一曰部类之后有小序，书名之下有解题者。二曰有小序而无解题者；三曰小序解题并无"，"只著书名者。属于第一类者，在论其指归，辨其讹谬；属于第二类者，在穷源至委，竟其流别，以辨章学术，考镜源流；属于第三类者，在类例分明，使百家九流，各有条理，并究其本末，以见学术之源流沿袭。以此三者互相比较，立论之宗旨，无不吻合，体制虽异，功用则同。盖吾国从来之目录学，其意义皆在'辨章学术，考镜源流'，所由与藏书之簿籍自名赏鉴，图书馆之编目仅便检查者异也"（第 2~12 页）。

[5] 王鸣盛在《十七史商榷》卷二十二《汉书十六·汉艺文志考证》云："歙县金修撰榜语予曰：不通《汉·艺文志》，不可以读天下书。《艺文志》者，学问之眉目，著述之门户也。"上海书店出版社，2005 年版，第 162 页。

渊流的辨识，目录学的著作便自然成为学者对于既有文献数据运用的基本进阶，不仅反映一个时代的学术动态，也掌握学术著录的脉动，这使得目录学成为一部具体而微的中国学术史。

目录学的著作分为官修目录、史志目录与私家目录三种。官修目录即国家图书馆之藏书目录[1]；史志目录则为史家编纂史籍时对于历代或当代著作所编纂的目录，自《汉书》首开《艺文志》的编纂后，在今所共认的二十四史中，计有《隋书·经籍志》、《旧唐书·经籍志》、《新唐书·艺文志》、《宋史·艺文志》、《明史·艺文志》六部正史的史志目录[2]；私家目录，则系历代私人藏书家所自行编制的目录[3]。三种目录编纂的对象、目的均有不同，因此内容也各有特色。史志目录的编纂者都是史家，因此史志目录的编纂更能反映当时史家对于学术著录的一种分类与看法，这较官修目录与私人目录所欲达到的"辨章学术，考镜源流"企图性与功能性更强，应该可以作为后世研究学术思想的重要指标。

史志目录原有六部，即前述《汉书·艺文志》、《隋书·经籍志》、《旧唐书·经籍志》、《新唐书·艺文志》、《宋史·艺文志》、《明史·艺文志》。清人有鉴于目录学对于学术源流承载的功能，对原未有《艺文志》或《经籍志》的史书，亦加以补纂[4]，不过由于本文着眼于史志作者就当时的学术状况，对于琴书所做的归类，并专论《汉书·艺文志》所收琴书，以观察汉代的琴学发展，故对于后人从各历史资料中所集录出来的补志，并不列入论述的范围。其中《明史·艺文志》著录体例又与前五部志书不同，仅收录有明一代著作的书籍，无法检视书籍的流变，故将另文讨论。

二 五部史志目录的比较

《汉书·艺文志》（以下简称《汉志》）、《隋书·经籍志》（以下简称《隋志》）、《旧唐书·经籍志》（以下简称《旧唐志》）、《新唐书·艺文志》（以下简称《新唐志》）、《宋史·艺文志》（以下简称《宋志》）的撰著，分别代表着中国历史上几个大统一时代对于经籍的整理成果，也代表撰述史家对于经典的分类概念，因此，五部史志目录的内容也展现着不同的学术风貌。大体上来说，这五部史志目录可以分成三个阶段，第一个阶段是以《汉志》为代表，这个时期的学风带有浓厚的系统性，顾实《汉书艺文

---

[1]　国家图书馆即历代之兰台、东观、辟雍、鸿都、秘阁、弘文馆、史馆、集贤馆之类国家藏书的处所。

[2]　《清史》也有《艺文志》的撰述，不过《清史》未正式成为公认的正史，但称《清史稿》而已。

[3]　私人藏书家在图书馆系统不是很发达的时候，是书籍主要的收藏者，私家藏书之丰，往往可埒官方的收藏，如《郡斋读书志·自序》（衢本）记载："国朝（宋）宋宣献公亦得毕文简、杨文庄家书，故所藏之富与秘阁等。"又如范钦天一阁、黄虞稷千顷堂等私人藏书家所编制的目录，常成为补充官方收藏或编修官修史志目录的主要依据。

[4]　补《后汉书·艺文志》者有八家，分别为厉鹗、钱大昭、洪饴孙、劳颍、侯康、顾怀三、姚振宗、曾朴；补《三国志》者两家：侯康之、姚振宗；补《晋书》者有五家：吴士鉴、丁国钧、秦荣光、黄逢元、文廷式；补南北朝志者有：徐崇、聂崇岐、陈述三家（蔡珪、汪士铎所补南朝史志已佚）；补辽、金、元史志者有倪灿、卢文弨、金门诏、钱大昕，又有厉鹗、缪荃孙、王仁俊、黄任恒、杭世骏、郑文焯、吴骞（张景筠《补元史·艺文志》已佚）。

志讲疏·例言》有清楚的说明：

> 六艺百家之书，大都别家而不别人，盖其师徒授受，述作不必一手，而实出自
> 一家。故如《管子》、《孟子》，即管氏、孟氏之家言[1]

这种重家法的学术风格，到了汉末魏晋时学风渐变，郑默、荀勖将原本的六部分类改为四部，"始不曰家"，"尔后书志率标一人之作"[2]，历尽南北朝的动乱，经籍数度散佚，《隋志》的撰写，总结汉末至隋代散乱的典籍数据，并且确立了四部的分类方式。此后无论史志目录、官修目录或者私家目录，四部分类成为目录学主流的分类方式；同时《隋志》也沿袭了《汉志》撰写叙录、总序、大序、小序的体例，介说各部类图书的性质与内容，简述学术源流。其后的两《唐志》，其编纂方式与《隋志》同，唯收书时代有差别，故可归为一类。《旧唐志》主要"录开元盛时四部诸书，以表艺文之盛"[3]，至于开元四部之外的书籍，尤其是天宝以后的著录，因已见于本传，不欲杂其本部，故而不录[4]；这与《新唐志》恰恰不同，亦即《新唐志》收书量超过《旧唐志》。然而在论述的体例上，《旧唐志》前有志序，每部有大序，小类有小序，全书最后还有一后序；对唐玄宗开元至昭宗天佑年间国家书籍散佚及重新编纂的过程（志序），每部、每类所分类目并著录图书的部数和卷数（大序、小序），以及秦汉至唐代书籍的流传情况（后序）均有所说明。《新唐志》则无后序，志序与每部的大序和每类的小序都只是简单的介绍编书的状况，及图书保存的情况、著录的作者、部数和卷数[5]。因此，在类例的序说上，《旧唐志》显然更具有记载明确的优点。然由于四部编类的方式大致相同，历史的发展形态基本上相延续，故而《隋志》与两《唐志》可以归为一类。

《宋志》的著录体例虽然也是四部分类，与《隋志》、两《唐志》相同，但是唐末五代雕版工艺的兴起[6]，印刷术的快速推广，及政治社会的重视[7]，使书籍的出版数量大增。量化所产生的质变，使得书籍的类目也有了很大的扩充[8]，这些在《宋志》的著录中有了充分的展示，这或许也就是使得后来《明史·艺文志》采取仅录当代著录

---

〔1〕 顾实：《汉书艺文志讲疏》，商务印书馆，1927版，第1页。

〔2〕 顾实《汉书艺文志讲疏》例言："（汉）志每略每种结末，率标若干家，其义自瞭。袁松山《后汉续志》犹尔。晋《中经簿》始不曰家。（俱见《广弘明集》）尔后书志率标一人之作……"同上，第1页。

〔3〕《旧唐书》卷四十六《经籍志上》，叶三上（947）。

〔4〕《旧唐书》卷四十六《经籍志上》，叶六上（948）。

〔5〕 郑旭东：《〈旧唐书·经籍志〉和〈新唐书·艺文志〉比较研究》，《湖南工业大学学报》（社会科学版）2008年第4期，第76页。

〔6〕《宋史》卷二百二《艺文志》："周显德中始有经籍刻板，学者无笔札之劳，获睹古人全书。"（文渊阁四库全书电子版，叶二上）

〔7〕 如子部类书类的大量出现，像李昉的《太平御览》、王钦若的《册府元龟》卷帙皆达1000卷，这些大型类书的编纂，需要极为丰富的文献典籍支撑。而《宋史》卷二百二《艺文志》："自是而后，迄于终祚，国步艰难，军旅之事日不暇给，而君臣上下未尝顷刻不以文学为务，大而朝廷，微而草野，其所制作说说，纪述赋咏，动成卷帙，累而数之，有非前代之所及也。"（叶四上）可见宋代社会对于文献典籍的重视与经营。

〔8〕 如于经部增设"经解"、"训诂"、"小学"等类，于集部增设"文史类"收录文评、史评之著作等，都对于前代著作的分类有所改进，不仅反映出宋代学术更加细密专精，也同样反映出宋代大量著录的可支撑性。

特例的原因[1]。

琴书在这样的著录状态下，会呈现怎样的琴学发展面貌，是下面探讨的重点。

三　史志目录中的乐书文献

琴书在五部史志目录分类中均列于经部乐类[2]，兹先将五部史志目录中乐类收书的状况作表如下（表1）：

表1

	汉志	隋志[3]	旧唐志	新唐志	宋志[4]	总计[5]
经部	136/3123	632/5403	576/6240	597/6135	1192/11847	3133/32748
乐类	6/165	47/175	29/195	38/257	116/1048	236/1840
比例	4.4/5.2	6.7/2.6	5.0/3.1	6.4/4.2	9.7/8.9	7.4/5.5

注：本表书籍统计依据桂罗敏《从正史艺文志探究儒家经典的数目变化》（《图书馆理论与实践》2008年第1期）改编制成。

从表1中可以看出乐类书籍的成长幅度与散佚的情况。由于《汉志》是以家法传，故而无论是家数（部数）或是卷数均较后四部少，这与史书所载汉末魏晋南北朝政治与社会的变动下所导致书籍的灾阨毁损状况基本相合。由《隋志》至《新唐志》的著录记载，则可看出书籍卷数的自然成长。而印刷术的推波助澜确使《宋志》的乐类书籍明显有大幅度的增加。不过，表中乐类书籍在经部的比例均未超过一成，然若与经常并称并列的礼类书籍比较[6]，则出现极值得探讨的变化，如下表（表2）：

表2

	汉志	隋志	旧唐志	新唐志	宋志	总计
礼类	14/555	136/1622	104/1945	96/1827	113/1399	463/7348
乐类	6/165	47/175	29/195	38/257	116/1048	226/1766

表2中，礼类书籍在前四志中，无论部数（家数）或卷数几乎都是乐类书籍的二至三倍，除在《汉志》中部数与卷数稍逊于春秋类的29部948卷之外，礼类的部数与卷

---

〔1〕　按，历史学的核心是时间，前述史志目录均记当代所存之书籍，唯《明史·艺文志》仅收明代作者所著之书目，基本上有损于记载历史沿革的功能。

〔2〕　《汉志》分类非以四部，然《乐书》所入《六艺略》即后世经部之滥觞，为行文方便，姑从后志"乐入经部"之表述。

〔3〕　按，《隋志》原载42部，142卷；实际共47部，175卷；含亡书3部，18卷。

〔4〕　按，《宋志》乐类应为116部1048卷，较桂罗敏统计多5部41卷。

〔5〕　加上《隋志》多的5部33卷，及《宋志》5部41卷，经部总数应为3133部32748卷。

〔6〕　《汉志》引《孝经》《广要道章》云："孔子曰：'安上治民，莫善于礼'；'移风易俗，莫善于乐。'二者相与并行。"见（清）王先谦补注：《汉书补注》卷三十《艺文志》，（台北）艺文印书馆，叶十四下。故礼乐常列并称。

数都是经部较多者；然而至《宋志》时，两类书籍的部数与卷数竟然近乎相等。且相对于礼类书籍在经部卷数上的衰退，乐类书籍在《宋志》中所反映的成长，是值得注意的现象。那么《宋志》琴书在这样的状况下，又是怎样的发展状况呢？

《宋志》所收乐类书籍计 116 部 1048 卷，包含乐律、乐论、乐器、乐谱、乐规等不同类目，其中琴书有 48 部 163 卷，分别占部数的 41.4% 与 15.6%。在整体乐书中，琴书的比例较之其他乐器如琵琶（段安节《琵琶录》一卷）、阮（李昌文《阮咸弄谱》一卷、喻修枢《阮咸谱》一卷）等乐器，可说是占绝对的优势，可见琴在当时"乐"的特殊地位。那么这些琴书的源流如何？与两《唐志》、《隋志》与《汉志》的著录内容与形式是否有差异？下面先就《宋志》与《隋志》、两《唐志》做比较（见附二"《宋志》与《隋志》、两《唐志》比较表"），其中《宋志》所录琴书大多为前志所不载，仅如下几部与前志有延续：

（1）孔衍《琴操引》三卷：《隋志》、《旧唐志》有《琴操》三卷；《新唐志》有《琴操》一卷；

（2）赵邦利《弹琴手势谱》一卷：《新唐志》作"赵邪利"，《隋志》、《旧唐志》无；

（3）唐玄宗《金风乐弄》一卷：《新唐志》作"玄宗《金风乐》一卷"，《隋志》、《旧唐志》无；

（4）赵惟简《琴书》三卷：《新唐志》作"赵惟暕"；《隋志》、《旧唐志》无；

（5）陈康士《琴调》三卷：《新唐志》作四卷；《隋志》、《旧唐志》无；

（6）陈康士《琴调》十七卷：《新唐志》作十三卷；《隋志》、《旧唐志》无；

（7）《离骚谱》一卷：《新唐志》作者为陈康士；《隋志》、《旧唐志》无；

（8）李约《琴曲东杓谱》一卷：《新唐志》作"《东杓引谱》一卷，李约（勉子，兵部员外郎）"；《隋志》、《旧唐志》无；

（9）齐嵩《琴雅略》一卷：《新唐志》同，《隋志》、《旧唐志》无；

（10）萧佑（一作"祐"）《无射商九调谱》一卷：《新唐志》作"萧祐"，《隋志》、《旧唐志》无；

（11）吕渭（一作"滨"）《广陵止息谱》一卷：《新唐志》同，《隋志》、《旧唐志》无；

（12）王大方《琴声韵图》一卷：《新唐志》作"王大力"；《隋志》、《旧唐志》无。

这十二部书仅有孔衍《琴操》为四志均收录之典籍[1]，其余各书仅见于《新唐志》开元四部以后所收书，与上表开元之后至宋代琴书的成长相合。那么在前面所说的第二类史志目录中琴书的状况又是如何？兹将《隋志》与两《唐志》的乐类书籍与琴书比

---

〔1〕 按，孔衍《琴操》，《宋志》作《琴操引》，与《隋志》、两《唐志》作《琴操》不同；同时《新唐志》录《琴操》仅存一卷，《宋志》所录《琴操》是否即前志所录之《琴操》亦需存疑。有关《琴操》之研究请参考笔者《试论〈琴操〉与中国的琴乐》一文，收入郑炜明等编：《琴学荟萃——第二届古琴国际学术研讨会论文集》，齐鲁书社，2011 年版，第 422～437 页。

例作表如下（表3）：

表3

	隋志[1]	旧唐志	新唐志[2]
乐书	39/161	23/155	41/271
琴书	8/14	6/40	20/78
总计	47/175	29/195	61/349

由表3可以发现琴书在乐类书籍中的成长态势，与上述《宋志》所展现出的情况基本上是相合的。亦即在开元之后有关琴书的数量明显增加，这些增加的书籍内容与之前有何异同，是可以继续深入探讨的。而作为分部之先的《汉志》，虽乐类书籍数量上不及并未见《隋志》等四书，但细观其所收乐书及琴书，实则有许多值得讨论的地方，故以下针对《汉志》内容详加说明。

四 《汉书·艺文志》琴书研究

（一）说《乐记》

史志目录中，《汉志》的记载内容与其他各志不同，因为所录"六艺百家之书，大都别家而不别人"，重视流派与家法。在《汉志》中共列乐类书籍六家百六十五篇，分别为：《乐记》二十三篇；王禹《记》二十四篇；《雅歌诗》四篇；《雅琴赵氏》七篇[3]；《雅琴师氏》八篇；《雅琴龙氏》九十九篇[4]。

其中，《乐记》与王禹《记》的两部著录，根据《汉志》与《汉书·礼乐志》的记载，正显示了汉代一个新的音乐形式的出现。礼乐并行制度始自黄帝以迄于三代，但随着周朝王室势力的倾颓，导致原来礼乐制度的陵夷，尤其是"乐"。因为"以音律为节"，无法用文辞的方法记载，因此寝微的更加厉害。即便是有世在乐官的制氏，但已经只能记其铿锵鼓舞，"不能言其义"。武帝时，河间献王刘德与毛生"共采《周官》及诸子言乐事者，以作《乐记》，献八佾之舞，与制氏不相远"[5]，这一部《乐记》由刘德的内史丞王定传给常山王禹；成帝时，王禹编著成二十四篇本的《乐记》，其内容

---

〔1〕《隋书》原载"右四十二部，一百四十二卷。通计亡书，合四十六部，二百六十三卷"。如原载统计，则亡书应为4部，经核查仅3部，乐书含亡书计39部161卷；琴书8部14卷；合计乐类书籍共47部175卷。

〔2〕《新唐志》原收书分家、部与卷数，及开元前后，故云"右乐类三十一家，三十八部，二百五十七卷。失姓名九家，张文收以下不著录二十家，九十二卷"。此处统计仅综合以部数卷数为计，不以家数及开元前后分别统计。

〔3〕 按，《汉书》卷六十四下《王褒传》："丞相魏相奏言知音善鼓雅琴者：勃海赵定、梁国龚德皆召见待诏。"（叶十一上）

〔4〕《梁文纪》卷一《沈约奏答》载《龙氏雅琴》为百六篇："《别录》有《乐歌诗》四篇，《赵氏雅琴》七篇，《师氏雅琴》八篇，《龙氏雅琴》百六篇。"（叶二十三下）据姚振宗《六艺略佚文》，见（汉）刘向、刘歆著，（清）姚振宗辑录，邓骏捷校补：《七略别录佚文》，澳门大学出版中心，2007年版，第27页。

〔5〕《汉书·艺文志》，叶十下～叶十一上。

传承制氏与河间献王的乐道。但是这一部《乐记》却与刘向校书所得《乐记》二十三篇的内容不同[1]。刘向的二十三篇《乐记》书目俱存，入《礼记》的十一篇，其内容大致可由《乐记》窥知，而王禹的二十四篇本《乐记》却已如《艺文志》所载"浸以益微"[2]。然而王禹的这部书，承继的似乎不仅是义理，还有音声。《汉书·礼乐志》记载大儒公孙弘、董仲舒在听了河间献王的雅乐之后，皆以为"音中正雅"，故以之"立之大乐"。然而到了成帝，礼乐分殊，"但闻铿鎗，不晓其意，而欲以风谕众庶，其道无由"。这说明汉代的音声系统产生了变化，河间献王一系（含王禹及其弟子宋晔）是承袭先秦雅乐"音声"的标杆。因此，《汉志》将刘向所校《乐记》与王禹系统之《乐记》并收，强调不同的流派与家法，也说明了汉代对于"乐"有了不一样的解释。

（二）说《雅歌诗》

《汉志》在两部《乐记》之后收有《雅歌诗》四篇，然并未说明是哪四篇。

古者，诗与歌是相互结合的，正如同礼与乐的并行一般。《白虎通义·礼乐》解释何以"乐必以歌"，是因为"夫歌者口言之也，中心喜乐，口欲歌之，手欲舞之，足欲蹈之"[3]。这是一种出乎于本能的情绪的表达，亦即《尚书·舜典》所云"诗言志、歌永言、声依永、律和声"[4] 的基本律则，至周遂有《周南》、《召南》、《鹿鸣》、《文王》之属及颂声的出现。这些乐歌与礼制的配合，可以从《国语·鲁语》叔孙穆子聘于晋的故实得到清楚的说明：

> 叔孙穆子聘于晋，晋悼公飨之，乐及《鹿鸣》之三，而后拜乐三。晋侯使行人问焉，曰："子以君命镇抚敝邑，不腆先君之礼，以辱从者，不腆之乐以节之。吾子舍其大而加礼于其细，敢问何礼也？"对曰："寡君使豹来继先君之好，君以诸侯

〔1〕《汉书》（《钦定摛藻堂四库全书荟要》本）卷三十《艺文志》："刘向校书，得《乐记》二十三篇，与禹不同，其道浸以益微。"（叶十一下～叶十二上）又，根据孔颖达的说法，刘向《别录》的《礼记》有《乐记》二十三篇，包括了原《礼记》（刘向校书之前）的十一篇：（1）乐本；（2）乐论；（3）乐施；（4）乐言；（5）乐礼；（6）乐情；（7）乐化；（8）乐象；（9）宾牟贾；（10）师乙；（11）魏文侯，和校书之后的十二篇：（12）奏乐；（13）乐器；（14）乐作；（15）意始；（16）乐穆；（17）说律；（18）季札；（19）乐道；（20）乐义；（21）召本；（22）昭颂；（23）实公。见（汉）郑玄注、（唐）孔颖达疏：《礼记注疏·原目·乐记第十九音义》。

〔2〕《汉书》卷二十二《礼乐志》："成帝时，谒者常山王禹世受河间乐，能说其义，其弟子宋晔等上书言之，下大夫博士平当等考试。当以为：汉承秦灭道之后，赖先帝圣德，博考兼听，修废官，立太学，河间献王聘求幽隐，修兴雅乐以助化，时大儒公孙弘、董仲舒等皆以为音中正雅，立之大乐，春秋乡射作于学官，希阔不讲。故自公卿大夫观听者，但闻铿鎗，不晓其意，而欲以风谕众庶，其道无由。是以行之百有余年，德化至今未成。今晔等守习孤学，大指归于兴助教化，衰微之学兴废在人，宜领属雅乐以继绝表微。孔子曰'人能弘道，非道弘人'，河间区区小国藩臣，以好学修古，能有所存，民到于今称之，况于圣主广被之资，修起旧文，放郑近雅，述而不作，信而好古，于以风示海内，扬名后世，诚非小功小美也。事下公卿，以为久远难分明，当议复寝。"（叶三十六下～三十七下）

〔3〕（汉）班固：《白虎通义》卷上《礼乐》，叶二十一下。

〔4〕《尚书注疏》卷三《虞书·舜典》，重刊宋本十三经注疏/清嘉庆二十年南昌府学刊本，（台北）艺文印书馆，1965 年版，叶二十六上。

之故，贶使臣以大礼。夫先乐金奏《肆夏》、《樊》、《遏》、《渠》[1]，天子所以飨元侯也；夫歌《文王》、《大明》、《绵》，则两君相见之乐也。皆昭令德以合好也，皆非使臣之所敢闻也。臣以为肆业及之，故不敢拜。今伶箫咏歌及《鹿鸣》之三，君之所以贶使臣，臣敢不拜贶。夫《鹿鸣》，君之所以嘉先君之好也，敢不拜嘉。《四牡》，君之所以章使臣之勤也，敢不拜章。《皇皇者华》，君教使臣曰'每怀靡及'，诹、谋、度、询，必咨于周。敢不拜教。臣闻之曰：'怀和为每怀，咨才为诹，咨事为谋，咨义为度，咨亲为询，忠信为周。'君贶使臣以大礼，重之以六德敢不重拜。"[2]

这则记载清楚地说明《小雅·鹿鸣》、《大雅·文王》与《颂·肆夏》施作的状况。每个乐章所代表的等级意识、所传达的礼仪讯息，充分展现出"礼"、"乐"并行制度在周代"不知乐即不知礼"的样貌[3]。同时也反映出当时晋国的君侯相宰已经不了解"乐"所代表的意涵。这些春秋时期诗歌与礼分离的现象，也促使孔子删《诗》三千，令余者三百五篇皆弦歌之，与礼之义合，并使诗合《韶》、《武》、《雅》、《颂》之音[4]。然而"周道寖坏，聘问歌咏不行于列国，学诗之士逸在布衣，而贤人失志之赋作矣"[5]。"礼"与"乐"逐渐失序，"诗"与"乐"也逐渐分离。至秦之时，李斯希望能够延续传统，继续实践正乐的系统；赵高则提出"五帝、三王乐各殊名，示不相袭"[6]的意见，主张另创新声。"乐各殊名"的概念，在汉章帝建初四年（79）白虎观今古文经的大辩论中也得到认同。参与此次辩论的班固记录了此次大辩论后对于乐的看法，在礼乐并行的架构下，每一代都有与自己朝代"功"、"德"相同的音乐，如黄帝的《咸池》、颛顼的《六茎》、禹之《大夏》、汤之《大濩》[7]，此即所谓的"乐者所以象德、表功，殊名"[8]。汉代当然也有属于自己的音乐，《东观汉记》记载汉乐有四：

---

〔1〕 上海古籍出版社编注之《国语》注曰："肆夏一名樊，韶夏一名遏，纳夏一名渠，此三夏曲也。"上海古籍出版社，1978年版，第186页。根据郑玄的《周礼·春官·钟师》注，《肆夏》之三指的是《王夏》、《肆夏》及《昭夏》，郑玄认为这就是周代的《颂》。《周礼·春官·大司乐》："王出入则令奏《王夏》，尸出入则令奏《肆夏》，牲出入则令奏《昭夏》。"又有"九夏"，《周礼·春官·钟师》："钟师掌金奏。凡乐事以钟鼓奏九夏：《王夏》、《肆夏》、《昭夏》、《纳夏》、《章夏》、《齐夏》、《族夏》、《祴夏》、《骜夏》。"郑玄注："九夏皆诗篇名，颂之族类也。此歌之大者，载在乐章，乐崩亦从而亡。"

〔2〕《国语》卷五《鲁语下》，第185～186页。又，《左传注疏》卷二十九《襄公四年》记载稍有差异，可以相互参照（重刊宋本十三经注疏/清嘉庆二十年南昌府学刊本，叶十六下～叶二十上）。

〔3〕《汉书》卷三十《艺文志·诗赋略序》："古者诸侯卿大夫交接邻国，以微言相感，当揖让之时，必称诗以谕其志，盖以别贤不肖而观盛衰焉。"（第1755页）

〔4〕《新校本史记》卷四十七《孔子世家》，（台北）鼎文书局，1981年版，第1936页。又，《通志》卷四十九《乐略》："（孔子）列十五国风以明风土之音不同，分大小二雅以明朝廷之音有间，陈周鲁商三颂之音所以侑祭也，定南陔、白华、华黍、崇丘、由庚、由仪，六笙之音，所以叶歌也。得诗而得声者三百篇，则系于风雅颂；得诗而不得声者，则置之，谓之逸诗，如河水、祈招之类，无所系也。"（叶三上）

〔5〕《汉书》卷三十《艺文志·诗赋略序》，第1756页。

〔6〕《史记》卷二十四《礼乐书》，叶三上。

〔7〕《白虎通义》卷上《礼乐》，叶二十二下～二十三上。又，《汉书·艺文志》叶十上。

〔8〕《白虎通义》卷上《礼乐》："王者始起，何用正民，以为且用先王之礼乐。天下太平乃更制作焉，……示不袭也。"（叶二十二）不过，这样的更作，仍是在礼乐并行的架构中，只是形式上可以有所改变。

"大予乐"、"周颂雅乐"、"黄门鼓吹"、"短箫铙歌"[1]。其中"周颂雅乐"应即孔子所删后之《诗》三百。由于汉去三代未远，诗与礼义虽然已经不能尽知，但诗与乐则仍然可以依其彷佛，这也就是前面所云"但闻铿鎗，不晓其意"[2]，直至汉武帝立乐府，采地方歌谣，遂又建立了"歌诗"的系统[3]。"歌诗"被收入《汉志·诗赋略》。《诗赋略》除了收"歌诗之属"之外，尚收有以抒情为主的"屈原赋之属"、以说辞为主的"陆贾赋之属"、以"效物"为主的"荀卿赋之属"、如《庄子》寓言一般以诙谐为主的"杂赋"[4]。"歌诗"与"赋"有何不同？《汉志·诗赋略序》云"不歌而诵谓之赋"，郑樵说"声其诗则谓之歌"[5]。由"歌诗之属"所收《高祖歌诗》、《太一杂甘泉寿宫歌诗》等二十八家三百一十四篇的内容来看，"歌诗"应该均是可讴歌者，与"赋"不同[6]。然而，这些诗歌的集结始自于武帝时所采当时流传之诗歌[7]，已与原来礼乐型的诗歌不同。郑樵谓此导因于当时采诗不辨风雅，然可以想象的是礼乐制度的分离，国家体制的改变，如何还有完整的风雅颂系统[8]，故将《诗》三百之歌诗称作"雅歌诗"，置于《六艺略》，而汉时创作、采集的"歌诗"收入《诗赋略》。

四篇的《雅歌诗》究竟为何？姚振宗推论应是河间献王所献"雅乐"，王应麟则径引《晋书·杜夔传》认为应该就是杜夔所传旧雅乐四曲[9]，亦即《鹿鸣》、《驺虞》、《伐檀》、《文王》；而这与《宋书·乐志》所云魏雅乐四曲是一样的[10]。四曲均是《诗》三百中的篇章，其中《鹿鸣》、《文王》分属《小雅》与《大雅》，《驺虞》、《伐檀》分属《国风》之《召南》与《魏风》。史书中强调杜夔对于雅歌诗的传承，由记载可知，杜夔所传承的《鹿鸣》、《驺虞》、《伐檀》、《文王》都是作为仪式音乐而流传的。例如《鹿鸣》在汉宣帝神爵、五凤之间（前61—前57），王褒仍"选好事者令依《鹿

---

〔1〕（汉）刘珍等撰，吴树平校注：《东观汉记校注》卷五《乐志》，中州古籍出版社，1987年版，第159页。按，《东观汉记》经过多次的兴修，《乐志》由蔡邕所修，引见（刘宋）范晔撰《后汉书》志第五《礼仪志中·朝会》注，（台北）鼎文书局，1981年版，第3130页。又，大予乐乃典郊、庙、上陵殿诸食举之乐，周颂雅乐乃典辟雍、飨射、六宗、社稷之乐，黄门鼓吹为天子宴乐群臣之乐，短箫铙歌即军乐。

〔2〕《通志》卷四十九《乐略·乐府总序》："汉之初，去三代未远，虽经主学者不识诗，而太乐氏以声歌肄业，往往仲尼三百篇，瞽史之徒，例能歌也。"（叶五下）

〔3〕《汉书》卷三十《艺文志·诗赋略序》，第1755 1756页。

〔4〕顾实：《汉书艺文志讲疏》，第179、183、188、190页。

〔5〕《通志》卷四十九《乐略第一·正声序论》，叶六下。

〔6〕歌诗如《高祖歌诗》或《太一杂甘泉寿宫歌诗》等均可以在《礼乐志》、《郊祀志》中找到相应的资料，基本上都是可歌者。可参顾实与张舜徽等人之考证。

〔7〕《汉书》卷三十《艺文志》："自孝武立乐府而采歌谣，于是有代赵之讴，秦楚之风，皆感于哀乐，缘事而发，亦可以观风俗，知薄厚云。"（叶四十六下）

〔8〕郑樵《通志》卷四十九《乐志》："三代既没，汉魏嗣兴，礼乐之来，陵夷有渐，始则风雅不分，次则雅颂无别，次则颂亡，次则礼亡。"（叶五上）

〔9〕（宋）王应麟《汉书艺文志考证》卷三："《晋志·杜夔传》所云旧雅乐四曲，一曰鹿鸣、二曰驺虞、三曰伐檀、四曰文王，皆古声辞。此四篇岂即四曲欤！"

〔10〕《宋书》卷十九《乐志》："魏雅乐四曲：一曰《鹿鸣》，后改曰《于赫》，咏武帝；二曰《驺虞》，后改曰《巍巍》，咏文帝；三曰《伐檀》，后省除；四曰《文王》，后改曰《洋洋》，咏明帝。"（叶九上）与《晋书》卷二十二《乐志上·祠庙飨神歌二篇》所载亦同。见（唐）房玄龄等撰，杨家骆主编：《新校本晋书》，（台北）鼎文书局，1980年版，第684页。

鸣》之声习而歌之"[1]；汉明帝永平十年（65）行幸南阳，"召校官子弟作雅乐，奏《鹿鸣》，上自御埙篪和之，以娱嘉宾"[2]。有关《鹿鸣》的演奏形式，也有比较清楚的记载，如上《国语》所载，歌"《鹿鸣》必歌《四牡》、《皇皇者华》，三诗同节，故曰工歌《鹿鸣》之三，而用《南陔》、《白华》、《华黍》三笙以赞之，然后首尾相承，节奏有属"[3]。甚至一直到清代都是礼宾时所使用的音乐[4]。其余《驺虞》、《伐檀》、《文王》虽在晋时已为左延年、荀勖所改，但也都是在这四首歌诗的基础上修改，因此"每正旦大会，……第一曰《于赫》篇，咏武帝，声节与古《鹿鸣》同。第二曰《巍巍》篇，咏文帝，用延年所改《驺虞》声。第三曰《洋洋》篇，咏明帝，用延年所改《文王》声。第四曰复用《鹿鸣》"[5]。郑樵在《通志》中说："古之诗曰歌行，后之诗曰古近二体。歌行主声，二体主文。诗为声也，不为文也。"[6] 又云："凡律其辞，则谓之诗；声其诗则谓之歌，作诗未有不歌者也；诗者乐章也，或形之歌咏，或散之律吕，各随所主，而命主于人之声者，则有行有曲，散歌谓之行，入乐谓之曲。"[7]《鹿鸣》作为音声的代表，是可以正式被演奏与歌唱者，这对于音乐本体来说，是更为重要的记录。然而声音是以时间为载体，无法用文字记载，因此其寝微也最容易，在没有适当的乐谱记载体系下，即便是在重视礼乐制度的时代，最多只能留下与礼配合的理论或仪式，能真正著为音声，予以传播者真的十分稀少，故自《鹿鸣》一篇绝，后世不复闻诗[8]。《汉志》仅余《雅歌诗》四篇的记载，或许已是中国音乐史上最大的幸运。

（三）说雅琴

《雅歌诗》的音声究竟怎样，学者似乎仅能从文词的节律入手研究[9]。然而在文籍中所谓"宽而静、柔而正者，宜歌《颂》；广大而静、疏达而信者，宜歌《大雅》；恭俭而好礼者，宜歌《小雅》；正直而静、廉而谦者，宜歌《风》"[10] 或者"钟声铿，铿以立号，号以立横，横以立武。君子听钟声则思武臣。石声磬，磬以立别，别以致死。君子听磬声，则思死封疆之臣。丝声哀，哀以立廉，廉以立志。君子听琴瑟之声则思志

〔1〕《汉书》卷六十四下《王褒列传》，王先谦汉书补注本，（台北）鼎文书局，1986 年版，第 2821 ~ 2822 页。
〔2〕《东观汉记校注》卷二《明帝纪》，第 57 页。
〔3〕《通志》卷四十九《乐略第一·乐府总序》，叶二上。
〔4〕唐乡饮酒礼会属僚设宾主陈俎豆备管弦牲用少牢歌鹿鸣之诗。赵尔巽等撰，杨家骆校：《杨校标点本清史稿》卷八十九《礼志八·嘉礼二·乡饮酒礼》："每行礼，奏御制补笙诗六章。其制，献宾，宾酢主人后，酒数行。工升，鼓瑟，歌鹿鸣。宾主以下酒三行，司馔供羹，笙磬作，奏南陔，闲歌鱼丽，笙由庚。司爵以次酌酒。司馔供羹者三，乃合乐，歌关雎。工告'乐备'，彻馔。宾主咸起立再拜。宾、介出，主人送门外，如初迓仪。"（台北）鼎文书局，1981 年版，第 2654 页。
〔5〕（唐）房玄龄等撰：《晋书》卷二十二《乐志上·祠庙飨神歌二篇》，（台北）鼎文书局，1980 年版，第 684 页。《鹿鸣》之声重用，而除古《伐檀》。
〔6〕《通志》卷四十九《乐略第一·乐府总序》叶六下 ~ 七上。
〔7〕《通志》卷四十九《乐略第一·正声序论》叶六下 ~ 七上。
〔8〕《通志》卷四十九《乐略第一·乐府总序》叶二下。
〔9〕赵沛霖：《〈诗经〉与音乐关系研究的历史和现状》，《音乐研究》1993 年第 1 期，第 81 ~ 88 页。转引自中国文学网 http://www.literature.org.cn/Article.aspx?id = 54222.
〔10〕《礼记注疏》卷三十九《乐记》，重刊宋本十三经注疏/清嘉庆二十年南昌府学刊本，第 701 ~ 702 页。

义之臣。竹声滥，滥以立会，会以聚众。君子听竽笙箫管之声则思畜聚之臣。鼓鼙之声
讙，讙以立动，动以进众。君子听鼓鼙之声则思将帅之臣。君子之听音，非听其铿鎗而
已也，彼亦有所合之也"[1] 这样的论述，对于了解雅歌诗的音声是没有帮助的[2]。不
过"凡歌行虽主人声，其中调者，皆可以被之丝竹"[3]，且"八音之中，惟丝声于人情
易见，而丝之器莫贤于琴"[4]，因此，以琴音来表达"人情"最为妥当，最为自然。或
许可以从琴声切入，藉以窥探古代音乐的音声结构。

在《汉志》六部乐书中有三部与琴有关，即《雅琴赵氏》、《雅琴师氏》、《雅琴龙
氏》三家共一百一十四篇，值得注意的是三家均称"雅琴某氏"，雅琴赵氏、师氏与龙
氏究竟是谁？《汉书·王褒传》记载：

> 上颇作歌诗，欲兴协律之事，丞相魏相奏言知音善鼓雅琴者，渤海赵定、梁国
> 龚德，皆召见待诏。[5]

而刘向的《别录》云：

> 赵氏者，渤海人赵定也。……定为人尚清静，少言语，善鼓琴，时闲燕为散
> 操，多为之涕泣者。
>
> 师氏雅琴者名志（一引云"名忠"），东海下邳人，传云言师况之后，至今邳
> 俗犹多好琴也。
>
> 雅琴龙氏亦魏相所奏也。与赵定俱召见待诏，后拜为侍郎。[6]

事实上，历史上还有一些奏雅琴的琴人记录，如《后汉书》卷一百九上《儒林列
传·刘昆传》之类[7]，根据宋时朱长文在《琴史》一书的考订补充，这三位都是西汉
时期的琴人：师中是汉武帝时东海下邳人；赵定与龙德均为汉宣帝元康间人，赵定渤海
人，龙德梁国人[8]。并说明这三位琴人，是在雅乐未立，郑音遍于天下、作于朝廷时，
以雅琴为事的好古博雅之士[9]。

那么雅琴究竟是专称还是泛称？

由现存文献，可以发现如《尔雅》、《礼记》之类较为早期的记载，仅有大琴、中

---

〔1〕《新校本史记》卷二十四《乐书第二》，第1224～1225页。
〔2〕《通志》卷四十九《乐略第一·乐府总序》："自后夔以来，乐以诗为本，诗以声为用，八音六律为之羽翼耳。仲尼编诗为燕享祀之时，用以歌而非用以说义也，古之诗，今之辞曲也，若不能歌之，但能诵其文而说其义，可乎？"（叶一下）
〔3〕《通志》卷四十九《乐略》，叶七上。
〔4〕（宋）朱长文：《琴史》卷六《论音》："音之生本于人情而已矣，……出于情，发于器、形于声……故其声，屡变而数迁，不可以为常也。善治乐者犹治诗也。……夫八音之中，惟丝声于人情易见，而丝之器莫贤于琴，是故听其声之和，则欣悦喜跃；听其声之悲，则蹙额愁涕，此常人皆然，不待乎知音者也。"（叶七下～八上）
〔5〕《汉书》卷六十四下《王褒列传》，第2821页。按，《汉志》及其他史书皆作龙德，唯《王褒传》作龚德，不知何者为确。姑俱呈。
〔6〕（汉）刘向、刘歆著，（清）姚振宗辑录，邓骏捷校补：《七略别录佚文》，第27页。
〔7〕《后汉书》卷一百九上《儒林列传·刘昆传》："刘昆字桓公，陈留东昏人，梁孝王之胤也。少习容礼。平帝时，受《施氏易》于沛人戴宾。能弹雅琴，知清角之操。"（叶五）
〔8〕（宋）朱长文：《琴史》卷三，叶七。
〔9〕同上，叶七下～八上。

琴，并无雅琴的记载[1]。即便是汉代《长门赋》、《越绝书》、《吴越春秋》、《悲愤诗》等书籍对于雅琴的记载，均仅泛泛提到雅琴[2]，唯应劭《风俗通义》卷六《声音·琴》所说较详：

> 谨按：《世本》："神农作琴。"《尚书》："舜弹五弦之琴，歌《南风》之诗，而天下治。"《诗》云："我有嘉宾，鼓瑟鼓琴。"雅琴者，乐之统也，……故琴之为言禁也，雅之为言正也，言君子守正以自禁也。夫以正雅之声，动感正意，故善心胜、邪恶禁。是以古之圣人君子，慎所以自感，因邪禁之适，故近之，间居则为从容以致思焉。如有所穷困，其道闭塞，不得施行，及有所通达而用事，则著之于琴，以杼其意，以示后人。[3]

其"雅琴者，乐之统也"，说明应劭当时认为的雅琴并非一种特定的琴，而是一种音乐的观念与实践的理念。汉代之前未见有"雅琴"之记载，汉代出现的"雅琴"显然代表的是一种新的汉代的音乐思想、形式或概念[4]。"雅琴"是否与前面所说"雅歌诗"相关？

在早期的文献中，虽然没有"雅琴"的记载，却早在春秋时代有名为"颂琴"的记载。《左传·襄公二年》记"穆姜使择美槚，以自为榇与颂琴，季文子取以葬"。其实不只有颂琴，在先秦尚有颂磬、颂钟、颂镈之目[5]，如《仪礼·大射礼》记载，在行大射礼时因客在西方，故鼓、钟、磬皆称"颂"以"颂"功德[6]。孔颖达在解释"颂琴"名称时谓："琴瑟必以歌诗，《诗》有《雅》、《颂》，故以颂为琴名，犹如言雅琴也。"由此可知在唐代的孔颖达时期，认为颂琴与雅琴无别，都是依据诗三百的雅颂性质而操奏的乐器。《雅》、《颂》、《风》功能不同，体裁不同，语词不同，表达的声音不同，承载声音的乐器或许也因此而不同。

作为流传至今第一部图绘琴式的书籍，宋代陈旸《乐书》在卷一一九与一四一分别

---

[1] 《尔雅·释乐第七》："大瑟谓之洒，大琴谓之离。"晋郭璞注大琴曰："或曰琴大者二十七弦，未详长短，《广雅》曰'琴长三尺六时六分，五弦。'"又，《礼记注疏》卷十四《明堂位》："拊搏、玉磬、揩击、大琴、大瑟、中琴、小瑟，四代之乐器也。"四代，指虞夏商周。重刊宋本十三经注疏本/清嘉庆二十年南昌府学刊本，第582页。

[2] 司马相如（约前179—前117）《长门赋》："援雅琴以变调兮，奏愁思之不可长。"赵晔（？—约83）《吴越春秋》卷六："越王既已……霸于关东……求贤士，孔子闻之从弟子奉先王雅琴礼乐奏于越。"（叶十九上～二十上）《越绝书》卷八叶二略同。刘向（前77—前6）与傅毅（？—约90）有《雅琴赋》；刘向《雅琴赋》作："游予心以广观，曰德乐之愔愔。"傅毅《雅琴赋》："时促均而增徽，按角征而控商，明仁义以厉己，故永御而密亲。"均见嵇康《琴赋》注："愔愔琴德，不可测兮。体清心远，邈难极兮。良质美手，遇今世兮。纷纶翕响，冠众艺兮。识音者希，谁能珍兮。能尽雅琴，唯至人兮。"（《文选》卷十八，摛藻堂四库全书荟要本，叶三十八下。）

[3] （汉）应劭：《风俗通义》卷六《声音·琴》，摛藻堂四库全书荟要本，叶七。

[4] 参笔者《桓谭〈新论〉中的〈琴道〉》，收入耿慧玲、郑炜明等编《琴学荟萃——第一届古琴国际学术研讨会论文集》，齐鲁书社，2010年版，第44～53页。

[5] （汉）郑玄注，（唐）贾公彦疏：《仪礼注疏》卷五《大射》："西阶之西，颂磬东面，其南钟，其南镈，皆南陈。"郑玄注："言成功曰颂，西为阴中，万物之所成。《春秋传》曰夷则，所以咏歌九则……是以西方钟磬谓之颂。"武英殿十三经注疏本，叶八上。又，《周礼·春官》有视瞭一职，"掌凡乐事，播鼗，击颂磬、笙磬。"

[6] 如上郑玄注："言成功曰颂。"

绘制了颂琴和雅琴的图式，并说明颂琴"十三弦柱如笋。……其形象筝，移柱应律，宫县用之，合颂声也"[1]。对于雅琴琴式，《乐书》并未如颂琴一样明确说明，但陈旸认为：①"雅琴之制，自汉始也。"②宋太宗为了将琴与太乐结合，召钱尧卿按谱以君、臣、文、武、礼、乐、正、民、心为规制，将"雅琴"由七弦改成了九弦[2]。可知雅琴在宋太宗之前为七弦。弦数的不同对于琴有影响吗？《乐书》介绍次大琴时说："古者大琴二十弦，次者十五弦，其弦虽多少不同，要之本于五声一也。"[3] 陈旸同时认为雅琴、雅瑟、颂琴、颂瑟，不同于虞夏商周四代所使用的大琴、大瑟、中琴、小瑟，是因为"声合于雅颂"，所以才有雅琴、雅瑟的称谓，但这种称谓实乃"后世"所作[4]。

传世的《琴操》[5] 云古琴曲有歌诗五曲、九引、十二操。其中的"歌诗"五曲为：《鹿鸣》、《伐檀》、《驺虞》、《鹊巢》与《白驹》[6]；与上述杜夔所传《鹿鸣》、《驺虞》、《伐檀》、《文王》大致相同。其中《驺虞》、《鹊巢》均属《国风·召南》，《鹊巢》为《召南》之首篇，《驺虞》为《召南》之末篇，诗序云《驺虞》为《鹊巢》之应[7]。《白驹》与《鹿鸣》均属《小雅》，只是《白驹》为《鸿雁之什》，而《鹿鸣》属《鹿鸣之什》。不管是杜夔的雅乐四首或是琴曲歌诗五曲，基本上只剩下"风"与"雅"，已经没有"颂"声。这与郑樵《通志·乐略》的记载可以相互对应：

> 古者《雅》用于人，《颂》用于神。武帝之立乐府，采诗虽不辨《风》、《雅》，至于《郊祀》、《房中》之章，未尝用于人事，以明神人不可以同事也。今辟雍、享射，《雅》、《颂》无分，应用《颂》者而改用《大予》，应用《雅》者而改用《黄门》，……今魏家三庙，纯用《风》、《雅》，此《颂》之所以亡也。《颂》亡，则乐亡矣。……乐之失也自汉武始，其亡也自魏始，礼之失也自汉明始，其亡也自梁始。礼乐沦亡之所由，不可不知也。[8]

由此可知，琴曲歌诗与雅乐（雅歌诗）的发展基本上是一致的。也就是说，经由琴曲可以略知雅乐之音声。

然而武帝之后乐府亦采诗入乐，丰富了音乐的内容。因此，北宋时郭茂倩编收的《乐府诗集》把乐府诗分为郊庙歌辞、燕射歌辞、鼓吹曲辞、横吹曲辞、相和歌辞、清商曲辞、舞曲歌辞、琴曲歌辞、杂曲歌辞、近代曲辞、杂歌谣辞和新乐府辞等十二大类；其中"琴曲歌辞"自古即有畅、操、引、弄等不同的表现曲式。同时，随着时代的发展，不时有新曲出现。如"西汉时有庆安世者，为成帝侍郎，善为双凤离鸾之曲；齐

---

〔1〕（宋）陈旸：《乐书》卷一四一《乐图论·俗部·八音·颂琴》，叶二。

〔2〕（宋）陈旸：《乐书》卷一一九《乐图论·雅部·八音·雅琴》，叶十一。

〔3〕（宋）陈旸：《乐书》卷一一九《乐图论·雅部·八音·次大琴》，叶十。

〔4〕（宋）陈旸《乐书》卷一一九《乐图论·雅部·八音·琴瑟上》"明堂位"曰："大琴、大瑟、中琴、小瑟，四代之乐器也。古之人作乐，声应相保而为和，细大不踰而为平。故用大琴必以大瑟配之，用中琴必以小瑟配之，然后大者不陵，细者不抑，而五声和矣。…后世有雅琴、雅瑟、颂琴、颂瑟，岂其声合于雅颂耶？琴一也。"（叶二）事实上，杜预注"颂琴"曰"琴名，犹言雅琴"；则在晋时，颂琴与雅琴似乎亦无别。

〔5〕有关《琴操》，请参笔者《试论〈琴操〉与中国的琴乐》，第 422～437 页。

〔6〕（汉）蔡邕：《琴操》卷上《序首》，孙星衍嘉庆十一年金陵校刊本，叶一下。

〔7〕《毛诗注疏》卷一之《国风·召南·驺虞》，第 68－2 页。

〔8〕《通志》卷四十九《乐略》，叶五下～六下。

人刘道疆能做单凫寡鹤之弄，赵飞燕亦善为归风送远之操，皆妙绝当时，见称后世"[1]。这些妙绝当时、见称后世的琴曲，与原来的古曲有一定程度的差异。因此，琴与雅琴，似乎也就有了区别。而《汉志》所载之《雅琴赵氏》七篇、《雅琴师氏》八篇、《雅琴龙氏》九十九篇皆以雅琴为称，想来就是为区别新曲。

"雅琴"既非仅"琴"，其蕴涵之真义应在"六艺"中求取。《史记·乐书》云"德音之谓乐"，而所谓"德音"即是六律正、五声和的弦歌诗颂[2]。《汉志》六艺实即六经，亦即儒家思想之核心，故"《汉志》甄审群书，初不以学之盛衰为去取"[3]，实重儒学之传承，因此《乐类》所收乃六艺之乐，且重视的是"义"的传承，因而雅琴与琴不同义，歌诗与雅歌诗分列不同单元，这都是《汉志》的寓意，也是刘向《七略》与《别录》的编纂架构，由现存刘向《六艺略》佚文中可了解：

> 雅琴之意，事皆出龙德《诸琴杂事》中。[4]

而雅琴究竟有何意？刘向与应劭的意见是一致的：

> 其道行和乐而作者，命其曲曰畅，畅者，言其道之美畅，犹不敢自安，不骄不溢，好礼不以畅其意也；其遇闭塞，忧愁而作者，命其曲曰操，操者，言遇菑遭害，困厄穷迫，虽怨恨失意，犹守礼义，不惧不慑，乐道而不失其操者也。[5]

明朱载堉《乐律全书》云：

> 雅乐失传，赖琴及笙二器尚在，虽与古律不无异同，若与歌声高下相协，虽不中不远矣。以人声为律准，虽百世可知也。诗不云乎"鼓瑟鼓琴"，笙磬同音，盖笙与琴瑟一堂之乐也，以笙定琴，以琴定瑟，以琴瑟协歌咏，以定八音，则雅乐可兴矣。[6]

琴曲乐调的特点借助于文字声律留存下来，琴曲乐调在很大程度上影响着歌辞的体式结构和总体风格。反过来说，在琴歌当中，歌辞性题名有着相对明确的音乐内涵，标志着不同琴乐曲调中不同的体制规范，琴歌的内容、体式、风格之复与变直接折射出琴乐曲调的因革与兴衰[7]。

五　结论

由上述论述中，大致可以看到史志目录中乐类琴书记载上的历史特色。若将史志目录依据记载的特性，可以分成三类，其一为注重家法、强调六艺的《汉志》；其二为在

---

〔1〕（宋）郭茂倩：《乐府诗集》卷五十七《琴曲歌辞》，摛藻堂四库全书荟要本，叶二下～叶三上。转引自《西京杂记》卷二"庆安世"、卷五"刘道强、赵飞燕"。

〔2〕《新校本史记》卷二十四《乐书第二》，（台北）鼎文书局，第1223页。

〔3〕张舜徽《汉书艺文志通释》二《六艺略·乐》："刘向校书，得《乐记》二十三篇，与禹不同，其道寝以益微。按：班氏既知王禹之学已微，而犹著录其书于前，可知《汉志》甄审群书，初不以学之盛衰为去取也。"湖北教育出版社，1990年版，第59页。

〔4〕（汉）刘向、刘歆著，（清）姚振宗辑录、邓骏捷校补：《七略别录佚文》，第27页。

〔5〕（汉）应劭：《风俗通义》卷六《声音·琴》，叶七下～八上；又，《七略别录佚文》，第27页。

〔6〕（明）朱载堉：《乐律全书》卷七上《律吕精义内篇七·旋宫琴谱》，叶一。

〔7〕周仕慧：《乐府琴歌题名考辨》，《乐府学》第一辑，第36页。

雕版印刷术之前，以个人著录为主的四部分类目录——《隋志》与两《唐志》；其三为雕版印刷之后，书籍大量出现的《宋志》。不过这三种目录都仍以收藏历代的著录为主，与《明志》仅录明代人的出版目录不同。在这三种目录中，可以看到几个重要的现象：

（1）乐书在经部的数量与比例逐渐的增加，礼书在经部一直都占有很大的比例，到了宋代比例反而下降。

（2）琴书在乐书的系统中，逐渐增加了数量与比例，至宋代数量和比例达到一个新高点；这个变化出现于唐开元之后。

（3）《汉志》重视六艺与儒学系统的传承。

根据以上的内容分析，似乎可以看出一个历史发展的轮廓，《汉志》的著录和刘向父子的家学似乎有密切的关系，在本人《桓谭〈新论〉中的〈琴道〉》一文中，曾经提出自刘向以后，桓谭在《新论》一书中企图建立一个以儒家为主的士人结构，而琴道正是这个士人结构中凝聚核心价值的重要因素。在本文中，呈现在历史发展中的琴书所展现的琴学系统，似乎在经过魏晋南北朝社会的剧烈动荡后，有了比较大幅度的改变，尽管琴仍然是士人的精神代表，但是大量进入中国的多样文化与种族，使得时代趋向开放，迄至宋代，文人社会逐渐成型，士人琴也逐渐转变为文人琴。

附一：《隋志》、《旧唐志》、《新唐志》、《宋志》所收琴书表

《隋志》唐太宗贞观十五年—高宗永徽三年（641—656）	《旧唐志》后晋天福六年—开运二年（941—945）	《新唐志》宋仁宗庆历四年—嘉佑五年（1044—1060）	《宋志》元顺帝至正三年—至正五年（1343—1345）	《玉海》等补注
《琴操》三卷，晋广陵相孔衍[1]。	《琴操》三卷，孔衍撰。	孔衍《琴操》二卷		《隋志》、《旧唐书》、《崇文总目》、《通志》、《通考》均作孔衍《琴操》三卷，《宋志》无，《新唐志》作"孔衍《琴操》二卷"。陈诗庭云，《书录解题》琴操一卷，不著撰人，引《中兴书目》云，晋广陵守孔衍，以琴调周诗五篇，古操引共五十篇，今周诗篇同，而操引财二十一篇，盖陈伯玉所见非全书，此作三卷，疑即五十篇本也。然云总五十九章，则又小异。不著名氏。《中兴书目》云，晋广陵守孔衍以琴调周诗五篇、古操、引共五十篇，述所以命题之意。今周诗篇同而操、引财二十一篇，似非全书也。
			孔衍《琴操引》三卷	《通志》有《琴操引》疑即此。蒋克谦《琴书大全·记载·历代琴书目》："晋孔衍撰《琴操引》三卷，以琴声调中《周诗》五篇，古操引曲共五十五篇，述所以命题之意。"（叶五十四）
《琴操钞》二卷				按，钞即誊写，《隋书》有《琴操钞》钞本两种，一种二卷，一种一卷。
《琴操钞》一卷				
	《琴操》二卷，桓谭撰。	（桓谭）《琴操》一卷		《旧唐书》有桓谭《琴操》二卷。除新旧《唐志》，余志皆无。

---

〔1〕《晋书》卷五十一《孔衍传》："孔衍字舒元，鲁国人，孔子二十二世孙也。祖文，魏大鸿胪；父毓，征南军司。衍少好学，年十二能通诗书，弱冠，公府辟本州岛举异行、直言皆不就，避地江东。元帝引为安东参军专掌记室，书令殷积而衍每以称职见知。"（叶十七下～十八下）《册府元龟》卷四百六十二："孔衍字舒元，元帝中兴初与庾亮俱补中书郎。于时庶事草创，衍经学博通，练识旧典，朝仪轨制多取正焉。"（叶二十七）《册府元龟》卷五百五十五："孔衍为广陵太守，撰魏尚书八卷，春秋时国语十卷、春秋后国语十卷、汉尚书十卷、汉春秋十卷、后汉尚书二卷、后汉春秋九卷、后魏尚书十四卷、后魏春秋九卷、国志历五卷。"（叶二十下）《册府元龟》卷六百七十六："孔衍为广陵郡守，虽邻接于贼，犹教诱后进，不以戎务废业。"（叶十四下）

（续表）

《隋志》 唐太宗贞观十五年—高宗永徽三年 （641—656）	《旧唐志》 后晋天福六年—开运二年 （941—945）	《新唐志》 宋仁宗庆历四年—嘉佑五年 （1044—1060）	《宋志》 元顺帝至正三年—至正五年 （1343—1345）	《玉海》等补注
《琴谱》四卷，戴氏撰[1]。				蒋克谦《琴书大全·记载·历代琴书目》。
《琴经》一卷				《玉海》引《中兴书目》："《琴经》一卷，诸葛亮撰。述制琴之始，及七弦之音十三徽所象之意。" 《天中记》[2]同。
《琴说》一卷				
《琴历头簿》一卷	《琴集历头拍簿》一卷	《琴集历头拍簿》一卷		据郑祖襄《〈隋书·经籍志〉音乐书述略》一文推测："该书是汇集了历来琴曲（应是隋以前）的'头一拍'曲调，才叫作《琴集历头拍簿》。这样的琴谱集，特点应在于汇集各首琴乐作品具有代表性的首段曲调。《初学记》、《太平御览》引有名《琴历》的佚文，均为琴曲名。清代马国翰《玉函山房辑佚书》由此辑《琴历》一卷。"《中央音乐学院学报》2006年第3期，第69页。 按，此说尚有疑义。据《隋志》记载之内容，有《齐朝曲簿》一卷，《乐簿》十卷，《大隋总曲簿》一卷，《正声伎杂等曲簿》一卷，《太常寺曲名》一卷，《太常寺曲簿》十一卷，这些"曲簿"是把宫廷"音乐"的名目记录汇编成书籍册子。见郑祖襄上引文，第68页。

〔1〕《宋书》卷九十三《隐逸传·戴颙传》："颙及兄勃，并受琴于父，父没，所传之声不忍复奏，各造新弄，勃五部，颙十五部。颙又制长弄一部，并传于世。"又见（明）蒋克谦《琴书大全·圣贤上》，叶四十三；另，《三国志·吴书·张顾诸葛步传》记载吴郡顾雍曾从蔡邕习琴，其孙顾荣（顾穆次子，晋元帝时军司马）亦善琴，《琴书大全·圣贤上》叶四十有载。

〔2〕《天中记》为明代著名类书，明万历间陈耀文（1573—1619）撰。书分五百余类，每类俱有类目，辑录资料，自九流谶纬，以逮僻典遗文，搜罗颇广。所列条目均注明出处，体例较善。其特点是作者在辑录资料时，兼指其错误，并加以订正，这是其他类书所不能比的。

（续表）

《隋志》唐太宗贞观十五年—高宗永徽三年（641—656）	《旧唐志》后晋天福六年—开运二年（941—945）	《新唐志》宋仁宗庆历四年—嘉佑五年（1044—1060）	《宋志》元顺帝至正三年—至正五年（1343—1345）	《玉海》等补注
《新杂漆调弦谱》一卷				郑祖襄《〈隋书·经籍志〉音乐书述略》："《新杂操调弦谱》，意思是介绍一些新曲调及其调弦法。"见郑祖襄上引文，第69页。
	《琴谱》四卷，刘氏、周氏等撰。	刘氏、周氏《琴谱》四卷		陈诗庭以为即《旧唐志》之刘氏、周氏《琴谱》四卷。《御制诗集五集》卷二十九："刘氏、周氏《琴谱》四卷，陈怀《琴谱》二十一卷。按此琴有谱之始，其谱已不可考。"（叶八下～九上）
	《琴谱》二十一卷，陈怀撰。	陈怀《琴谱》二十一卷		《御制诗集五集》卷二十九："刘氏、周氏《琴谱》四卷，陈怀《琴谱》二十一卷。按此琴有谱之始，其谱已不可考。"（叶八下～九上）
	《琴叙谱》九卷，赵耶利撰。	赵邪利[1]《琴叙谱》九卷		《从〈愔愔室琴谱〉谈古琴记谱法的承传》："为了方便记忆，弹琴人便将指法用文字记下来。其后又把整首琴曲每一个指法用在哪一条弦的哪一个徽位的弹琴方法详细记录下来，并将琴曲的调名记下，便成为琴谱。当时称为'琴叙谱'，就是今天我们所说的'文字谱'。《碣石调幽兰》就是现存唯一文字谱例。"

[1]《太平御览》引《乐纂》曰："赵耶利居士，唐初天水人也，以琴道见重海内，帝王贤贵靡不钦风，旧错谬十五余弄，皆削凡归雅，无一微玷不合于古。述执法象及胡笳五弄谱两卷，弟子达者三人，并当代翘楚。贞观十年终于曹，寿七十六。弟子宋孝臻、公孙常数百年内将传于马氏。"又，《唐书·乐志》曰："赵师字耶利，天水人也。在隋为知音，至唐贞观初，独步上京，遽入琴苑，畴之稽氏，累代居曹，遂令曹郡琴者。所修五弄，具列于曹，妙传濮州司马氏，琴道不坠于地也。师云：吴声清宛，若长江广流；绵绵徐逝，有国士之风；蜀声躁急，若击浪奔雷，亦一时俊快也。"按，《资治通鉴》卷一五四《梁纪十》载有长孙邪利："万俟丑奴既败，自泾、豳以西至灵州，贼党皆降于魏，唯所署行台万俟道洛帅众六千逃入山中，不降。时高平大旱，尔朱天光以马乏草，退屯城东五十里，遣都督长孙邪利帅二百人行原州事以镇之。道洛潜与城民通谋，掩袭邪利并其所部，皆杀之。天光帅诸军赴之，道洛出战而败，帅其众西入牵屯山，据险自守。尔朱荣以天光失邪利，不获道洛，复遣使杖之一百，以诏书黜天光为抚军将军、雍州刺史，降爵为侯。"《册府元龟》卷八百九十四："武平末，童谣曰：'黄花势欲落，清樽但满酌。'后主穆后名邪利，本斛律后从婢也，小字黄花。"（叶三十下）《册府元龟》卷九百二："南齐崔怀慎，清河东武城人，父耶利，鲁郡太守。"（叶十下）《御定骈字类编》卷一百六十五："《周书·乐志》：赵师子邪利，天水人也。在隋为知音，至唐贞观初，独步上京，遽入琴苑。"（叶二十六下）《法苑珠林》卷九十七《通施》记载一名男子名耶利（叶十四上）。

（续表）

《隋志》 唐太宗贞观十五年一高宗永徽三年 （641—656）	《旧唐志》 后晋天福六年一开运二年 （941—945）	《新唐志》 宋仁宗庆历四年一嘉佑五年 （1044—1060）	《宋志》 元顺帝至正三年一至正五年 （1343—1345）	《玉海》等补注
			赵邦利《弹琴手势谱》一卷	自《通志》至《宋志》皆有。作者有作"耶利"、"邪利"、"邦利"、"耶律"等。 朱长文《琴史》卷四："赵耶利，……所正错谬五十余弄，削俗归雅，传之谱录。每云吴声清婉，若长江广流，绵延徐逝，有国士之风；蜀声躁急，若激浪奔雷，亦一时之俊。又言肉甲相和取声温润，纯甲其声伤惨，纯肉其声伤钝。尝以琴海邑宰之子，遂作谱两卷以遗之，今传焉。"（叶十一下~十二上） 《玉海》卷一百一十："唐赵邪利《琴手势谱》一卷，赵师字邪利，善琴，贞观初，独步上京，载调弦用指制之法及音律二十四时五图。"（叶十九）
		又（赵邦利）《弹琴右手法》一卷		玉海卷一百十："（赵邪利）又《弹琴右手法》一卷，论指法四百余言。"（叶十九）
		玄宗《金凤乐》一卷	唐玄宗《金风乐弄》一卷	《玉海》卷一百六引《中兴书目》"玄宗《金风乐弄》一卷"。《志》无"弄"字，载琴音第一、第二、第三拍宫调指法。又明皇《操黄钟羽调一首》附卷后（叶二十七下）。 《玉海》引《唐会要》："《志》玄宗《金风乐》一卷详见法曲，天宝十三载七月十日改乐曲名，自太蔟宫至金风调刊石太常。" 金风乐属于法曲系统，与道家音乐有密切关系。
		赵惟暕《琴书》三卷	赵惟简《琴书》三卷	《玉海》卷一百一十："《琴书三卷》，唐翰林待诏赵惟暕述制琴律吕、上古琴名、弦法共十二篇。"（叶十九下）
		陈康士《琴谱》十三卷。陈康士字安道，僖宗时人。	陈康士《琴调》三卷，又（陈康士）《琴调》十七卷。	《新唐志》、《通志》、《崇文总目》、《宋志》有，《通考》无。《新唐志》此书下有"又《琴调》四卷"。

（续表）

《隋志》 唐太宗贞观十五年—高宗永徽三年 （641—656）	《旧唐志》 后晋天福六年—开运二年 （941—945）	《新唐志》 宋仁宗庆历四年—嘉佑五年 （1044—1060）	《宋志》 元顺帝至正三年—至正五年 （1343—1345）	《玉海》等补注
		（陈康士）《琴调》四卷		《新唐志》在"陈康士《琴谱》十三卷"下载"又《琴调》四卷"。
			《琴调谱》一卷	《新唐志》、《通志》、《崇文总目》、《宋志》皆有，唯《崇文总目》作"陈康士撰"。
			《楚调五章》一卷	案，《通考》引《崇文总目》"陈康士《琴调》有《楚调五章》"。
		《离骚谱》一卷	《离骚谱》一卷	《新唐志》、《通志》、《崇文总目》、《宋志》皆有，唯《崇文总目》作"陈康士撰"。 《说郛》卷一叶六上："《离骚九拍》，陈康士撰。" 蒋克谦《琴书大全》云《离骚谱》一卷为赵耶利所著。（叶五十四上）
		陈拙《大唐正声新址琴谱》十卷	陈拙《琴籍》九卷	《玉海》卷一百十："《琴籍》九卷，唐陈拙撰，载琴家论议操名及古帝王名士善琴者。第四卷今缺。"（叶九） 蒋克谦《琴书大全》卷四《琴制·琴工》引陈拙琴书："斫制者，蜀有雷霄、郭谅，吴有沈镣、张越，霄、谅清雅而沈细；镣越虚明而响亮。有唐妙手吴蜀无出四人，明皇返蜀，诏雷俨充翰林、斫琴待诏，父子工习，三世不绝。襄阳有冯昭亦工斫制，鬻之不售，虫朽朱丝，节度使太保卢钧闻之见重，受之一张，兼赠诗曰：'世上名琴尽不弹，冯昭价贱卖犹难，可怜一片蒲葵扇，今日何人是谢安！'尔后冯氏之门求请甚众。雷氏琴人间有之，多灵关样，比他琴例皆长阔，临岳虽高，至于取声处，其弦附面，按之不铣，吟抑停歇，余韵不绝，此其最妙也。凡琴稍高响者则必虚干，无温粹之韵，雷氏之琴其声宽大，复兼清润，含蓄宛转，自槽腹间出，故他琴莫能及也。龙池内有题雷震或雷霄者，岂其伯仲乎！又有雷威、雷俨，或云霹雳乎，皆雷氏一门也。"（叶三十二）

（续表）

《隋志》 唐太宗贞观十五年—高宗永徽三年 （641—656）	《旧唐志》 后晋天福六年—开运二年 （941—945）	《新唐志》 宋仁宗庆历四年—嘉佑五年 （1044—1060）	《宋志》 元顺帝至正三年—至正五年 （1343—1345）	《玉海》等补注
		吕渭《广陵止息谱》一卷	吕渭（一作"滨"）《广陵止息谱》一卷	
		李良辅《广陵止息谱》一卷		《新唐志》、《通志》有，《通考》引《崇文总目》已并入吕渭谱中。
		萧祐《无射商九调谱》一卷	萧佑（一作"祐"）《无射商九调谱》一卷	自《新唐志》至《宋志》皆有，唯作者或作祐、佑、怗。
		李约《东杓引谱》一卷 勉子，兵部员外郎。	李约《琴曲东杓谱》一卷	李约，李勉子。
		王大力《琴声律图》一卷	王大方[1]《琴声韵图》一卷	《玉海》卷一百一十："《琴声韵图》一卷，王大方述琴调、操名、琴样、指法，琴序与瞻序颇同。"（叶二十五上） 自《新唐志》至《宋志》皆有，《新唐志》与《通考》引《崇文总目》作"《琴声律图》"，《通志》与《宋志》作"《琴声韵图》"。《新唐志》作"王大力"，《新唐志》作"王大方"，《玉海》亦作"王大方"，《四库考证》作"王大方"。 按，据史籍记载，或有王大力与王大方两人，王大力为唐时恭陵署令，而王大方为宋时人，蒋克勤《琴书大全》卷三《声律下》，有王大方《琴式》两条："假令黄钟宫。黄钟与无射为商，与夷则为角，他仿此。"又"假令应钟宫。应钟与南吕为商，与林钟为角，他仿此。"（叶三十九下）

〔1〕（宋）熊克《中兴小纪》卷二十四："（绍兴八年）六月乙卯试博学宏词科选人，玉山詹叔羲、金华陈岩肖、丽水王大方中选。"（宋）李心传《建炎以来系年要录》一百二十："绍兴八年六月……礼部贡院奏试博学宏词合格，中等，左迪功郎新鄂州武昌县尉詹叔羲，右迪功郎前建康府司法参军陈岩肖；下等，左迪功郎新饶州鄱阳县东尉王大方。诏叔羲．大方并与堂除，仍减年磨勘，岩肖赐同进士出身。叔羲，玉山人；大方，丽水人；岩肖，金华人也。"（叶一下）

（续表）

《隋志》 唐太宗贞观十五年—高宗永徽三年 （641—656）	《旧唐志》 后晋天福六年—开运二年 （941—945）	《新唐志》 宋仁宗庆历四年—嘉佑五年 （1044—1060）	《宋志》 元顺帝至正三年至正五年 （1343—1345）	《玉海》等补注
		齐嵩《琴雅略》一卷	齐嵩《琴雅略》一卷	
			僧道英《琴德谱》一卷	
			沈氏《琴书》一卷（失名）	
			张淡《正琴谱》一卷	
		《琴谱》一卷	王邈《琴谱》一卷	《文献通考》引《崇文总目》："梁开平中，王邈撰《琴谱》为二卷。"
			蔡翼《琴调》一卷	《玉海》引《国史志》："蔡翼《琴调》、僧道英《琴德谱》、王邈《琴谱》、沈氏《琴书》各一卷；《琴谱调》三卷（李翱用指法）、《琴略》、《琴式图》各一卷；《琴谱纂要》五卷，谢庄《谱三均手诀》一卷（疑假托）、萧祐《无射商九调谱》、李勉《琴杂说》（《勉传》善鼓琴，有《响泉韵磬》，张茂枢有《响泉记》）、王大力《琴声律图》，张淡正《琴谱》各一卷。" 蔡翼又有《小胡笳子十九拍》一卷。 《说郛》卷一百引《管弦记》："蔡翼琴曲载有大小胡笳十八拍平调昭君三十六拍。琴以散名，如《广陵散》云散是；曲名如掺弄、掺淡、序、引之类。"（叶七十三上）
				《玉海》卷一百一十："李勉《琴杂说》。《勉传》善鼓琴，《有响泉韵磬》，张茂枢有《响泉记》。"
			《琴略》一卷	
			《琴式图》一卷	

（续表）

《隋志》 唐太宗贞观十 五年—高宗永 徽三年 （641—656）	《旧唐志》 后晋天福六年 —开运二年 （941—945）	《新唐志》 宋仁宗庆历四 年—嘉佑五年 （1044—1060）	《宋志》 元顺帝至正三 年—至正五年 （1343—1345）	《玉海》等补注
			《三乐谱》 一卷	《通志》卷六十四《琴说》后有《三乐图》，又卷七十二《景佑大乐图》后有《三乐图》。（宋）陈思《两宋名贤小集》卷三七一"图诗"载郑思肖有图诗124种，其中有荣启期《三乐图》诗云："生死悠悠付老天，启期三乐亦超然。此身不得为男子，空活人间九十年。"（叶二）疑《通志》三乐图为此，非《三乐谱》。
			《琴谱纂要》 五卷	蒋克谦《琴书大全》卷五《历代琴式》有梁元帝《纂要》："古琴名有清角，黄帝之琴。"（叶三上）唐徐坚《初学记》卷十六梁元帝《纂要》曰："古琴名有清角黄帝之琴、鸣廉、修况、蓝胁、号钟、自鸣、空中；号钟齐桓公琴，绕梁楚庄王琴，绿绮司马相如琴，焦尾蔡邕琴，凤皇赵飞燕琴。"（叶二）
			《琴书正声》 十卷	按，《古乐苑》引《琴集》曰："五弄：游春、渌水、幽居、坐愁、秋思，并宫调。蔡邕所作也。"此处《琴书正声》所录游春、绿水、幽居、坐愁思，秋思应该与蔡邕五弄有关。又有九弄之说，见《唐书·礼乐志》："琴工犹传楚汉旧声及清调，蔡邕五弄、楚调四弄谓之九弄。"《崇文总目》陈康士有《楚调五章》。
			《琴谱调》 八卷（李翱 用指法）	《崇文总目》："不著撰人名氏，杂录琴谱大小数曲。其前一大曲亡其名，旧本或云李翱用指法，与诸琴法无异，而云翱者，岂其所传欤。"

（续表）

《隋志》唐太宗贞观十五年—高宗永徽三年（641—656）	《旧唐志》后晋天福六年—开运二年（941—945）	《新唐志》宋仁宗庆历四年—嘉佑五年（1044—1060）	《宋志》元顺帝至正三年—至正五年（1343—1345）	《玉海》等补注
			李勉《琴说》一卷	《直斋书录解题》："《琴说》一卷，唐工部尚书李勉撰。"《玉海》卷一百一十："《琴书》一卷，唐工部尚书李勉撰，凡琴声指法操名，《琴操》悉载之。"（叶十九下）又，"李勉《琴杂说》。《勉传》善鼓琴，有《响泉韵磬》，张茂枢有《响泉记》。"《天中记》卷四十二引《因话录》："撰《琴谱》。汧公镇宣武，戎事之隙以琴书为娱，自造琴，聚新旧桐材，扣之合律者则裁而胶缀，不中者弃之。故所蓄二琴殊绝，所谓响泉、韵磬者也。性不善俗间音声，唯二宠妓曰秀奴、七七皆聪惠善琴，兼筝舆歌，时令奏之，自撰琴谱。"《琴书大全》记李勉著《琴记》。
			《琴说》一卷	
			崔遵度《琴笺》一卷	《宋史》卷四四一《文苑三》录有《琴笺》内文；《琴史》卷五同（叶二下～六上）。崔遵度即崔谕德。
			薛易简《琴谱》一卷	《琴史》卷四（叶二十八下～三十）："薛易简以琴待诏翰林，盖在天宝中也，尝制《琴诀》七篇，辞虽近俚，义有可采，今掇其大概著焉。曰琴之为乐可以观风教，可以摄心魂，可以辨喜怒，可以悦情思，可以静神虑，可以壮胆勇，可以绝尘俗，可以格鬼神，此琴之善者也。鼓琴之士，志静气正则听者易分心乱神，浊则听者难辨矣。"《琴书大全》卷十亦有薛易简《琴诀》（叶十四下）。

（续表）

《隋志》唐太宗贞观十五年—高宗永徽三年（641—656）	《旧唐志》后晋天福六年—开运二年（941—945）	《新唐志》宋仁宗庆历四年—嘉佑五年（1044—1060）	《宋志》元顺帝至正三年—至正五年（1343—1345）	《玉海》等补注
			刘籍《琴义》一卷	《直斋书录解题》：《琴义》一卷，称野人刘籍撰。 《乐府诗集》卷五十九下引《琴议》曰："隋炀帝以嵇氏四弄、蔡氏五弄，通谓之九弄。今按，近世作者多因题命辞，无复本意云。"（叶四） 《天中记》卷四十二："杜夔妙于《广陵散》，嵇中散就其子猛求得此声。"《春渚纪闻》卷八叶一："刘潜《琴议》称杜夔妙于《广陵散》，嵇中散就其子猛求得此声。" 又，明蒋克谦《琴书大全》卷十五《记载》有山阴野夫《琴议》（叶四十六～四十七）。所收内容与上述《琴议》不同。 刘潜与刘籍是否一人？《琴义》与《琴议》是否同一书？
			《琴调》十七卷	
			蔡琰《胡笳十八拍》[1]四卷	《玉海》卷一百一十："《胡笳十八拍》四卷，汉蔡琰撰，琰幽愤成此曲入琴中；唐刘商、皇朝王安石、李元白各以集句效琰体共四家。"（叶二十四下）

〔1〕《古乐苑》卷三十一："《胡笳十八拍》。《后汉书》曰蔡琰字文姬，邕之女也。博学有才辩，又妙于音律，适河东卫仲道，夫亡无子，归宁于家。兴平中，天下丧乱，文姬没于南匈奴，在胡中十二年，生二子。曹操痛邕无嗣，乃遣使者以金璧赎之，而重嫁陈留董祀，后感伤乱离，追怀悲愤作诗二章。蔡琰别传曰，汉末大乱，琰为胡骑所获，在右贤王部伍中。春月登胡殿，感笳之音，作诗言志曰：'胡笳动兮边马鸣，孤雁归兮声嘤嘤。'唐刘商《胡笳曲序》曰：'蔡文姬善琴，能为离鸾别鹤之操，胡虏犯中原，为胡人所掠，入番为王后，王甚重之。武帝与邕有旧，敕大将军赎以归汉，胡人思慕文姬，乃卷叶为吹笳奏哀怨之音，后董生以琴写胡笳声为十八拍，今之胡笳弄是也。'《琴集》曰：'大胡笳十八拍，小胡笳十九拍，并蔡琰作。按，蔡翼《琴曲》有大小胡笳十八拍，沈辽集世名流家声；小胡笳又有契声一拍共十九拍，谓之祝家声。祝氏不详何代人。'李良辅《广陵止息谱序》曰：'契者明会合之至，理殷勤之余也。'李肇《国史补》曰：'唐有董庭兰善沈声、祝声，盖大小胡笳云。'《艺苑卮言》曰：'胡笳十八拍，软语似出闺襜，而中杂唐调，非文姬笔也，与木兰颇类，又如杀气朝朝冲塞门，胡风夜夜吹边月，全是唐律。'"（叶七下～八上）

（续表）

《隋志》 唐太宗贞观十五年—高宗永徽三年（641—656）	《旧唐志》 后晋天福六年—开运二年（941—945）	《新唐志》 宋仁宗庆历四年—嘉佑五年（1044—1060）	《宋志》 元顺帝至正三年—至正五年（1343—1345）	《玉海》等补注
			谢庄[1]《琴论》一卷	《玉海》卷一百一十："宋谢庄《琴论》一卷，叙尧至宋凡九代善琴者姓名，及古曲名琴，通三均之制。"（叶十九上）按，《崇文总目》、《通志》有谢庄《琴谱三均手诀》一卷，然《玉海》认为此书可能为伪托。
			《太宗九弦琴谱》[2]二十卷	江少虞《事实类苑》卷三十一："皇佑二年，赐《太宗九弦琴谱》、《御制明堂乐谱图》。"
			《琴谱》六卷	
			《琴谱记》一卷	
			《琴调广陵散谱（序）》一卷	按，《佩文韵府》卷三十七有："《广陵散谱》，《宋史·艺文志》李约《琴调广陵散谱》一卷。"（叶二十九上）又，《崇文总目》载吕渭《广陵止息谱》，下云"晋中散大夫嵇康作琴调《广陵散》"。
			僧辨正《琴正声九弄》九卷	九弄，《唐书·礼乐志》："琴工犹传楚汉旧声及清调，蔡邕五弄、楚调四弄谓之九弄。"
			朱文齐《琴杂调谱》十二卷	

---

〔1〕 谢庄《宋书》卷八十五有传："谢庄字希逸，陈郡阳夏人，太常宏微子也。七岁能属文，通《论语》。"（叶一上）

〔2〕 陈旸《乐书》卷一百一十九《雅琴》："西汉赵定善鼓雅琴，为散操。东汉刘昆亦能弹雅琴，知清角之操，则雅琴之制自汉始也。圣朝太宗皇帝因太乐雅琴更加二弦，召钱尧卿按谱以君、臣、文、武、礼、乐、正、民、心九弦按曲转入大乐十二律，清浊互相应合。御制《韶乐集》中有正声翻译字谱，又令钧容班部头任守澄并教坊正部头花日新、何元善等注《入唐来燕乐半字谱》，凡一声先以九弦琴谱对大乐字，用唐来半字谱，并有清声。今九弦谱内有《大定乐》、《日重轮》、《月重明》三曲，并御制大乐干安曲、景佑韶乐集内太平乐一曲，谱法互同，他皆仿此，可谓善应时而造者也。诚增一弦，去四清声，合古琴之制，善莫大焉。"（叶十一下～十二上）

《隋志》 唐太宗贞观十五年—高宗永徽三年 （641—656）	《旧唐志》 后晋天福六年—开运二年 （941—945）	《新唐志》 宋仁宗庆历四年—嘉祐五年 （1044—1060）	《宋志》 元顺帝至正三年—至正五年 （1343—1345）	《玉海》等补注
			吴良辅《琴谱》一卷	《玉海》卷一百一十："协律郎吴良辅集王安石胡笳十八拍曲及元丰行谱歌六篇，协之音律附于琴声，为《琴谱》一卷。" 元符元年十一月，诏登歌、钟、磬并依元丰诏旨，复先帝乐制也。 二年正月，诏前信州司法参军吴良辅按协音律，改造琴瑟，教习登歌，以太常少卿张商英荐其知乐故也。初，良辅在元丰中上乐书五卷，其书分为四类，以谓："天地兆分，气数爰定。律厥气数，通之以声。于是撰《释律》。律为经，声为纬。律以声为文，声以律为质。旋相为宫，七音运生。于是撰《释声》。声生于日，律生于辰，故经之以六律，纬之以五声。声律相协，和而无乖。播之八音，八音以生。于是撰《释音》。四物兼采，八器以成。度数施设，象隐于形。考器论义，道德以明。于是撰《释器》。"类各有条，凡四十四篇，大抵考之经传，精以讲思，颇益于乐理，文多，故弗著焉。 《宋史》卷二百二《艺文一·经类·乐类》："吴良辅《琴谱》一卷。又《乐书》五卷，《乐记》三十六卷。" 《宋史》卷二百二《艺文一·经类·诗类》："吴良辅《诗重文说》七卷。" 《宋史》卷二百五《艺文四·子类一·农家类》："吴良辅《竹谱》二卷。"
			曲瞻《琴声律》二卷，又（曲瞻）《琴图》一卷。	《玉海》卷一百一十："《琴声律图》一卷，曲瞻撰，图前代琴样十二家，各以所应律吕十二时附图下。"（叶二十五上）

（续表）

《隋志》 唐太宗贞观十五年—高宗永徽三年 （641—656）	《旧唐志》 后晋天福六年—开运二年 （941—945）	《新唐志》 宋仁宗庆历四年—嘉佑五年 （1044—1060）	《宋志》 元顺帝至正三年—至正五年 （1343—1345）	《玉海》等补注
			昭微《古今琴样》一卷	
			马以良《琴谱三均》三卷	《玉海》卷一百一十："马少良载黄钟、中吕、无射三均之曲。"（叶二十五上） 《小学绀珠》卷一："三均：黄钟、姑洗、无射（唐杨收言《琴通》三均侧出诸调；马少良《琴谱》三均以姑洗为中吕）。"（叶三十九上）
			《琴笺知音操》一卷	按，《宋志》、《通志》有崔遵度《琴笺》一卷。
			《仿蔡琰胡笳十八拍》（不知作者）	《唐音癸签》："刘商胡笳十八拍自序拟董庭兰。" 《直斋书录解题》曰："题陇西董庭兰撰，连刘商辞。又云祝家声，沈家谱，不可晓也。"（叶二十二下）

附二：《宋志》与《隋志》、两《唐志》琴书比较表

	《宋志》琴书	《隋志》与两《唐志》
1	蔡琰《胡笳十八拍》四卷	三志均无。
2	孔衍《琴操引》三卷	《隋志》、《旧唐志》同；《新唐志》作"琴操一卷"。
3	谢庄《琴论》一卷	三志均无。
4	赵邦利《弹琴手势谱》一卷	《新唐志》作"赵邪利"，《隋志》、《旧唐志》无。
5	又（赵邦利）《弹琴右手法》一卷	三志均无。
6	唐玄宗《金风乐弄》一卷	《新唐志》作玄宗《金凤乐》一卷。
7	唐太宗《九弦琴谱》二十卷	三志均无。
8	《琴谱》六卷	三志均无。
9	薛易简《琴谱》一卷	三志均无。
10	李勉《琴说》一卷	三志均无。
11	陈拙《琴籍》九卷	三志均无。
12	赵惟简《琴书》三卷	《新唐志》作"赵惟暕"；《隋志》与《旧唐志》无。
13	《三乐谱》一卷	三志均无。
14	崔遵度《琴笺》一卷	三志均无。
15	陈康士《琴调》三卷	《新唐志》作四卷；《隋志》、《旧唐志》无。
16	又（陈康士）《琴调》十七卷	《新唐志》作《琴谱》十三卷。
17	《琴书正声》十卷	三志均无。
18	《琴调》十七卷	三志均无。
19	《琴谱记》一卷	三志均无。
20	《琴调谱》一卷	三志均无。
21	《楚调五章》一卷	三志均无。
22	《离骚谱》一卷	《新唐志》同；《隋志》、《旧唐志》无。
23	李约《琴曲东杓谱》一卷	《新唐志》作"《东杓引谱》一卷，李约勉子，兵部员外郎"。
24	琴调《广陵散谱（序）》一卷	三志均无。
25	齐嵩《琴雅略》一卷	《新唐志》同，《隋志》与《旧唐志》无。
26	僧辨正《琴正声》九弄九卷	三志均无。

（续表）

	《宋志》琴书	《隋志》与两《唐志》
27	萧佑（一作"祐"）《无射商九调谱》一卷	《新唐志》作"萧祐"。《隋志》与《旧唐志》无。
28	朱文齐《琴杂调谱》十二卷	三志均无。
29	吕渭（一作"滨"）《广陵止息谱》一卷	《新唐志》同，《隋志》、《旧唐志》无。
30	张淡正《琴谱》一卷	三志均无。
31	蔡翼《琴调》一卷	三志均无。
32	僧道英《琴德谱》一卷	三志均无。
33	王邈《琴谱》一卷	三志均无。
34	沈氏《琴书》一卷（失名）	三志均无。
35	《琴谱调》八卷（李翱用指法）	三志均无。
36	《琴略》一卷	三志均无。
37	《琴式图》一卷	三志均无。
38	《琴谱纂要》五卷	三志均无。
39	吴良辅《琴谱》一卷	三志均无。
40	曲瞻《琴声律》二卷	三志均无。
41	又（曲瞻）《琴图》一卷	三志均无。
42	王大方《琴声韵图》一卷	《新唐志》作"王大力"；《隋志》与《旧唐志》无。
43	昭微《古今琴样》一卷	三志均无。
44	刘籍《琴义》一卷	三志均无。
45	马以良《琴谱三均》三卷	三志均无。
46	《琴说》一卷	三志均无。
47	《琴笺知音操》一卷	三志均无。
48	《仿蔡琰胡笳十八拍》（不知作者）	三志均无。

作者单位：台湾朝阳科技大学通识教育中心

收稿日期：2014－10－02

基于秘篆文的《灵宝五篇真文》合校及研究

王皓月

刘宋陆修静（406—477）的《灵宝经目》中排在第一位的《元始五老赤书玉篇真文天书经》（以下简称《元始赤书真文经》）之中，收录了由秘篆文写成的咒文《灵宝五篇真文》。该《灵宝五篇真文》，以及收录其内容的经典《灵宝赤书五篇真文（假）》是东晋末的葛巢甫于东晋隆安年间（397—401）创作的[1]，后由陆修静将其改编成元始系《灵宝经》的《元始赤书真文经》[2]。

《灵宝五篇真文》也被称为"元始灵宝赤书五篇真文"、"灵宝赤书五篇真文"、"五篇真文"等，人们认为其咒力可以救济在十方的一切人民，是《灵宝经》最核心的内容之一。虽然《灵宝五篇真文》的作者、成书年代、思想等已经被基本解明，但长期以来，人们还无法得知其正确内容。原因是，《灵宝五篇真文》的正文是由特殊的秘篆文写成，不同于一般的篆书，我们无法直接解读该秘篆文。

为了理解《灵宝五篇真文》的内容，必须参照隶书写成的释文。然而，各版本的《灵宝五篇真文》的释文并不一致，特别是为了解释《灵宝五篇真文》的内容而被制作的《太上洞玄灵宝赤书玉诀妙经》（以下简称《玉诀妙经》）之中，释文的内容与其他版本的出入较大，甚至连字数都不一样。之前已经有基于《灵宝五篇真文》释文的合校[3]，可是仅凭这种方式，还是无法断定哪个版本的释文更为准确地记载了秘篆文《灵宝五篇真文》的内容。

不过，如果将各版本的《灵宝五篇真文》的秘篆文与释文进行对照，并加以合校的话，或许能够得到更为准确的释文。故本文基于此构想，利用秘篆文对《灵宝五篇真文》的释文进行校正。

一 秘篆文版《灵宝五篇真文》的存世情况及可靠性

首先，秘篆文写成的《灵宝五篇真文》在以下《道藏》收录的经典之中可以看到：

（1）《元始赤书真文经》卷上；

---

[1] 〔日〕小林正美著，李庆译：《六朝道教史研究》第一编第二章"《灵宝赤书五篇真文》的思想和成立"，四川人民出版社，2001 年版。

[2] 王皓月：《靈寶経の研究—陸修静と靈寶経の関係を中心に—》第一篇第一章"陸修静と靈寶経の関係—《元始赤書真文經》の成書を中心に—"，早稻田大学博士论文，2012 年。

[3] 〔日〕小林正美著，李庆译：《六朝道教史研究》，第 99～102 页。黄坤农：《〈真文赤书〉研究——以〈赤书玉篇〉与〈赤书玉诀〉为主的考察》，辅仁大学硕士论文，中国宗教研究所，2000 年，第 62～70 页。

（2）《太上黄箓斋仪》（杜光庭）卷五十四；

（3）《灵宝领教济度金书》（以下简称《济度金书》）下卷第二七一；

（4）《高上玉皇本行集经》（张良校正，以下简称《本行集经》）卷中；

（5）《太上灵宝净明飞仙度人经法》（以下简称《飞仙度人经法》）卷三；

（6）《上清灵宝大法》（王契真纂，以下简称王氏《灵宝大法》）卷十五；

（7）《上清灵宝大法》（金允中纂，以下简称金氏《灵宝大法》）卷十八；

（8）《太上灵宝众简文》（陆修静撰，以下简称《众简文》）。

在此需要说明的是，《众简文》之中仅有《灵宝五篇真文》每篇的前四分之一的内容，但是考虑到该经典为陆修静所作，价值比较高，所以决定给予收录。

另《灵宝五篇真文》的释文在以下的经典之中可以看到：

（1）《玉诀妙经》卷上；

（2）《太上洞玄灵宝授度仪》（陆修静撰，以下简称《灵宝授度仪》）；

（3）《无上秘要》卷二十四；

（4）《太上黄箓斋仪》卷五十四；

（5）《济度金书》下卷第二七一；

（6）《本行集经》卷中；

（7）《飞仙度人经法》卷三；

（8）王氏《灵宝大法》卷十五；

（9）金氏《灵宝大法》卷十六；

（10）《皇经集注》（周玄真集）卷五、卷六。

其中，《皇经集注》缺《东方九炁灵宝赤书玉篇真文》内容。顺便说明，《太上元始天尊说宝月光皇后圣母天尊孔雀明王经》之中也可见请五方天王加护的内容，包括东方四十二位天王、南方四十位天王、中央四十位天王、西方四十位天王、北方四十位天王，这些天王名也是根据《灵宝五篇真文》内容编成的，如"东方九炁大天王、始皇青天大天王……"等。因为其经过了改编，特别是星宿部分变化比较大，所以不将其视为《灵宝五篇真文》的一个版本。

在此，以各版本《东方青帝灵宝赤书玉篇》的 A 段[1]前半为例，验证《灵宝五篇真文》的秘篆文与释文之间的对应关系。各版本的秘篆文的表格所记载编号，与上面记载秘篆文《灵宝五篇真文》的经典的编号相同。另外，在之后校对部分的表格之中也一样。

---

〔1〕 不同经典之中的《灵宝五篇真文》各篇的称呼不同，本文依照《元始赤书真文经》卷上的称呼。另，《灵宝五篇真文》的每篇分为四段，本文分别表示为 A、B、C、D。

东方青帝灵宝赤书玉篇 　A							
内容	一	二	三	四	五	六	七	八
东方九炁								
始皇青天								
碧霞郁垒								
中有老人								
总校图录								
摄炁举仙								

通过对比，可以发现各版本《灵宝五篇真文》中秘篆文的绝大部分字形都比较固定。也就是说，秘篆文的《灵宝五篇真文》有较高的可信度，如果基于秘篆文，应该能对释文进行校对。

当遇到各版本释文出现不一致的字时，具体的做法是：首先，将该字在八个版本《灵宝五篇真文》的秘篆文进行横向对比，确认秘篆文中是否是同一字。其次，找出《灵宝五篇真文》中其他地方的与该字为同字的秘篆文，以及其他版本释文之字的秘篆文。最后，根据秘篆文字形的吻合程度，判断释文中正确的字。

以下，就将用上述方法校对《灵宝五篇真文》的释文。本文的校对以错误相对较少的《无上秘要》卷二十四所引《洞玄赤书经》为底本[1]，对于一些非重要版本的明显错误给予省略，另外对同义异体字（如"炁"与"氣"，"无"与"無"，"奸"与"姦"，"祅"与"妖"等）也基本省略。孤字的情况，因为难以比较，所以省略秘篆文，以底本为准。另外，像"玉"等一个字有大量用例的情况，原则上仅举三处秘篆文。另外，释文部分使用繁体字校录，以保证其原貌。

二 基于秘篆文的《灵宝五篇真文》的合校

（一）东方青帝灵宝赤书玉篇

A 東方九炁，始皇青天，碧霞鬱壘，中有老人，總校圖錄，攝炁舉仙。

B 歲星輔肝，角亢鎮眞，氐房心尾，四景迴旋，箕主七辰，正斗明輪，承炁捕非，掃除災辈。

C 東山神咒，攝召九天，赤書符命，制會酆山，束魔送鬼，所誅無蠋，悉詣木宮，敢有稽延。

D 下制東河，溟海水神，大劫洪災，蛟龍負身，水府開道，通徑百千，上帝赤文，風火無間。

东 A23[2]："舉"。《玉诀妙经》作"降"字。北 A36 也有"舉"字（《玉诀妙经》亦作"降"字），经对比二字基本相同。而"降"字其他部分没有出现，所以无法比较，依照底本，并参照多数本作"舉"。

表 1 东 – 1

位置	一	二	三	四	五	六	七	八
东 A23								
北 A36								

东 B21："正"。《灵宝授度仪》作"玉"字。"正"字亦见南 B29、中 B26、西 C7，经比较该字与"正"字同形，所以定为"正"字。而"玉"字见南 A7、中 A31、中 D43、西 C3、北 A39、北 D19，与"正"字字形区别明显。

表 2 东 – 2

位置	一	二	三	四	五	六	七	八
东 B21								缺
南 B29								缺
中 B26		缺						缺
西 C7								缺

表 3 东 – 3

位置	一	二	三	四	五	六	七	八
南 A7								
中 A31								
中 D43								缺

东 D22："徑"。《玉诀妙经》作"逕"字。"逕"字见南 D27，虽然两字同义，但字形似乎差异较大，故不统一为一个字。依照底本，并参照多数版定为"徑"字。

表4　东－4

位置	一	二	三	四	五	六	七	八
东 D22								缺
南 D27								缺

东 D25："上"。《灵宝授度仪》作"青"字。"上"字见南 A15、南 D19、中 A6、中 A35、中 D7、西 A25、西 A47、西 D11、北 A33、北 A47，与该字字形吻合。而"青"字见北方 A25，与该字字形不同，故定为"上"字。

表5　东－5

位置	一	二	三	四	五	六	七	八
东 D25								缺
南 A15								
中 A6								
北 A25								

（二）南方赤帝灵宝赤书玉篇

A 南方丹天，赤帝玉堂，中有大神，號曰赤皇，上炎流煙，三炁勃光，神仙受命，應會太陽。

B 熒惑輔心，井鬼守房，柳星張翼，抗御四鄉，軫總七宿，迴轉天常，召運促會，正道驛行。

C 赤文命靈，北攝酆山，束送魔宗，斬滅邪根，符教所討，明列罪原，南山神呪，威伏八方，羣妖滅爽，萬試摧亡。

D 南河水帝，太伯龍王，神呪流行，普掃不祥，洪水飛災，上召蛟龍，開除水徑，千道萬通，敢有干試，攝送火宮，赤書所告，莫有不從。

南 A30："會"。《玉诀妙经》、《无上秘要》、《灵宝授度仪》等成书时间较早的版本皆作"運"字。《太上黄篆斋仪》、《皇经集注》等版本作"會"字。"會"字见东 C14、南 B28、中 D10。南 A30 与南 B26、东 C14、中 D10，与南 A30 秘篆文字形相同，所以该字为"會"字。南 B26、中 A34 两字字形相同，且释文都作"運"字，所以可知与这两字字形不同的南 A30 不可能为"運"字。特别是，南 B 中的"召運促會"一句中，同时出现了"運"字与"會"字，而两字不同形，南 A30 字形与"會"字相同。所以，此处定为"會"字。

表 6　南 - 1

位置	一	二	三	四	五	六	七	八
南 A30								
东 C14								缺
南 B28								缺
中 D10								缺

表 7　南 - 2

位置	一	二	三	四	五	六	七	八
南 B26								缺
中 A34								

　　南 B13："抗"。《玉诀妙经》作"統"字。亦有《济度金书》等版本作"兀"字。"抗"字仅此一处，"統"字、"兀"字也不见他处，所以依据底本，参照多数版本作"抗"字。

　　南 C1 ~ 南 C4："赤文命靈"。《玉诀妙经》放在南 B 的最后一句，但在其他版本的秘篆文中，该句都是出现在南 C 的开头，只有金氏《灵宝大法》将其放在南 B 的最后，王氏《灵宝大法》则缺此四字。由于放在南 B 则破坏了原来南 B 的对偶。所以决定将"赤文命靈"放在南 C。虽然这个问题早已经被指出[1]，但因为与《灵宝五篇真文》的字数问题有关，所以之后还有详细的讨论。

　　[1]　小林正美在前面的文章中指出《南方赤帝灵宝赤书玉篇》之中存在内容的错乱。另外，吕鹏志在论文之中验证了小林教授之说的妥当性。吕鹏志：《摄召北酆鬼魔赤书玉诀与灵宝五篇真文——〈太上洞玄灵宝赤书玉诀妙经〉校读拾遗》，《宗教学研究》2010 年第 4 期。

表8 南-3

位置	一	二	三	四	五	六	七	八
南 C1						缺		缺
南 C2						缺		缺
南 C3						缺		缺
南 C4						缺		缺

　　南 C13～南 C16："斩灭邪根"。《玉诀妙经》无此四字，而《灵宝授度仪》作"斩灭邪原"，《皇经集注》作"斩邪灭根"。诸版本的秘篆文中，除了两部《灵宝大法》，都有该句的秘篆文。"根"字见中 B16。"原"字见南 C24。西方 D 中有"斩灭邪源"一句，《灵宝授度仪》作"斩灭邪原"可能是与此有关。西 D32 的"源"字与南 C16 字形不同，所以南 C13～南 C16 不会是"斩灭邪源"。另外，南 C16 与南 C24 明显不是同一字，所以不可能为"原"字。而南 C16 与中 B16 的"根"字更为接近，所以此处取"根"字。

表9 南-4

位置	一	二	三	四	五	六	七	八
南 C13						缺	缺	缺
南 C14						缺	缺	缺
南 C15						缺	缺	缺
南 C16						缺	缺	缺

表 10 南 - 5

位置	一	二	三	四	五	六	七	八
南 C16						缺	缺	缺
西 D32								缺
中 B16		缺						缺
南 C24								缺

南 C20："討"。《灵宝授度仪》作"誅"字。"誅"字见东 C22，"討"字仅此一处。"誅"字与此字形差异较大，所以此处应该作"討"字。

表 11 南 - 6

位置	一	二	三	四	五	六	七	八
南 C20								缺
东 C22								缺

南 C24："原"。《玉诀妙经》作"源"字。"源"字见中 D16、西 D32。中 D 的"河源"的"源"字与西 D 的"邪源"的"源"基本相同，但南 C24 字形与二者差别较大，所以该字应该不是"源"字，而是"原"字。

表 12 南 - 7

位置	一	二	三	四	五	六	七	八
南 C24								缺
中 D16								缺
西 D32								缺

南C31～南C32："八方"。《灵宝授度仪》作"萬方"，而《玉诀妙经》作"百千"。"八"字见西D5、北A23。"萬"字见南C37、中A39、中D27、西C11、北C21。"方"字见东A2、南A2、西A2、北A2。"百千"见东D23、东D24。经对比可知，此处明显不是"百千"，南C32肯定是"方"字。而在对比"八"字与"萬"字后，发现南C31更接近"八"字。

表13　南-8

位置	一	二	三	四	五	六	七	八
南C31								缺
西D5								缺
北A23								

表14　南-9

位置	一	二	三	四	五	六	七	八
南C37								缺
中D27								缺
中A39								

表15　南-10

位置	一	二	三	四	五	六	七	八
南C32								缺
东A2								
南A2								
西A2								

表 16 南 – 11

位置	一	二	三	四	五	六	七	八
东 D23								缺
东 D24								

　　南 D21 ~ 南 D24："上召蛟龍"。《玉诀妙经》、《灵宝授度仪》、《皇经集注》作"止蛟召龍"。《无上秘要》、《太上黄箓斋仪》等作"上召蛟龍"。事实上，经过核对秘篆文发现，除《太上黄箓斋仪》与金氏《灵宝大法》以外，多数版本秘篆文的内容都作"上蛟召龍"。"上"字见东 D25、南 A17、中 A6、中 A35、中 D7、中 D29、西 A25、西 A47、西 D11、西 D27、北 A33（参表 5：东—5）。通过比较，可以确认南 D21 就是"上"字。"止"字不见他处。"召"字见东 C6、南 B25、中 D5、西 A46、西 C10、西 D13。"蛟龍"见东 D13 ~ 14、北 D9 ~ 10。"召龍"见中 D5 ~ 6。南 D22、南 D24 与东 D13 ~ 14、北 D9 ~ 10 之中所见的"蛟"、"龍"二字接近。另外，而南 D23 ~ 24 两个字，除《太上黄箓斋仪》与金氏《灵宝大法》以外，其字形与中 D5 ~ 6 的"召龍"更为接近。并且多数版本的南 D23，与其他地方的"召"字更为接近，是"蛟"字的可能性基本没有。如果按照多数秘篆文版本的话，那这句应该是"上蛟召龍"，但考虑到意思的通顺，以及多数版的秘篆文也不能排除出错的可能，所以决定这句依然取《无上秘要》等版本的"上召蛟龙"。由此，也算是对诸版本秘篆文的校对。

表 17 南 – 12

位置	一	二	三	四	五	六	七	八
南 D21								缺
南 D22								缺
南 D23								缺
南 D24								缺

表18 南－13

位置	一	二	三	四	五	六	七	八
东 C6								缺
南 B25								缺
西 A46								
西 C10								缺
西 D13								缺

表19 南－14

位置	一	二	三	四	五	六	七	八
中 D5								缺
中 D6								缺

表20 南－15

位置	一	二	三	四	五	六	七	八
东 D13								缺
东 D14								缺
北 D9								缺
北 D10								缺

（三）中央黄帝灵宝赤书玉篇

A 中央總靈，黃上天元，始生五老，中皇高尊，攝炁監眞，總領羣仙，典錄玄圖，宿簡玉文，催運上炁，普告萬神。

B 鎮星輔脾，徊度北元，魁魖主非，截邪斬根，魒魒魒魒，掃穢除氛，魓正玄斗，明度天關，九天符命，金馬驛傳。

C 勑攝北帝，遏塞鬼門，剪除不祥，莫有當前。

D 中山神呪，召龍上雲，制會黃河，九水河源，不得怠縱，善惡悉分，千妖萬姦，上對帝君，莫有干試，太陽激焚，赤書玉字，宣告普聞。

中 A14："皇"。《玉诀妙经》作"黄"字。"皇"字见西 A29、北 A14、东 A6、南 A16。"黄"字见中 D11。通过字形对比可以发现，该字与"皇"字一致，而与"黄"字差别较大，因此定为"皇"字。

表 21　中 – 1

位置	一	二	三	四	五	六	七	八
中 A14								
东 A6								
南 A16								
西 A29								
中 D11								缺

中 A17 ~ A32："攝炁監眞，總領羣仙，典錄玄圖，宿簡玉文"。《太上黃籙齋儀》作"黃中總氣，統攝無窮，鎮星土輝，流鍊神宮"。通过其他秘篆文的内容，可知此段并非"黃中總氣，統攝無窮，鎮星土輝，流鍊神宮"四句，甚至《太上黃籙齋儀》的该部分秘篆文也与其他版本一样，都是作"攝炁監眞，總領羣仙，典錄玄圖，宿簡玉文"。而且，《太上黃籙齋儀》在此四句之后缺失了中 B 的部分，直接到中 C，所以应该是《太上黃籙齋儀》出现了混乱。那么，这四句究竟是从何而来呢？其实，这几句与《太上黃籙齋儀》卷五十七的《中方玉文》（见表 26：中—6）相同，都由来于《太上洞玄灵宝灭度五炼生尸妙经》的十六字的秘篆文写成的《灵宝黄帝炼度五仙安灵镇神中元天文》（以下表简称《中元天文》）。顺便说明，《太上黃籙齋儀》卷五十七的《中方玉文》的秘篆文之中，"鎮星土輝"、"流鍊神宮"两句似乎颠倒了。

表22　中–2

位置	一	二	三	四	五	六	七	八
中 A17								
中 A18								
中 A19								
中 A20								

表23　中–3

位置	一	二	三	四	五	六	七	八
中 A21								
中 A22								
中 A23								
中 A24								

表24　中–4

位置	一	二	三	四	五	六	七	八
中 A25								
中 A26								
中 A27								
中 A28								

表 25　中 – 5

位置	一	二	三	四	五	六	七	八
中 A29								
中 A30								
中 A31								
中 A32								

表 26　中 – 6

	黃中總氣	統攝無窮	鎮星土輝	流鍊神宮
中方玉文				
中元天文				

　　中 A33："催"。《无上秘要》作"推"字。二字均不见他处，根据字形亦难以断定，故只能参照多数版本定为"催"字。

　　中 A35："上"。《无上秘要》作"促"字。"上"字见东 D25、南 A17、中 A6、中 A35、中 D7、中 D29、西 A25、西 A47、西 D11、西 D27、北 A33（参表 5：东—5）。"促"字见南 B27。根据字形对比发现，该字与"促"字差异很大，而与"上"字一致，所以定为"上"字。《无上秘要》的"推運促焄"大概是与南方真文 B 中的"召運促會"混淆了。

表 27　中 - 7

位置	一	二	三	四	五	六	七	八
中 A35	𧶀	𧶀	𧶀	𧶀	𧶀	𧶀	𧶀	𧶀
南 B27	𧶀	𧶀	𧶀	𧶀	𧶀	𧶀	𧶀	缺

中 B16："根"。《灵宝授度仪》作"衦"字。但依据底本定为"根"字。"根"字见南 C16。《灵宝授度仪》的"衦"字为"姦"字的异体字，"姦"字见中 D28。通过字形的对比，发现该字与"根"字的字形更为接近，而为"姦"字的可能性非常小，因此定为"根"字。

表 28　中 - 8

位置	一	二	三	四	五	六	七	八
中 B16	𧶀	缺	𧶀	𧶀	𧶀	𧶀	𧶀	缺
南 C16	𧶀	𧶀	𧶀	𧶀	𧶀	缺	缺	缺
中 D28	𧶀	𧶀	𧶀	𧶀	𧶀	𧶀	𧶀	缺

中 C1 ～ C16："勑攝北帝，遏塞鬼門，剪除不祥，莫有當前"。《皇经集注》卷五作"中黃總焄，統攝無窮，鎮星吐輝，流鍊神宮，勑攝北帝，遏塞鬼門，蔛除不祥，莫有當前"（29a）四句。由于多出 16 字，《皇经集注》的《中央黄帝灵宝赤书玉篇》的字数变为 160 字，这应该是错误的。

中 D19："怠"。《灵宝授度仪》作"殆"字，二字不见他处，但意思相近，依据底本，并参照多数版本定为"怠"字。

（四）西方白帝灵宝赤书玉篇

A 西方素天，白帝七門，金靈皓映，太華流氛，白石峨峨，七焄氤氳，上有始生，皇老大神，總領肺焄，主校九天，檢定圖錄，制召上仙。

B 太白檢肺，奎婁守魂，胃昴畢觜，主制七關，參總斗魁，受符北元。

C 赤書玉字，九天正文，攝召萬炁，普歸帝君。

D 西山神呪，八威七傳，符水上龍，召山送雲，在所校錄，同到帝門，輔衛上眞，斬滅邪源，若有不祥，截以金關，赤書符命，風火驛傳。

西 A23 ~ A24："氤氳"。《灵宝授度仪》作"烟煴"。依据底本，并参照多数版定为"氤氳"。"煙"字见南 A20，《灵宝授度仪》作"烟"字。对比发现南 A20 与西 A23 为同一字，"氤氳"与"烟煴"之意相同，所以《灵宝授度仪》写作"烟煴"亦可。

表 29　西 - 1

位置	一	二	三	四	五	六	七	八
西 A23								
西 A24								
南 A20								

西 D17 ~ D20："在所校錄"。《玉诀妙经》作"在此授得"，《无上秘要》作"在此校录"。"所"字见东 C21、南 C19、南 D43、北 A35。"校"字见东 A18、西 A38。"錄"字见东 A20、中 A26、西 A44。"得"字见中 D18。"此"与"授"字不见他处。通过这个对比可以发现，西 D18 可以确定为"所"字，而西 D19 只能说接近"校"字，而西 D20 与他处的"錄"字差异较大，而且与"得"字也不是很吻合。因此，依照底本，参照多数本将西 D20 定为"錄"字。

表 30　西 - 2

位置	一	二	三	四	五	六	七	八
西 D17								缺
西 D18								缺
西 D19								缺
西 D20								缺

表31　西－3

位置	一	二	三	四	五	六	七	八
东 C21								缺
南 C19								缺
南 D43								缺
北 A35								

表32　西－4

位置	一	二	三	四	五	六	七	八
东 A18								
西 A38								

表33　西－5

位置	一	二	三	四	五	六	七	八
东 A20								
中 A26								
西 A44								

表34　西－6

位置	一	二	三	四	五	六	七	八
中 D18								缺

（五）北方黑帝灵宝赤书玉篇

A 北方玄天，五炁徘徊，中有黑帝，雙皇太微，總領符命，仙鍊八威，青裙羽襧，龍文鳳衣，上帝所舉，制到玉階。

B 北辰輔臀，斗牛衛扉，女虛危室，豁落四開，璧總七星，執凶斜非，却灾掃穢，明道洞輝。

C 北山神呪，激陽起雷，流鈴煥落，玃天振威，北鄷所部，萬妖滅摧。

D 九河傾訖，鳥母羣飛，蛟龍通道，水陌洞開，赤文玉書，驛龍風馳。

北 A28："襧"。《玉诀真文》作"褐"字。他处均不见二字，依据底本，并参照多数本及前后文意思作"襧"字。

北 A36："舉"。《玉诀妙经》作"降"字。见前（表1：东—1），此处省略。

北 A38："到"。《玉诀妙经》作"列"字。"到"字见西 D22。"列"字见南 C22。通过对比发现，也许是因为"到"字和"列"字原本就比较相像，所以个别版本的秘篆文的"到"字与"列"字不容易区分，但《元始赤书真文经》中的两个"到"字与"列"字还是明显不同的，所以这里依据底本，并参照多数本作"到"字。

表 35　北 – 1

位置	一	二	三	四	五	六	七	八
北 A38								
西 D22								缺
南 C22								缺

北 B17："璧"。《灵宝授度仪》作"辟"字。二字均不见他处，依据底本，并参照多数本作"璧"字。

北 D4："訖"。《玉诀妙经》作"竭"字。二字均不见他处，依据底本，并参照多数本作"訖"字。

北 D5："鳥"。《玉诀妙经》作"烏"字。二字均不见他处。依据底本，并参照多数本作"鳥"字。

北 D14："陌"。《玉诀妙经》作"脈"字，二字均不见他处。依据底本，并参照多数本作"陌"字。

三 《灵宝五篇真文》字数差异的形成及其历史原因

通过以上对秘篆文的分析，可以得到最为正确的《灵宝五篇真文》的释文。而关于《灵宝五篇真文》的字数，《元始赤书真文经》为 672 字版，《玉诀妙经》为 668 字版。因为字数的分歧比个别字的不同更为严重，并且发生在关于《灵宝五篇真文》的最重要的两部经典之中，所以需要进一步讨论[1]。

《元始赤书真文经》所载 672 字版由秘篆文写成，而《玉诀妙经》所载 668 字版是释文。对比两个版本，发现其区别出现在《南方赤帝灵宝赤书玉篇》之中。《无上秘要》卷二十四以《洞玄赤书经》之名引用了《灵宝五篇真文》的释文，以及字数和解释。如下：

> 右三十二字，主九天神仙图箓宿名。学仙道士，常以本命、甲子、立夏之日，朱书三十二字于白刺上，记姓名年月于刺下，投灵山之岳。九年仙官到，身得飞仙。
>
> ……
>
> 右三十二字，主召星官，正天分度。诸以南方星宿越错，有诸灾异，当朱书青纸上，露于中庭，三日三夜，夕夕依别咒，讫刻书三十二字于赤石上，埋南方。天灾自消，星宿复位。
>
> ……
>
> 右四十字，主制北酆，正鬼气行。以此法黄书赤木刺上，以文向东北，而依咒文。三行此法，鬼精自灭，万魔束形，宜精心行之。
>
> ……
>
> 右四十八字，主南海水帝。大运交期，洪水四出，召蛟龙水神事。遇此灾及度大水，皆黄书四十八字于青纸上，依别咒，以投水中，身自得过，水官奉迎[2]。

从上文可知《南方赤帝灵宝赤书玉篇》的字数应该是 152（32 + 32 + 40 + 48）字。也就是说，该《洞玄赤书经》版本的释文与《元始赤书真文经》的秘篆文是相对应的，为 772 字版。

而《无上秘要》卷二十六《灵宝符效品》引用《洞玄元始五老赤书玉篇经下》，其关于《南方赤帝灵宝赤书玉篇》的说明如下：

> 上三十二字，书九天洞阳之馆，主九天神仙图箓金名。
>
> 其下三十六字，书三炁丹台，主召星官，明度数，正天分。
>
> 其下三十二字，制北酆，正鬼炁。
>
> 其下四十八字，主南海水帝。大运交周，洪水四出，召蛟龙水神事，题于西南阳正玉阙。

---

〔1〕 前面提到的小林正美和吕鹏志的论文中探讨了该问题，但关于错误产生的原因和背后的意义尚有商榷余地。

〔2〕 《道藏》，第 25 册，第 68~69 页。

合一百四十八字，皆南方梵宝昌阳丹灵真老君自然之书。[1]

从上文可知此处记载《南方赤帝灵宝赤书玉篇》为 148（32 + 36 + 32 + 48）字。而该处各段的字数，是与《玉诀妙经》是相对应的。

如果按照释文的字数来看，《无上秘要》卷二十四的《洞玄赤书经》对应《元始赤书真文经》，而卷二十六的《洞玄元始五老赤书玉篇经下》则对应《玉诀妙经》。但是，如果按照对释文的解释来看，则《无上秘要》卷二十四的《洞玄赤书经》是对应《玉诀妙经》，而卷二十六的《洞玄元始五老赤书玉篇经下》则对应《元始赤书真文经》。这似乎表明，《无上秘要》编纂的北周时期，关于《灵宝五篇真文》的字数已经存在不同的说法。

陆修静的《灵宝授度仪》记载了《灵宝五篇真文》的释文，其并非《玉诀妙经》的《南方赤帝灵宝赤书玉篇》的 148 字版的释文，而是正确的 152 字版的释文，并且除了个别字以外，与本合校版基本一致。但是，《太上洞玄灵宝授度仪表》中写道"臣敢以罥瞑，窃按《金黄二箓》、《明真》、《玉诀》、《真一自然经诀》"[2]，其中的"玉诀"就是指《玉诀妙经》。

那么，为何《灵宝授度仪》参照的是《玉诀妙经》，却记载了正确的《南方赤帝灵宝赤书玉篇》的释文呢？唯一的可能，就是陆修静创作《灵宝授度仪》时的《玉诀妙经》的释文原本是正确的，但是后来出现了错误，并一直没有得到纠正。而且，如果陆修静参照《玉诀妙经》的释文已经出现了错误，陆修静肯定无法在《灵宝授度仪》之中写出正确的释文。

梁代宋文明的《通门论（拟）》中，记载了陆修静关于《灵宝经》十二类的解说，其中写道："第一经之本源，自然天书八会之文，凡一千一百九字。其六百六十八字，是三才之原根，生天立地，开化人神，万物之根。"[3] 所谓 668 字的自然天书八会之文，就相当于《灵宝五篇真文》，所以可以推测陆修静在当时认为《灵宝五篇真文》就是 668 字。

《灵宝授度仪》是 440 年前后编纂的[4]，陆修静解说《灵宝经》的十二类的分类时间不明确，但《灵宝经目序》、《灵宝授度仪》之中都没有提到，应该是之后设想的。《灵宝授度仪》编纂之后，本来正确的《玉诀妙经》的释文被篡改成了 668 字版。陆修

---

〔1〕《道藏》，第 25 册，第 76 页。

〔2〕《道藏》，第 9 册，第 840 页。

〔3〕《中华道藏》，华夏出版社，2004 年版，第 5 册，第 511 页。

〔4〕 关于陆修静的《灵宝授度仪》的成书时期有几个说法。小林正美最初认为是 453 年编纂（小林正美：《六朝道教史研究》，第 180~181 页），后来修正为元嘉十七年（440）以前。〔日〕小林正美：《唐代道教における大洞三景弟子と大洞法师の法位の形成》，载《東方学》第 115 辑，东方学会，2008 年 3 月，注（18）。而大渊忍尔认为是 444 年前后编纂。〔日〕大渊忍尔：《道教とその経典》，创文社，1997 年版，第 69~71 页。刘屹认为是 437 年成书。刘屹：《古灵宝经出世论——以葛巢甫和陆修静为中心》，载《敦煌吐鲁番研究》第十二卷，上海古籍出版社，2011 年版，第 175 页。《灵宝授度仪表》之中，关于其编纂时期，说"从叩窃以来一十七年"，而"叩窃"的意思是获得不该属于自己的东西，所以这里应该是表示获得《灵宝经》。陆修静在元嘉十四年（437）创作《灵宝经目》的十年前开始得到最初的《灵宝经》的话，《灵宝授度仪》大概就是十七年后的 440 年前后创作的。

静说明十二类的分类之时，对应篡改过的《玉诀妙经》将《灵宝五篇真文》的字数记载为 668 字。《灵宝授度仪》之中没有记载《灵宝五篇真文》的总字数，那么是不是陆修静算错了总数呢？如前面说过的，《无上秘要》、《玉诀妙经》之中实际记载了 668 字版的内容，所以不是陆修静的计算错误。

有没有可能陆修静之前已经存在两个版本的《灵宝五篇真文》呢？各版本秘篆文之中，除了金氏《灵宝大法》的《南方赤帝灵宝赤书玉篇》是 148 字版，还有王氏《灵宝大法》的《南方赤帝灵宝赤书玉篇》是 144 字版，其他都是 152 字版。就是说，金氏《灵宝大法》以前，仅仅存在正确的 672 字版的秘篆文的《灵宝五篇真文》，不存在 668字版的被篡改的秘篆文的《灵宝五篇真文》，668 字版是错误的《灵宝五篇真文》的释文而已。

通过以上推测，《灵宝授度仪》被编纂的 440 年前后的《玉诀妙经》之中仅仅记载了 672 字的正确的释文，但在陆修静在著述灵宝经的十二类的分类的解说之时，《玉诀妙经》的释文已经与道藏本一样，被篡改为错误的 668 字版。因为陆修静说《灵宝五篇真文》的字数是 668 字，因此可以认为《玉诀妙经》的 668 字版的释文很可能就是陆修静篡改的。这样的话，最合理的解释就是，陆修静在《灵宝授度仪》之后，篡改了《玉诀妙经》的释文，并在《灵宝经》的十二类的解说之中使用篡改过的字数。

实际上，《通门论（拟）》所载陆修静的《灵宝经》的十二类的解说之中，关于自然天书八会之文的字数，也有其他的错误记载或者模糊的记载。如在《灵宝五篇真文》与《三十二天内音玉字》之后说："其六十三字，是五方元精名号，服御求仙，练神化形，白日升腾之法。余一百二十三字，阙无解音。"[1] 其所谓 63 字的天文，是《玉诀妙经》卷下所载的《真一食五芽天文》，但实际见《玉诀妙经》的话，可知其正确的字数是 64 字。而 1109 字的自然天书八会之文当中，没有音解的文字是 123 字，按照陆修静之前写下的数字计算可知，其是 122 字的误写。还有，虽然陆修静说该 122 字没有音解，但其应该是指代《洞玄灵宝二十四生图经》的 96 字的秘篆文写成的三篇《三部八景玉文》、10 字的五方魔王姓讳符名，与《太上洞玄灵宝灭度五炼生尸妙经》中 16 字的秘篆文写成的《灵宝黄帝炼度五仙安灵镇神中元天文》[2]。因为其释文已经被经典所记载，所以不能说这 122 字是没有音解。这样的话，按照笔者的计算，自然天书八会之文的正确字数应该是 1114（672 + 256 + 64 + 122）字。

因为通过《灵宝经》的内容，很容易发现数字的错误，或者模糊的数字的所指，所以整理《灵宝经》的陆修静当然也应该明白。也就是说，陆修静在《灵宝经》的十二类解说之中有意避免将天文的构成彻底说明。已经有学者的研究指出，以《玉诀妙经》为首的道教经典之中、无视存在 672 字的秘篆文《灵宝五篇真文》，依然记载错误的 668

---

[1] 《中华道藏》，第 5 册，第 511 页。

[2] 王承文认为，该 122 字是《洞玄灵宝二十四生图经》所载 96 字的三篇《三部八景玉文》与八景篆五方魔王姓讳符名。王承文：《古灵宝经中"天文"和"符图"的释读与研究》，载《"道教研究的新视野：道教与中国文化及社会的关系"国际学术研讨会论文集》，香港中文大学，2009 年版。

字的释文，目的是不想把《灵宝五篇真文》的内容泄露给一般人[1]。秘篆文被认为是天文，所以道士不便轻易修改其内容，但释文由一般人也可以读懂的隶书写成的，因此只需改动释文，就可以防止泄露天文的内容。特别是，《玉诀妙经》卷下所载的《真一食五芽天文》的字数被记载为 63 字，由此可知陆修静刻意在《灵宝经》的十二类的解说之中写下错误的数字。实际之中，师向弟子传授经典之时，应该会将《灵宝五篇真文》的正确释文作为口诀告诉弟子。这也的确符合道教的传统，所以道教常说经典如果不是师传，则完全无法使用。

四　结语

以上，基于秘篆文对《灵宝五篇真文》进行了合校，得到了最为正确的《灵宝五篇真文》。并且，《灵宝五篇真文》的字数问题的由来也被解答。秘篆文的《灵宝五篇真文》的解读对于使用大量秘篆文的《灵宝经》的研究有重要的价值，而且秘篆文是可以解读的道教特有的文字，或者说是一种符号，此研究的意义不仅限于道教研究，而且对于语言学的研究也提供了难得的新材料。

此外，《玉诀妙经》的释文是陆修静所篡改的，由此也可以确认陆修静改编了《灵宝经目》所记载的《灵宝经》。这对于思考陆修静与《灵宝经》的关系，以及《灵宝经》内容的变化有重要的启发意义。

收稿日期：2014 - 07 - 07

---

[1]　吕鹏志也在论文中指出，672 字的《灵宝五篇真文》是正确的，《玉诀妙经》的 668 字的释文是后人为了防止泄露真文内容而刻意篡改的。

李商隐撰书《王翊元暨妻李灵素墓志》及相关问题

王庆卫

　　唐代碑志材料的大量出土极大地改变了唐代文史研究的面貌，"名家之文，见诸石刻而出于集外者最为宝贵[1]，《王翊元暨妻李灵素墓志》是现今发现的唯一一方由义山撰书的石刻文献，给我们提供了进一步探寻义山世界的真实史料。"此方墓志近年出土于西安市长安区，现藏于西安交通大学艺术馆，钟明善先生首先对其做了整理研究，并主要从书法艺术的角度做了探讨，之后张玖青先生根据钟文公布的墓志文字，从文学和书法两个方面做了申论[2]。由于此方墓志的基本信息和图版没有公布，所以我们利用拓本重新对录文进行核定，并进一步作新的探析。王翊元墓志并盖长宽均60厘米，志盖4行，行3字，篆书"唐龙武将军太原王公墓志铭"（图1）；志石34行，行34字，正

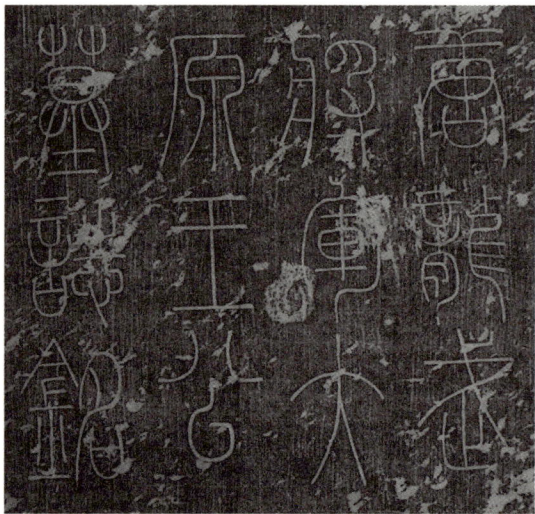

图1　王翊元志盖

书，有方界格，四侧线刻有兽首人身的十二生肖图案（图2）。谨迻录并标点志文如下：

　　唐故云麾将军右龙武将军知军事兼御史中丞上柱国太原县开国公食邑一千五百户太原王公夫人陇西李氏合祔墓志铭并序

李商隐撰并书

　　公姓王氏，讳翊元，字子慎，年四十五，元和十五年闰月三日卒升平里第，从先太师成公讳栖曜葬万年曹村。大中二年十二月一日夫人陇西李氏卒，明年其孤琯卜开而祔，得兆曰：绝气废辰，祸害之原；法当一子，而又无孙；复坎而缥，不利旧新。琯惧而号，徙于鲍村。斩地八十亩，龙虎鸟龟，盘抱平衍。用八月十五日

　　〔1〕　叶昌炽撰、柯昌泗评：《语石、语石异同评》卷六，中华书局，1994年版，第396页。
　　〔2〕　钟明善：《李商隐〈王翊元夫妇墓志铭〉》，《第八届中国书法史论国际研讨会论文集》，文物出版社，2011年版，第292~299页；钟明善：《从〈王翊元夫妇墓志铭〉看李商隐的诗文与书法》，《西安交通大学学报》（社会科学版）2011年第4期，第70~74页；张玖青：《试论新出李商隐撰书〈太原王公墓志铭〉》，《武汉大学学报》（人文科学版）2013年第4期，第97~102页。

图 2　王翊元墓志

祔，辰在丙申。公，成公第四子，善养，喜书知兵，终父母世不肯以前太原参军选。元和初，镇州反。天子命取之。贼牢未动，诸侯兵进退将望，立牙不定。公曰：是可以有为。始起于潞，及卢从史有谋，公因持奏入，谒上曰："潞有平原可战，有积谷可守，其土种马而原蕃，其人利斗而尚决，耐寒而廉食，真赵魏屏也。陛下何至尽其地为卢氏□攜子耶。"上曰："取之若何。"公密陈如此如此。上悦，曰："汝之先以一箭射杀邢超然，后又射杀袁晃，蹙萧庭兰众，夺取李灵曜信旗，佐韩滉修理职贡，故孝文立龙武使为将军。汝免之。"公辞出至潞，以乌重胤深重可付事。因出上意，重胤曰："健兵皆不在牙下，奈何。"公曰："第无虑，承濯且至，有兵。"既而承濯至，会从史。前五日转得梟，使不胜者出负酒，且大哥舞。公掌樽居中，约承濯。食时伪醉，重胤自外入，立缚从史，事定。历左龙武、左羽林将军。恶窭中官以钱财交涉将吏，奏逐之。十年，坐交游，遂为卫将军。明年复为左龙武，转右龙武，加御史中丞。十三年，哭其弟参元得疾不医，至是闻上崩，遂绝。当时文章人盛有诗诔，言公忠孝。夫人讳灵素，字内德，赠仆射夷肃女，年十九归公。瑄有弟璘，为武宁尉，蚤死。三女嫁李氏，一女嫁郑氏。父殁且久，公之仲兄赠司徒公，长善，始有征伐，为大诸侯。夫人多留京师，奉宗庙，训理吉凶。族姻归师，恪恪惜惜，以为本表。晚受道箓，通佛书，融冶真玄，诣绝至极，由沃云渊月，高旷舒爽，无一涓缕际于罳邪。噫！古人称女师者，何少也耶。瑄既以名字为郿御史，夫人恒谓曰：“先舅姑时，我曾梦黄人引我于华岳，见天仙所乘辎軿，神光合开，欣响有得，汝其求为华阴令，以偿吾梦。”瑄求得之。罢三年，寿七十。铭曰：

龙武之孝，始于门户。翦扫庖烹，以事父母。妣考之思，窆荐以时。
由孝为忠，成公之遗。恒阳不来，得罪天子。帝怒曰师，往潴其垒。
众曰帝武，取彼暨此。附恃挟从，缩毂藏尾。帝有韩西，堕于从史。
呼嚇其下，将虁以起。公骇曰唉，走马来朝。帝能其言，前属之筹。
公曰有谋，可使溃销。不俾众惊，一夫之趪。帝曰繄汝，勿缓汝劳。
公复来归，不漏议语。得乌重胤，让告使取。贼在在鞥，公首其机。
人曰师余，公道以归。帝嘉其来，曰书乃勋。往践而父，北门四军。
天子之毗，戎仪鲜鲜。自百而万，貙袍豹韝。庚子国忧，病不果班。
曰此下壤，吾弟是先。有医有巫，靡用告诉。乃诏家人，汝视丧具。
讫孝讫忠，君亲之故。夫人之生，明德是经。配聿其才，守龟之灵。
维瑄无辜，不宁妇子。孝不得传，愈饬愈理。后三十年，罔斁绳纪。
谁为彤管，赐尔箴史。维此新丘，其庆弥弥。神合福孽，后世之纪。
也矣章诗，忠孝是衷。

宜阳鱼元弼刻

一　王翊元之家族与社会网络

王翊元墓志没有对家族郡望的叙写，只是在行文中对王翊元的家世进行了简略的提及，“先太师成公讳栖曜”，其父王栖曜从参加平定安史之乱开始，逐渐成为唐王朝中央政权的一个核心人物，两《唐书》云其郡望为濮州濮阳人，但对于其先祖世系没有记载。权德舆《唐故郿州伏陆县令赠左散骑常侍王府君神道碑铭并序》：“公讳崇术，字敬方，其先太原晋阳人，晋司徒浑之后也。中以阀阅，徙于帝丘。今以名数，籍于毂下。曾王父皇集州司仓参军玄素。玄素生朝散大夫滑州卫南县令瓖。瓖生蔚州司法参军弘劲。皆用儒行自守，故缨毂未华，仕不过郡掾史、县大夫，而休问四畅。公即司法府君之子。方严密静，忠厚温克，览六籍三略，如古人之心。……有子三人：长曰奇哲，傲侻沉勇，与河内尚衡扶义于河南，积功荣至恒州刺史，蹈难以没，不害于仁。次曰栖荣，亦以忠力策谋至左威卫将军。幼曰栖曜，宽明博大，有文武略，左右征师，炳著威功，扫虿毒于姑胥，静鸠谊于夷门。”[1] 至此，王翊元家族的世系就比较清楚了，在中

---

〔1〕（唐）权德舆：《权德舆诗文集》，上海古籍出版社，2009年版，第251~252页。

古郡望的构建中经常有冒籍和虚构的现象，很难确定王翊元家族出自于太原王氏，不过一般认为濮阳人是比较合理的。

在墓志中没有直接对王栖曜的功绩进行描述，而是在后文宪宗的语言中对其主要事迹进行了说明，"先以一箭射杀邢超然，后又射杀袁晁，蹙萧庭兰众，夺取李灵曜信旗，佐韩滉修理职贡，故孝文立龙武使为将军"，可以说这是对王栖曜功过最大的褒奖，两《唐书》本传记载王栖曜平定江淮乱中乃是擒获了袁晁，与墓志记载有别。

仲兄司徒公指的是王茂元。茂元，幼有勇略，安史乱中从父征伐而知名。元和中为右神策将军，太和中授检校工部尚书、广州刺史、岭南节度使，在安南招怀蛮落之时，颇有功劳。之后茂元进一步授为忠武军节度、陈许观察使，会昌中为河阳节度使，正如墓志所言"公之仲兄赠司徒公，长善，始有征伐，为大诸侯"矣。在河北诸军讨伐刘稹的过程中，贼未平而茂元先卒。王茂元在唐代节度使中处于重要的地位，更作为义山的岳父而为后人所熟知。

志云："十三年，哭其弟参元得疾不医，至是闻上崩，遂绝。"翊元弟王参元元和二年进士及第，与柳宗元、李贺、杨敬之等许多著名文人交往密切。柳宗元《贺进士王参元失火书》："以足下读古人书，为文章，善小学，其为多能若是，而进不能出群士之上，以取显贵者，无他故焉。"[1]柳宗元很欣赏王参元其人其文，李商隐《代仆射濮阳公遗表》中提到王茂元与季弟参元俱以词场就贡，《书史会要》、《佩文斋书画谱》等书记载参元工翰墨有名当世，知参元文采出众且多才多艺。以前学者多认为王参元为王茂元的季弟[2]，今案墓志当为其五弟，且知王参元因为受苏表案牵连被贬为遂州司仓参军[3]。王翊元排行为四，参元元和十三年（818）卒，知其卒年最大不超过42岁。

至此对王翊元家族的世系可以有比较清楚地了解：玄素生瓖，瓖生弘效，弘效生奇哲、栖荣、栖曜，栖曜生□□、茂元、□□、翊元、参元，翊元生琯、璥。王翊元家族是唐代后期的一个武将家族，这种武将家族的发展和科举制下的官僚制度有着很大的区别，而且和藩镇节度中的武将家族亦有所不同，王翊元墓志的发现无疑为了解这个问题提供了重要的史料。

王翊元夫人李灵素，出自中古高门陇西李氏，其父赠仆射夷肃，夷肃史传无载，不知是否和唐宗室宰相李夷简有关联，夷肃和夷简年代基本相近，又属于同宗，两者之间可能有着密切的关联。墓志记载王翊元元和十五年卒后，家人和其兄王茂元生活在一起，隋唐五代已婚妇女随夫家居住，这不仅是当时礼教的规定，也是社会普遍的一种习俗。夫亡之后寡居的妇女有的居住于夫家，有的回到本家生活，对于这两种可能现在还无法得到确切的比例，具体情况往往根据女性的个人生活来决定，李灵素就是丈夫亡故后居住于夫家的典型个案。

李灵素晚年专心佛道，有"女师"之号，墓志中对于李灵素的事迹描写颇具传奇色彩，李灵素因为早年梦中有黄人导引至华岳，故让其子王琯求为华阴令以尝夙愿。这种

〔1〕（唐）柳宗元：《柳宗元集》，中华书局，1979年版，第862页。

〔2〕刘学锴、余恕诚：《李商隐文编年校注》，中华书局，2002年版，第696页。

〔3〕张玖青：《试论新出李商隐撰书〈太原王公墓志铭〉》，第99页。

叙事方式增加了墓志的文学性，灵异感应在唐代笔记小说和墓志中多有记载，如《窦琰墓志》中记载的灵验故事和《冥报记》中的记载基本一致，而李灵素"晚受道箓，通佛书，融冶真玄，诣绝至极，由沃云渊月，高旷舒爽，无一涓缕际于嚣邪噫。古人称女师者，何少也耶"，这种精神信仰除了寡居三十年的生活状态之外，也和当时佛道在民间的影响息息相关[1]。我们知道中晚唐之后，儒道释合一的轨迹越来越明显，同时对于人们的思想渗透也越来越深，灵验事件的大量出现正是唐代社会变化中的产物。

王翊元与义山有着姻亲关系，其墓志由义山书写是唐代的一种常态。由亡者子孙、亲友主导撰写的墓志，承载着"使陵谷变迁，后人可以识其墓处，觇其行诣"[2] 的重大使命，在整篇志文中出现的人物和事件，构成了志主生命中的社会网络，刻工鱼元弼更是这个网络中不可忽视的一个侧面。鱼元弼所刻墓志还有大中五年（851）柳公权撰《韩复墓志》[3]，另外文献中还记载鱼元诚镌刻有咸通八年（867）《佛顶尊胜陀罗尼石幢》[4]，在唐代技术传承有着世代相继的特点，从年代和姓名来看鱼元弼和鱼元诚很可能是兄弟关系，这在唐代刻工的相关研究中可以看到类似的情形。墓志记载鱼元弼为宜阳人，据此为唐代刻工家族的地域分布又提供了一则材料。鱼元弼为柳宗元和李商隐撰写的墓志镌刻文字，从中也可以看出他们彼此之间错综复杂的交往关系，为我们了解当时真实的社会网络打开了一扇可以窥视的窗户。

二 王翊元之生平历程

王翊元元和十五年（820）卒，卒年四十五岁，推断翊元当生于大历十一年（776）。李灵素大中二年（848）卒，享年七十岁，可知其生于大历十四年（779），墓志载李灵素"年十九归于公"，知其贞元十三年（797）出嫁，时年王翊元二十二岁。

宪宗继位后元和元年发生了西川节度刘辟的叛乱，二年镇海节度刘锜再叛，西川和浙西叛乱平息之后，到了四年三月成德节度使王士真卒，三军推其子王承宗为留后，由于得不到朝廷的承认，王承宗据州而反，"贼牟未动，诸侯兵进退将望，立牙不定"，正和史书所载"朝廷伺其变，累月不问"[5] 相一致。河北藩镇的战事，一般唐王朝多由泽潞地区进行调兵遣将进行平定，泽潞作为控扼河朔、屏障京洛的要地，"国纪所地，实系安危"[6]，在唐代后期占有重要的地位。元和以前该镇节度使的任期大多比较长，

〔1〕 对于唐代寡居妇女与宗教的关系，可参阅张国刚：《唐代寡居妇女的生活世界》，《安徽师范大学学报》（人文社会科学版）2007 年第 3 期，第 307～324 页；万军杰：《唐代女性的生前与卒后——围绕墓志资料展开的若干探讨》，天津古籍出版社，2010 年，第 63～93 页。

〔2〕 朱剑心：《金石学》，文物出版社，1981 年版，第 175 页。

〔3〕 赵力光：《新出柳公权撰韩复墓志考释》，《文物》2009 年第 11 期，第 91 页。

〔4〕 （清）武树善：《陕西金石志》卷一九，《石刻史料新编》第 1 辑 22 册，台湾新文丰出版公司，1982 年版，第 16626 页。

〔5〕 《旧唐书》卷一四二《王承宗传》，中华书局，2007 年版，第 3878 页。

〔6〕 （唐）李绛：《李相国论事集》卷三《论泽潞事宜》，丛书集成初编本，1939 年版，第 21 页。

且多出身武职，可以更好地完成牵制防遏河北的任务[1]，墓志载翊元言"潞有平原可战，有积谷可守，其土种马而原蠶，其人利斗而尚决，耐寒而廉食，真赵魏屏也"，正是当时对泽潞地理位置的普遍观感。正是由于泽潞在当时政治格局中所处的地位，翊元看到了其中蕴含的个人仕宦时机，故"始起于潞"，当是在此时加入到了泽潞镇军当中。

墓志中对于王翊元生平事迹最主要描写的就是参与平定卢从史之乱，宪宗继位后通过平定刘辟和李錡叛乱致力于建立新的政治规范，这一发展最终影响到了河北藩镇，卢从史与王承宗的政治事件就是这种政治诉求下产生的结果[2]。宪宗作为唐王朝的中兴之主，一直强调对各地藩镇实行"顺地化"政策，在卢从史事件中，认定其企图使昭义节度使河朔跋扈化而阴捕之，并贬之于岭外之地[3]。《旧唐书》卷一三二《卢从史传》："前年丁父忧，朝旨未议起复，属王士真卒，从史窃献诛承宗计，以希上意，用是起授，委其成功。及诏下讨贼，兵出，逗留不进，阴与承宗通谋，令军士潜怀贼号，又高其刍粟之价，售于度支，讽朝廷求宰相；且诬奏诸军与贼通，兵不可进。"[4] 王承宗反后，卢从史复起为昭义节度使，在平叛过程中久无进展，宪宗患之，对此卢从史派牙将王翊元为使赴京师奏事进行解释。翊元作为卢从史牙将，对于从史和王承宗之间的牵连有着清楚的了解，"会从史遣牙将王翊元入奏事，裴垍引与语，为言为臣之义，微动其心，翊元遂输诚，言从史阴谋及可取之状"[5]。宰相裴垍和翊元的事情墓志中没有提及，而是突出了翊元对唐王朝的忠诚，结合史传来看翊元向宪宗所讲的话语一定程度上受到了裴垍的劝说和影响。

如何擒获卢从史，在墓志中有着详细的记载，通过这些文字可知在此过程当中一些具体事务的执行者是王翊元。"从史性贪，承璀盛陈奇玩，视其所欲，稍以遗之，从史喜，益相昵狎。甲申，承璀与行营兵马使李听谋，召从史入营博，伏壮士于幕下，突出，擒诣帐后缚之，内车中，驰诣京师。左右惊乱，承璀斩十余人，谕以诏旨。从史营中士卒闻之，皆甲以出，操兵趋譁。乌重胤当军门叱之曰：天子有诏，从者赏，敢违者斩！士卒皆敛兵还部伍。会夜，车疾驱，未明，已出境。"[6] 在此事中，墓志主要提到了乌重胤和吐突承璀两个人，在王承宗叛乱之后宪宗派承璀为河中、河南、浙西、宣歙等道赴镇州行营兵马招讨等使领兵平定成德，在两军对垒之时，唐王朝发觉卢从史有贰心后取裴垍之谋，缚从史于帐下。在史传记载中主要突出了乌重胤和承璀的作用，乌重胤是重要的军事将领，承璀是宪宗最为信任的内侍，在平讨卢从史的过程中，虽然屡有朝臣上书认为承璀身为中尉不当统兵出征，但宪宗一意定之，可以说乌重胤和承璀乃是唐军中最关键的两个人，翊元在与承璀、乌重胤的联络协调各种关系和对事件的处理办

〔1〕 参阅张国刚：《唐代藩镇研究》，中国人民大学出版社，2010 年版，第 50~53 页；陈翔：《陈翔唐史研究文存》，花木兰出版社，2013 年版，第 151~204 页。

〔2〕 陆扬：《从西川和浙西事件论元和政治格局的形成》，《唐研究》第 8 卷，北京大学出版社，2002 年版，第 225~248 页。

〔3〕 张正田：《"中原"边缘——唐代昭义军研究》，稻乡出版社，2007 年版，第 198~199 页。

〔4〕 《旧唐书》卷一三二《卢从史传》，第 3652 页。

〔5〕 《资治通鉴》卷二三八《唐纪五十四·宪宗元和五年》，中华书局，1956 年版，第 7673 页。

〔6〕 《资治通鉴》卷二三八《唐纪五十四·宪宗元和五年》，第 7674 页。

法时，都显示了翊元足智多谋的形象。

《册府元龟》卷一二八《帝王部·明赏二》："（元和）五年四月，以昭义军都知兵马使、潞州左司马兼御史中丞乌重裔为怀州刺史，兼御史大夫、充河阳三城怀州节度等使。以节度使卢从史潜通镇州王承宗，重裔镇抚，军情无变，行赏典也。以前昭义将王翊元起复左龙武军将军知军事，王献为右神武军将军知军事，以功次重胤也。"[1] 王翊元在卢从史事件中立下了重要的功勋，所以事后被宪宗徵为左龙武将军进入中央。唐代后期藩镇武职僚佐是地方官的主要组成部分，藩镇和中央的关系错综复杂，地方武职经过多种途径与中央朝官间进行流动，王翊元从藩镇牙将成为中央官左龙武将军，背叛了原属的藩镇却是中央朝廷所希望的。河北藩镇和顺地藩镇进入中央的官员方式有所不同，河北藩镇有其特殊的地方，尤其是弃帅来投式的人员大多由于对朝廷的忠心，加之出色的军事才能和政治影响力往往为朝廷所重视，在唐后期的社会发挥了积极的作用[2]。王翊元从泽潞进入中央的方法也属于河北藩镇的这种方式，可以说正是借助平定卢从史之乱的功绩，他进入中央朝廷之后成为了一个比较重要的人物。

墓志："恶窦中官以钱财交涉将史，奏逐之。"在宪宗时期，宦官逐渐形成了一个独特的阶层，成为文官、武官之外的第三方重要势力，尤其是梁守谦更是成为后来宦官制度发展中的典型模式。梁守谦是9世纪宦官官僚的真正代表，他资望的获取，更多归功于社会背景、在职位上的表现和在朝野的声望，而非个别皇帝的好恶，这种情况与当时另一巨阉吐突承璀不同[3]。中晚唐时期由于宦官势力的膨胀，他们也需要在外臣中寻找合作者，其中利用钱财拉拢朝官中的将史更是习见手段之一，墓志所讲的窦中官不知为谁，但是通过这件事说明了朝官与宦官之间互相勾连的政治状态。

元和十年，王承宗再次叛乱，"四月，遣盗烧河阴仓。六月，遣盗伏于靖安里，杀宰相武元衡，京师震恐，大索旬日，天子为之旰食。是时，承宗、师道之盗，所在窃发，焚襄州佛寺，斩建陵门戟，烧献陵寝宫，欲伏甲屠洛阳"[4]。受王承宗事件影响，承宗弟承系也被牵连入狱。王承系元和中为躲避镇主继位问题投奔了唐朝廷，尚虢国公主为妻，承系被捕后与其关系密切者均受到了迁贬。《册府元龟》卷九二五《总录部·谴累》："苏表，元和中以《讨淮西策》干宰相武元衡。元衡不见，以监察御史宇文籍旧从事，使召表而讯之。因与表狎。后捕驸马王承系，并穷按其门客，而表在焉。……左羽林将军王翊元坐月给苏表钱三千，左授右领军卫将军。"[5] 墓志载翊元"坐交游，遂为卫将军"，当指的是受苏表牵涉而被贬官一事。

"十三年，哭其弟参元得疾不医，至是闻上崩，遂绝。"翊元与参元感情深厚，由于受参元过世影响就此得病不愈。元和十五年正月二十七庚子日，宪宗在宫廷斗争中被宦官王守澄等人杀害，翊元得到宪宗薨亡的消息后，心神剧变之下受此打击于润正月三日

〔1〕（宋）王钦若等：《册府元龟》，中华书局，2010年版，第1540页。
〔2〕冯金忠：《唐代河北藩镇研究》，科学出版社，2012年版，第29～42页。
〔3〕陆扬：《从碑志资料看9世纪唐代政治中的宦官领袖——以梁守谦和刘弘规为例》，《文史》2010年第4期，第93～146页。
〔4〕《旧唐书》卷一四二《王承宗传》，第3881页。
〔5〕（宋）王钦若等：《册府元龟》，第10927～10928页。

离开了人世。

三　义山墓志文写作的特征

有唐一代，诗文发展都进入到了一个新的时期，名家撰写的碑志文在文学艺术上多有创获，但是由于对唐代文学的关注都聚焦在诗歌方面，作为散文的碑志文除了韩愈等名家之外很少有所提及。唐代中晚期碑志文的整体发展与初唐相比，文字表现形式由骈趋散，行文由夸饰德行到生动叙事，人物形象由模糊到清晰，这种趋势随着时间的推移越来越明显[1]。碑志文的写作虽然有着一定的局限性，但其蕴含的形式美和文学美应引起我们的重视。

义山撰写的墓志文严格意义上存世的只有《刑部尚书致仕赠尚书右仆射太原白公墓碑铭》（白居易墓志）一篇，在过往研究义山的文学成就时大家多关注其诗歌的层面，随着《王翊元暨妻李灵素墓志》的发现，对于义山的墓志写作的文学特征开始有了更多的探讨。钟文和张文已经在这一方面有所涉及，我们在他们研究的基础上结合白居易墓志的行文再做申论，以进一步分析义山墓志文写作的特色。

"能为古文，不喜偶对。……尤善为诔奠之辞，与太原温庭筠、南郡段成式齐名，时号'三十六'。"[2] 义山在写作上以骈文著称，墓志作为一种特殊的四六文，主要还是汲取了秦汉古文的特色，结合骈文技巧而形成的一种文体。对比王翊元和白居易的两篇墓志文风格，可以看出义山墓志文写作经常通过人物的话语来表达性格特征和心灵世界。

《王翊元暨妻李灵素墓志》撰于大中三年，此时义山刚回到长安，本被吏部选为京兆府辖下的盩厔尉，幸好京兆尹重人才，又把义山调回了京师担任掾曹[3]。在志文中义山署名没有官职署衔，可能与当时的现实状态有关联。志文中王翊元分别和唐宪宗、乌重胤的对话，李灵素对王瑶的话语，都栩栩如生地展现出不同人物的性格。通过翊元和宪宗、乌重胤的对话成功塑造了一个对于国家及君王忠诚、足智多谋、果敢决断的武将形象，在翊元和宪宗对话中采取了虚实相次的技巧，陈情叙述中用实笔详细记载，而对于献计的具体情形则"公密陈如此如此"采取了虚笔手法，然后又透过宪宗的话语对前文的虚笔作补充叙事，最后翊元和乌重胤的对话进一步对翊元的性格进行了加强处理，如此通过两段话语就勾勒出了翊元的性格特征，这比一般墓志中的简单描写更加精彩纷呈。

墓志："瑶既以名字为鄜御史，夫人恒谓曰："先舅姑时，我曾梦黄人引我于华岳，见天仙所乘辒辌，神光合开，欣响有得，汝其求为华阴令，以偿吾梦。瑶求得之。"李灵素的话语充满了神秘意境，墓志没有排比用典等形式对李灵素的妇德进行称赞，而是

---

〔1〕 王长顺：《墓碑志文学性及其在唐代的嬗变论略—以陕西新出土墓碑文为重点的考察》，《咸阳师范学院学报》2012 年第 5 期，第 86～91 页。

〔2〕 《旧唐书》卷一九〇下《文苑下》，第 4078 页。

〔3〕 董乃斌：《李商隐传》，上海古籍出版社，2012 年版，第 184～185 页。

通过简单的话语给我们留下了更加强烈的影像，通过这些文字似乎看见了一位笃信宗教又关爱子女的慈母仿佛就站在我们面前。在传奇中有大量关于梦的的故事，唐人大量写梦是作为一种构思方法和特有的虚构出现的，唐代传奇中经常使用限知叙述的方法，通过高潮的变化与节奏的掌控、详略的安排、细节的穿插，营造出一种诗意的氛围和空灵的意趣[1]。义山在诗歌和墓志文中普遍使用多种传奇笔法，呈现出不同文体间渗透交融的现象，小说、诗歌、骈文不同文体的互相影响，已经成为中晚唐文学的发展主流。

义山既擅长以叙事描述为主的文体，又擅长以抒情议论为主的文体，尤其能够妥善地处理创作中"叙"与"抒"的关系，使二者完美地呈现和传达为文的主旨。代各府主做的表、呈递有关部省的状牒、致各节度各州府的状启书函，这些文书多用骈体写成，但它们多是以叙为主、叙抒结合得很好的美文[2]。至于那些祭文、行状、墓志、碑铭往往是既叙且抒、叙抒双佳之作，而王翊元墓志和白居易墓志正是其中的代表之一。

韩愈以文为诗的表现方法，使其诗歌风骨端翔，气韵高古，他把古文的气格、章法、字句融入文字之中，形成了自己诗歌的特色，经常表现出叙写简妙的古文手笔。"以文为诗者始于屈原之《离骚》，而杜、韩之诗歌继之。辞章之变化随世代因，而古今不能限隔，惟睿智而希圣者能观其通，众人则束缚于绳墨之不暇耳"[3]，叶国良先生已经指出，韩愈碑志文善于利用对话增强叙事之起伏生动，甚至有传奇的体格[4]。从王翊元墓志文的写作手法可以看出义山深受韩愈碑志文写作的影响，《樊南甲集序》"人或目曰：韩文、杜诗，彭阳章檄，樊南穷冻人或知之"[5]，整篇志文不仅流畅平易，而且凝练典雅。

其次，循环往复的篇章结构、平白精炼的语言、传奇般的事件描写构成王翊元墓志文梦幻般的境界，这与义山的诗歌追求极其相似。王翊元墓志多用散句，文辞平白精炼，为了加强叙事甚少用典，在形式上避免了四六文习见的对称和回环的表现方式，同秦汉古文中常用的层层推进、步步深入的表现方式如出一辙。义山《祭小姪女寄寄文》是一篇典型的明白如话、如泣如诉的骈体文字，全篇纯用白描的手法，在回环往复的抒情中不断将感情推向高潮，这种表达感情的方式和王翊元墓志十分相近。

白居易墓志的文字也没有采取华丽的辞藻和繁复的用典，都是用平实的语言表达着作者最深沉的感情。两篇墓志文开首的孝子形象直入人心，奠定了墓志文哀悼思念的基调，对志主的生命历程不是简单客观的描述，而是选择性的有详有略，使得志文高潮迭起，高潮部分由人物对话和对事件的详尽描述相辉映，从中可以看出秦汉古文对义山墓志文写作的影响，尤其是《左传》、《史记》中对人物和事件描述的方式在义山墓志文中多有体现。

在志文中，义山大量使用了唐代笔记小说中的寓言写法，如王翊元墓志中卜葬坟地

---

〔1〕 余恕诚、吴怀东：《唐诗与其他文体之关系》，中华书局，2012 年版，第 226 页。

〔2〕 董乃斌：《李商隐诗的叙事分析》，《文学遗产》2010 年第 1 期，第 33～46 页。

〔3〕 （清）邓绎：《藻川堂谭艺》"唐虞篇"，王水照编《历代文话》，复旦大学出版社，2007 年版，第6129 页。

〔4〕 叶国良：《石学蠡探》，大安出版社，1989 年版，第 67 页。

〔5〕 刘学锴、余恕诚：《李商隐文编年校注》，第 1713 页。

和因梦求官的事件；白居易墓志"景受尝跪曰：大人居翰林，六同列五具为相，独白氏亡有。公笑曰：汝少以待"，后其曾祖弟白敏中果然为右仆射平章事；"始公生七月，能展书指'之''无'二字，横纵不误。既长，与弟行简俱有名"[1]。通过传奇事件给墓志文营造出似梦似幻的场景，这种做法和义山的诗歌艺术效果是一致的，虽然没有采取诗歌中华丽的语言、精致的用典、公雅的格律，但是却通过简单平白的语言营造出诗歌一般的意境。

王翊元墓志文的铭文是对志文内容的浓缩，两者对时间的操作，除了以文本的疏密度控制时间速度之外，还以种种时间运行方式，干扰、打断或倒装时间存在的持续性，使之出现矢向上的变异[2]。互相对比呼应的方法，构成了义山墓志文写作中循环往复的叙事特色，篇章结构赋予人物或故事以特定形式的时间和空间上的安排，进而使得文章中的各种因素得到合理的剪辑处理，形成一种独特的结构顺序。义山文中的诗语、诗情、诗境，是其不同于其他作家的地方[3]，"魏晋哀章，尤尊潘令；晚唐奠酹，最重樊南。潘情深而文之绮密尤工，李文丽而情之恻怆自见"[4]，把王翊元墓志和《锦瑟》等诗比较，从中可以看出义山散文写作和诗歌技法的相互影响和交融，脉络细密、意境曲折中互相参映。

第三、王翊元墓志文铭文部分构成了一首唯美雅致的叙事诗，并且和志文对应成互文性的叙事结构，使得义山的墓志文写作具有了一种多声部对话的"复调"性质。

墓志是特殊的人物传记，它在程序规范和变化发展的交融过程中不断演进，志文要素中的十三事既是程序上的规范，同时还在追求变化中体现出很好的传记文学特点。强调碑志文作为文本形式和文学体裁的文章属性，而淡化其作为一种行为方式与物质形态的属性，反映了唐代文学文化日益变动的背景。尤其是韩愈的碑志文注重叙事的跌宕起伏，善于利用生动的细节描写来表达作者的情感，这正是碑志文叙事中文学性增强的有力证明。唐代碑志文的发展使其作为一种行为方式和物质形态的属性越来越淡化，而其文本和文学的属性越来越受到重视和强调[5]。这不仅仅是文学自觉的一种具体表现，也兆示了中国文学文化发展的一种方向。

志文与铭文的关系一般可以表现为四类：①铭文是志文的重复或缩写；②铭文是对志文的补充；③志文和铭文各有侧重；④志文和铭文浑然一体[6]。王翊元墓志铭文的写法深受《诗经》的影响，但却用古文入诗，把事件、人物和议论结合在四字铭词中，如"龙武之孝，始于门户。翦扫庖烹，以事父母"，这四句和孝子王琯的迁葬事件相呼应；"公骇曰唉，走马来朝。帝能其言，前属之筹"，这四句体现出的正是王翊元和宪宗对话

〔1〕刘学锴、余恕诚：《李商隐文编年校注》，第 1809 页。

〔2〕杨义：《中国叙事学》，人民出版社，2009 年版，第 153 页。

〔3〕刘学锴：《樊南文的诗情诗境》，《文学遗产》1997 年第 2 期，第 13 ~ 20 页。

〔4〕（清）孙梅：《四六丛话》，人民文学出版社，2010 年版，第 468 页。

〔5〕程章灿：《从碑石、碑颂、碑传到碑文——论汉唐之间碑文体演变之大趋势》，《唐研究》第 13 卷，北京大学出版社，2007 年版，第 435 页。

〔6〕孟国栋、胡可先：《论墓志文体志文和铭文的特点、功用及相互关系——以新出唐代墓志为中心的考察》，《浙江大学学报》（人文社会科学版）2012 年第 6 期，第 56 ~ 57 页。

的场景；"此下壤，吾弟是先。有医有巫，靡用告诉"，这和志文"十三年，哭其弟参元得疾不医，至是闻上崩，遂绝。当时文章人盛有诗诔，言公忠孝"相比照。凡此种种，形成义山墓志文中铭文独具特色的互文性叙事诗化的格调。

书写形式的改变和创作风格的形成，是一个作家为文最关键的地方。铭辞在广义上属于诗歌的一种，唐人往往直接称其为"铭诗"，墓志文中志文和铭文之间有着密切的双向交融和影响，诗歌由声调节奏表现情感，文中亦含有这些因素并体现着情感的流动，这种内涵的共通性形成了志文和铭辞互文性的潜在基础。

韩愈碑志文古文化的撰写对于唐代文人的影响十分深远，叙事结构破墓志程式化之模式；史笔行文以显志主个性，变墓志写人之僵化；多发议论、抒情，变墓志以叙事为主之写法；于文中有所寄托，其中所体现的书写形式之改变与创作主体精神之贯注[1]，义山墓志文的写作亦受到其启发和借鉴。"正体，惟叙事实。变体则因叙事而加议论焉。又有纯用也。字为节段者，有虚作志文，而铭内始叙事者，亦变体也。若夫铭之为体，则有三言、四言、七言、杂言、散文，有中用分字者、有末用分字者、有末用也字者。其用韵，有一句用韵者、有两句用韵者、有三句用韵者、有前用韵而末无韵者、有前无韵而末用韵者，有篇中既用韵而章内又各自用韵者、有隔句用韵者、有韵在语辞上者、有一字隔句重用自为韵者、有全不用韵者、其更韵有两句一更者、有四句一更者、有数句一更者、有全篇不更者，皆杂见于作者之林也。"[2] 王翊元墓志每句铭文使用韵式的转变体现出了义山在格律诗造诣上的娴熟，相同或相通韵式的变化，不仅突破了诗律学创作上的种种限制，而且通过碑志文这一特殊的文体给格律诗的韵式带来了新变化，这些都进一步改变了我们对古典诗体及韵文格律的认识，在文体学上具有重要的意义。

结　语

墓志的大量使用是中古时期很重要的一种文化现象，墓志文作为一种特别的传记文体，不仅记叙着个人之生平，同时在志文书写的背后也体现着撰者自我塑造的文学特徵，是公与私两个层面上的微妙表述。在中古文史研究中，一直存在着以经典和精英为主的研究范式，随着大量墓志的出土，一般的知识、信仰和思想的世界越来越引起我们的关注，墓志文大多都是由无名作家所撰写的，其中都蕴涵着贴近普通大众的社会和历史，而像李商隐等名家撰写的墓志文所引领的文学发展的潮流，无疑可以加强我们对一个时代整体的文学理念和分体文学的认识与把握。

作者单位：西安碑林博物馆，复旦大学中文系

收稿日期：2014－07－04

---

〔1〕 刘城：《论韩愈墓志的文体新变》，《河南师范大学学报》（哲学社会科学版）2012 年第 5 期，第 175～180 页。

〔2〕 （梁）任昉：《文章缘起》，景印文渊阁四库全书本，台湾商务印书馆，2008 年版，第 1478 册，第 226～227 页。

释智弁与晚唐敦煌门僧

杨宝玉

敦煌自古以来就是佛教胜地，佛僧众多，其中不少僧人对社会生活的参与相当广泛。晚唐五代宋初时的敦煌地方政权——归义军政权——更是对佛教崇信有加，其治域内的佛僧与当权者家族，甚至政权本身机构之间，自然形成了千丝万缕的联系。门僧乃是这类僧人的典型代表，他们与高门望族之间的关系更加固定，互动更加频繁，影响更加深远。因而，对门僧的探讨必然有助于敦煌佛教史和敦煌地区史研究的细化与深入。本文即拟以主要活动于晚唐时期的敦煌名僧释智弁为例，在汇录校注相关敦煌文书的基础上，考证智弁活动时代，探究相关佛教史与归义军史诸问题。不当之处，敬祈方家指正。

一 相关敦煌文书校注

今知至少有 3 号敦煌文书抄存了共 4 件[1]与释智弁有关的资料，以下分别校注。

（一）S.5804《释智弁请赐美奈状》（拟题）校注

英藏敦煌文书 S.5804 抄存了 2 件书状，正面所抄为《释智弁请赐美奈状》（拟题，图 1），字迹较清晰美观。卢向前《关于归义军时期一份布纸破用历的研究——试释伯四六四零背面文书》[2] 对本状及后录本卷背面书状、S.5810 书状均曾予以过录，今笔者的识读结果与卢先生录文之间有多处差异，故特依原卷行款重行校录，并补充以卢先生没有做的注释。为行文简洁，校记中凡提及卢先生论文时均简称"卢文"。该书状谓：

   1. 门僧智弁

   2.   右智弁楼上转念[3]之次，忽闻参君（军）郎君[4]出墎（郭）[5]，于园收奈[6]，

   3.   馋心望在参君（军）郎君特赐美奈壹顿，生死荣幸。今且

---

〔1〕 卢向前《关于归义军时期一份布纸破用历的研究》认为 S.5803 所抄书状的作者也是智弁，笔者认为未安。考该件文书共书字 3 行，并无作者署名，笔迹及其以"○"表句读的书写习惯均与可确知为智弁手书的 S.5804、S.5810 明显不同，笔者认为乃是另一位高僧的书状，详见另文论证。

〔2〕 原刊《敦煌吐鲁番文献研究论集》第 3 辑，北京大学出版社，1986 年版。后收入氏著《敦煌吐鲁番文书论稿》，江西人民出版社，1992 年版，本文所据为后者。

〔3〕 转念：指转读念诵佛经。转：通啭。

〔4〕 参君（军）郎君：卢文录为"叁君郎君"，下同。

〔5〕 墎（郭）：卢文迳录为"郭"。郭：外城，古代在城的外围加筑的一道城墙。因而此处的"出郭"即指出城。

〔6〕 奈：俗名花红，亦名沙果。卢文录为"李"，下同。

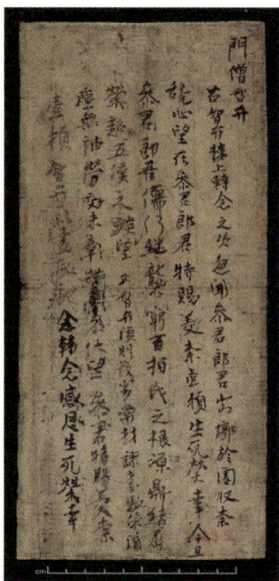 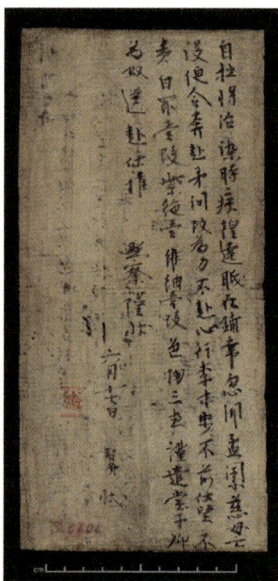 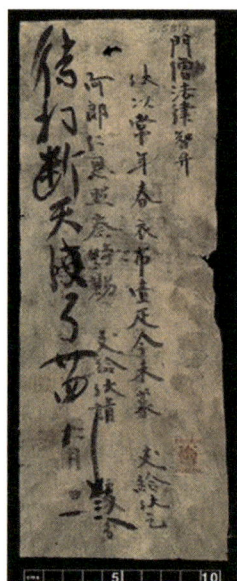

图1　　　　　　　　　　　图2　　　　　　　　　　　图3

4.　　参君（军）郎君儒行继袭，穷百氏[1]之根源；鼎绪[2]函（含）

5.　　荣[3]，超五侯之望族[4]。又智弁[5]须（虽？）[6]则散劣常材，谬蒙驱策，涓

6.　　尘[7]无补[8]，劳效未彰[9]。伏望参君（军）特赐美秦

---

〔1〕百氏：原卷作"百柏氏"，卢文照录。据上下文对仗关系，知此处衍一字，据文意，疑"柏"为衍文。百氏：指诸种学问门派，犹言百家。如《汉书》卷一〇〇下《叙传》言《汉书》："纬六经缀道纲，总百氏赞篇章。"（唐）陆德明《经典释文》谓《尔雅》："实九流之通路，百氏之指南。"（唐）刘知几《史通》卷四亦曰："夫《尚书》者，七经之冠冕，百氏之襟袖。"如认为"百"为衍文，于文意及对仗关系似均未安。柏氏：即柏黄氏，亦作"柏皇氏"等，上古帝名。《陈书·后主纪》："柏皇、大庭，鼓淳和于囊日，姬王、嬴后，被浇风于末载。"《易·系辞下》"包牺氏没，神农氏作"，（唐）孔颖达疏："女娲氏没，次有大庭氏、柏黄氏……凡十五世，皆习包牺氏之号也。"

〔2〕绪：统系，世系。《文选·张衡〈东京赋〉》："汉初弗之宅，故宗绪中圮。"薛综注曰："绪，统也。"《陈书·程文季传》："纂承门绪，克荷家声。"

〔3〕函（含）荣：卢文未校改。含荣：本意为开花，亦可用来形容茂盛。（三国·魏）曹植《节游赋》即云："竹林青葱，珍果含荣。"（唐）陈子昂《送客》诗亦谓："白苹已堪把，绿芷复含荣。"此处系赞颂收书者家族兴旺。

〔4〕五侯之望族：此处用的是汉元帝皇后王政君家一门五侯的典故。《汉书》卷九八《元后传》载成帝"河平二年，上悉封舅谭为平阿侯，商成都侯，立红阳侯，根曲阳侯，逢时高平侯。五人同日封，故世谓之五侯。"同书卷一七十亦曰"其夏，帝舅五人封列侯，号五侯。"颜师古注曰："谭、商、立、根、逢时，凡五人。""望族"，原卷先书为"族望"，旁注倒乙符号。

〔5〕弁：卢文录为"弃"，当是排版时误植，下同。

〔6〕须（虽？）：卢文录为"质"。

〔7〕涓尘：细水与微尘，比喻微小的事物。（唐）鲍溶《留辞杜员外式方》诗："海岳泛念深，涓尘复何须。"卢文录为"道尘"。

〔8〕补：卢文录为"伸"。

〔9〕此后原书三字"特□参"，后被涂抹，故不录。

7.　　壹顿，智弁愿尽驱驰[1]，转（?）[2] 念感恩，生死荣幸。

（二）S.5804v《释智弁遣堂弟送赴赙仪状》（拟题）校注

S.5804v 所抄《释智弁遣堂弟送赴赙仪状》（拟题，图 2）字迹亦堪称清晰美观，其文曰：

1. 自拙将治[3]，染时疾惶遽（挠）[4]，眠[5] 在铺第[6]。忽闻孟阇梨[7] 慈母亡[8]

2. 没，便合奔赴[9]吊问[10]。致（祇?）[11] 为力不赴心，行李[12]寸步不前，伏望　不

3. 责。　　白罗壹段、紫絁壹〔段〕[13]、绯䌷壹段，色物三事[14]。谨遣堂弟[15]卿

4. 苟（?）[16] 奴送赴。伏惟　　照察。谨状。

　　　　　　　　　　　　　　　　　　　　六月十七日　智弁状

（三）S.5810《释智弁请支给春衣布状并判》（拟题）校注

英藏敦煌文书.S.5810（图 3）今存字 5 行，其中前 4 行为索物状文，除第 4 行的月份因被部分遮覆较难辨认外，其他字迹堪称清晰美观。第 5 行文字的字体则远比前 4 行为大，且笔迹完全不同，系针对前 4 行书状的判文。据所存内容，全卷可拟题为《释智弁请支给春衣布状并判》。其文曰：

---

〔1〕　卢文所录止于此处。
〔2〕　转（?）：此前原有一"念"字，后被涂掉，故不录。
〔3〕　将治：调养治疗。（宋）苏辙《门下侍郎孙固乞致仕不允给宽假诏》："所请宜不允，仍给宽假将治。"
〔4〕　惶遽（挠）：据文意校改。惶挠：惧怕不能坚持。（唐）萧仿《与浙江郑商绰大夫雪门生薛扶状》："某裁断自己，实无愧怀，敦朝廷厚风，去士林时态，此志惶挠，岂惮悔尤！"另外，此二句卢文录为"自拙将治染，时疾隍达"。
〔5〕　眠：卢文录为"只"。
〔6〕　第：本意为竹篾编织的床垫，也可用来称床。《国语·晋语一》："献公田，见翟柤之氛，归寝不寐。郤叔虎朝，公语之。对曰：'床笫之不安邪？抑骊姬之不存侧邪？'"韦昭注："笫，箦也。"《方言》第五："床，齐鲁之间谓之箦，陈楚之间或谓之第。"卢文录为"席"，从字形和文意上看均恐非是。古时"铺席"或指古丧礼之一，即大敛前在尸体下铺放垫席，或指铺面、店铺，与此处文意均不合。
〔7〕　阇梨：亦可写作"阇黎"，为梵语"阿阇梨"的省称，意即高僧，也可泛指僧人，敦煌文书中常见。卢文录为"闻子"。
〔8〕　亡：卢文未录出。
〔9〕　奔赴：奔丧。赴：此处即谓讣。《后汉书·延笃传》："以师丧弃官奔赴，五府并辟不就。"《南史·孝义传下·不佞》："会魏克江陵，而母卒，道路隔绝，久不得奔赴。四载之中，昼夜号泣，居处饮食，常为居丧之礼。"
〔10〕　问：卢文录为"门"。
〔11〕　致（祇?）：卢文录为"愍"。
〔12〕　行李：本意为使者、出使等，可引申为行程。（唐）杜牧《闻范秀才自蜀游江湖》诗："归时慎行李，莫到石城西。"
〔13〕　〔段〕：据文意补。卢文未补。
〔14〕　事：件，量词。（唐）白居易《张常侍池凉夜闲燕赠诸公》诗："对月五六人，管弦三两事。"（宋）王谠《唐语林·豪爽》："器物一千事。"
〔15〕　堂弟：原卷行书连笔，故卢文录为"堂子"，此参本书状第 1 行"第"字写法校录。
〔16〕　苟（?）：卢文录为"为"。

1. 门僧法律智弁

2. 　伏以常年春衣[1]布壹疋，今未蒙　支给。伏乞

3. 　阿郎仁恩照察，特赐　支给。伏请　　处分。

4. 　　　　　　　　　　　　六[2]月　日

5. 待打断[3]天使了。廿四[4]

（四）P.4640v《归义军军资库司布纸破用历》（拟题）中的相关记录校录

敦煌文书 P.4640v[5] 抄存了一件非常重要的《归义军军资库司布纸破用历》（拟题，图4），今存字284行，内中第12行记：

十二日支与楼上僧智弁春衣粗布壹匹。

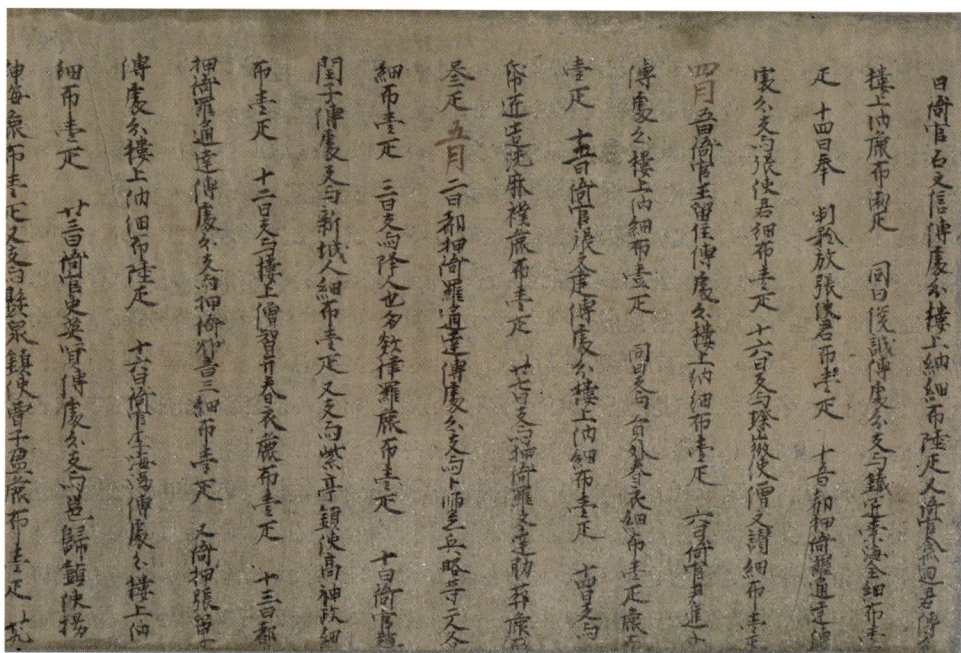

图4

---

〔1〕　卢文漏录"衣"字。

〔2〕　此处因被判文部分遮覆，较难辨认，卢先生与笔者均认为应是"六"字。

〔3〕　打断：此处意为处理。该词此意晚近仍在使用，如《警世通言·皂角林大王假形》即谓："赵再理授广州新会知县……到得本县，众官相贺。第一日谒庙行香，第二日交割牌印，第三日打断公事。"

〔4〕　卢文于此后又录有一"日"字，笔者认为系将判案者花押误识。

〔5〕　该卷另一面抄存的是敦煌大族功德记及名人名僧邈真赞等。两相比对并参照以其他敦煌文书的一般抄写状况，笔者认为，该卷卷纸的实际使用情况当是：唐五代时质量较好的书写用纸不易得，当地文士遂将因过时而被废弃的归义军衙门公文进行了二次利用，在背面抄录当地人物资料。因此，布纸破用历所在的一面实为文书正面。但是，自王重民先生于二十世纪三十年代编成的《伯希和劫经录》至当今学界广泛使用的《法藏敦煌西域文献》，均将该面标定为背面，相关研究者也因袭了该说。为避免混乱，本文仍遵学界成说而将该面称为背面，特此说明。

二　相关问题的讨论

目前可确切认定的与释智弁有直接关系的文书即如上录，以下试就相关问题略作论述。

（一）释智弁生活时代，亦即文书年代考索

首先需搞清本文所涉究竟为哪一历史时段。

上录三通书状均无年代题记，所幸 P.4640v《归义军军资库司布纸破用历》时代可考。前揭卢向前《关于归义军时期一份布纸破用历的研究——试释伯四六四零背面文书》最早对该卷进行专门研究，考出第 53～284 行纸历所属时代为公元 899—901 年。拙稿《P.4640v〈归义军军资库司布纸破用历·布历〉年代及相关问题推考》[1] 则主要研究智弁相关记录所在的第 1～52 行所抄布历及相关归义军史事，考出布历所记为光化四年（901）事，是年干支为辛酉，执政的归义军节度使为张承奉。该卷第 9～17 行记录的是当年五月归义军军资库司管理的布匹的支出情况，故据有关智弁记事的上下文可知，为智弁支出春衣布的时间即为 901 年五月。其时智弁已经能够以"楼上僧"身份直接从归义军军资库领取春衣布，社会地位应已相当高，一般说来应已人到中年或老年，那么其生活时代即当为张氏归义军后期，换言之，上录几件文书的形成年代即晚唐时期，后面的探讨即将在这一时代背景下展开。

（二）三书状内容解读

先看《释智弁请赐美柰状》。该书状是笔者在敦煌文书中读到的最幽默风趣的僧人索物状。该书状的收书者为参军郎君。参军，即参军事之意，官名，东汉末车骑将军幕府置为僚属，掌参谋军务，晋以后军府和王国始置为官员，唐时诸州、府、镇、王府，诸卫，太子诸率各曹、司亦置。敦煌文书中的"郎君"则是对节度使之子的固定称呼。本书状在"郎君"之前冠以"参君（军）"，表明这位节度使之子当时职任参军，至于具体是什么参军，今已不得而知。书状中释智弁首先自述修书缘由，称其在楼上念经时忽然听说郎君带人出城收柰，便馋心大发，遂急忙修书状索要。他先是以"生死荣幸"极力渲染自己欲念之深切，接着便极尽吹捧之能事，文中的四六句"儒行继袭，穷百氏之根源；鼎绪函（含）荣，超五侯之望族"是对收书者本人和家族的恭维，意思是收书者能够恪守儒家的道德规范与行为准则，穷究百家学问，且出身于一门尽封公侯的世家望族，家世显赫。这些赞颂语正适合归义军节度使子弟的情状。随后智弁又以自谦自抑之词进行反衬[2]，最后更信誓旦旦地宣称若能如愿获赐美柰，便会感恩戴德，任凭驱遣。

再看《释智弁遣堂弟送赴赙仪状》。这既是一篇写给其僧友孟阇梨的吊问状，也可被视为一种比较特殊的送物状。作者谓自己不善于调理保养，以致染患时疾，病势沉重，卧床不起。又称刚刚听闻孟阇梨的母亲亡故，自觉应该去奔丧吊唁，怎奈力不从

---

〔1〕　载《隋唐辽宋金元史论丛》第 2 辑，上海古籍出版社，2012 年版。
〔2〕　其文句与五代佚名《新集书仪》（P.3691）中《谢赐物状》极为相似。

心，寸步难行，故恳请对方不要责怪。接下来作者便一一列举自己赙助丧家的赙仪的品类与数量，有类礼单，最后并说明将派堂弟送至丧家。

至于《释智弁请支给春衣布状》则是一件简单明了、直白平实的索物状。状中作者直言自己当时还没有得到按往年惯例应该支给的春衣布，恳请阿郎支给。学界早已公认敦煌文书中的"阿郎"是对归义军节度使的固定称呼，故本状无疑是上呈节度使本人的，从内容和行文方式看都应属于公文书。上录 P. 4640v《归义军军资库司布纸破用历》第 12 行记录表明，平常年份的五月中旬归义军政权会从军资库给作为楼上僧的释智弁拨付春衣布，而《释智弁请支给春衣布状》末署六月，确实已经逾期，是故释智弁修状索要。据该状后面的判文可知，其时归义军政要正忙于接待中央朝廷派来的使者，无暇顾及此等小事，遂判令待处理完天使降临的事情后再解决此事。

（三）门僧与归义军节度使家族及归义军政权关系探析

《释智弁请赐美奈状》与《释智弁请支给春衣布状》两状起首的修书者自谓均为"门僧"，格外惹人注目，令人不得不留意其身份的特殊性。

门僧，有时亦称家僧，一般是指受大户人家供养的僧尼，职在为供养他们的王公贵戚做礼忏佛事，平时与施主家族亦多有往来，甚至负有预言吉凶、禳除灾祸的责任。

门僧在中古时期的中国社会上非常活跃。传世古籍中存留有不少关于门僧的记录。比如，（唐）张读《宣室志》卷九记："中宗朝，唐公休璟为相。尝有一门僧，言多中，好为厌胜之术。休璟甚敬之。"再如，（五代）王定保《唐摭言·杂记》谓："令狐赵公在相位，马举为泽潞小将，因奏事到宅。会公有一门僧善气色，偶窥之，谓公曰：'适有一军将参见相公，是何人？'"又如，（宋）孙光宪《北梦琐言》卷九亦记："兴师幼年出宅门，见其门僧，传相国（张浚，兴师父）处分，七笞之。"可见，彼时中原内地的门僧现象十分普遍。

敦煌虽偏处西陲，但自汉代起即深受中原文化浸染，该地又是佛教胜地，归义军时期政教关系之紧密比中原有过之而无不及，故我们在敦煌文书中每每可以看到僧人积极配合与服从世俗政权的例证。法藏敦煌文书 P. 3720 保存的张氏归义军前期的都僧统悟真文书集中有言："蒙前河西节度故太保随军驱使，长为耳目，修表题书"，贵为僧界领袖的都僧统尚且自视为"释史"，普通僧人便可想而知，门僧即是他们的典型代表。

今日我们通过敦煌文书看到的门僧不仅有释智弁，还有一些僧人虽未留下直言自谓，但从其行事为文的方式推断，其人对于某一大家族而言亦属门僧无疑，如笔者以前专文[1]研究过的释恒安即堪称张议潮家的门僧。

敦煌文书中的相关记述显示出唐五代宋初时敦煌地区门僧之风甚盛，并可以使我们对古时门僧现象的认知更加具体和深入。据文书记载可知，门僧与相关权贵势力之间的关系是错综复杂的，以下几点尤堪注意。

其一，门僧在物质上接受权贵及其家族的供养，可以提出物质要求。上录《释智弁请赐美奈状》系于玩笑间向年轻施主——归义军节度使之子"参君（军）郎君"——

---

[1] 详参拙文《晚唐敦煌名僧恒安事迹稽考与相关归义军史探析》，载《隋唐辽宋金元史论丛》第 5 辑。

索要果品这样的小礼物，行文夸张而诙谐，《释智弁请支给春衣布状》则是向节度使本人索要春衣布，用语措辞规范严肃。供养关系是门僧与大户人家保持并发展联络的物质基础，但在一定程度上也使其对大族势力有所依附。

其二，供养门僧的权贵大多掌握实权，有时可以化私为公，故门僧与权贵的关系往往也会因此发展为与政权机构的关系。《释智弁请支给春衣布状》即是以公事公办的方式向节度使索要春衣布，而 P. 4640v《归义军军资库司布纸破用历》更显示是归义军政权的重要财务机构在向释智弁支付春衣布，智弁本人也被称为"楼上僧"。由于节度使的办公地点在节楼，敦煌文书中的"楼上"一词最初是指归义军节度衙门的办公地点，后渐渐用来指称节度使衙门。这种用法在文书中相当常见，如 S. 3565《曹元忠设斋功德疏》即谓："弟子归义军节度使检校太保曹元忠于衙龙楼上请大德九人。" P. 3160、P. 4640v 等文书中也有类似用法。因而相对于"门僧"而言，"楼上僧"就具有了官方含义。

其三，门僧不仅与权贵本人，与其家族主要成员通常也相当熟悉，联系密切。《释智弁请赐美柰状》中智弁与郎君的关系即表明修书者与收书人非常熟悉，关系融洽甚至亲密。

其四，门僧有时还会承担帮权贵照顾家人及教育权贵子侄等任务。P. 3730v《释恒安书状集》第 12～13 行"州中使宅娘子及[1]悉总平善，伏惟不赐远忧"、第 19～20 行"城隍军府并甚安，门（？）宅百尺上长幼诸亲并蒙平善，伏惟不赐远忧"等语即是在向远在京城为质的张议潮汇报尚留敦煌的议潮家眷的情况，表明恒安曾接受张议潮的托付并尽职尽责。该书状集及 S. 6405v《释恒安致郎君谢司空寄缣细状》中保存的恒安写给张议潮之子的书状可证恒安曾是收书郎君的老师，笔者推测，这正是其在书状中自称"僧"，而不是"门僧"的原因——后者未免太过自抑了[2]。

其五，门僧常常是权贵的政治顾问与帮手。门僧与权贵及其家族的亲密关系使得他们必然会参与权贵的政治活动，P. 3730v《释恒安书状集》中有多处文字即是恒安向赴京为质后的张议潮汇报敦煌政况，以响应张议潮遥控归义军的企图。门僧身份、位置特殊，常可以发挥普通部署无法达成的作用，而其有别于常人的见识、学养、修为，又可以为权贵提供独到的意见与建议。关于此点，笔者已在专门研究恒安的论文中进行过探讨，故本文不再赘述。

作者单位：中国社会科学院历史研究所
收稿日期：2014－12－05

---

〔1〕 此字后有省文现象，或为简便，或为慎重，书状作者故意不将某些内容书于此草稿，正式修状时自当补全。
〔2〕 至于恒安致书张议潮时如何自称，由于文书中没有留下直接记录，难以遽断，而中国国家图书馆藏 BD08418（裳 18）《金光明最胜王经》题记署"河西节度门徒兼摄沙州释门法师沙门恒安"，题记中的"河西节度"为创建归义军政权并年长于恒安的张议潮，其时的恒安竟以"门徒"自称。